U0649382

职业教育·交通运输类专业教材

高速公路机电系统

（第2版）

龙庆文　曹成涛　林晓辉　主　编
黄　良　副主编
饶建炜　主　审

人民交通出版社
北　京

内 容 提 要

本书主要介绍了我国高速公路机电系统各类技术知识,包括认识高速公路与高速公路机电系统、集成与高速公路通信控制系统、集成高速公路隧道通风系统、集成高速公路照明系统、集成高速公路交通监控系统、集成高速公路消防预警系统、高速公路机电系统故障维护七大模块,全面覆盖监控、收费、通信、照明、隧道安全等子系统的功能原理与工程实践。并且深度融入了大量高速公路机电系统维护工程案例,力求做到内容充实、实用性强。

本书可作为高职高专交通运输类专业的教材和学习参考资料,亦可作为各层次学历教育和培训教材,也适合作为高速公路机电系统从业人员的技术参考书。

本书配有课件,教师可通过加入职教教学研讨群(QQ:561416324)获取。

图书在版编目(CIP)数据

高速公路机电系统 / 龙庆文, 曹成涛, 林晓辉主编. 2 版. — 北京: 人民交通出版社股份有限公司, 2025. 7. — ISBN 978-7-114-20548-4

Ⅰ. U412.36

中国国家版本馆 CIP 数据核字第 2025CE5073 号

职业教育·交通运输类专业教材
Gaosu Gonglu Jidian Xitong

书　　名: 高速公路机电系统(第 2 版)
著 作 者: 龙庆文　曹成涛　林晓辉
责任编辑: 李　瑞　杜希铭
责任校对: 赵媛媛　魏佳宁
责任印制: 张　凯
出版发行: 人民交通出版社
地　　址: (100011)北京市朝阳区安定门外外馆斜街 3 号
网　　址: http://www.ccpcl.com.cn
销售电话: (010)85285911
总 经 销: 人民交通出版社发行部
经　　销: 各地新华书店
印　　刷: 北京科印技术咨询服务有限公司数码印刷分部
开　　本: 787×1092　1/16
印　　张: 16.25
字　　数: 392 千
版　　次: 2014 年 3 月　第 1 版
2025 年 7 月　第 2 版
印　　次: 2025 年 7 月　第 2 版　第 1 次印刷　总第 3 次印刷
书　　号: ISBN 978-7-114-20548-4
定　　价: 45.00 元
(有印刷、装订质量问题的图书,由本社负责调换)

第2版前言

随着高速公路建设的快速发展，高速公路机电系统的升级换代，为了培养与时俱进的高速公路机电行业高技能人才，提高相关岗位从业人员的专业技术水平，本版教材在前版教材《高速公路机电系统集成与维护》的基础上，针对性地更新了有关内容，将高速公路机电系统的最新前沿理论与应用技术融入到教材内容中，确保本版教材在更新再版后仍然具有先进性、权威性。

本教材具有以下突出特征：

1. “岗课赛证”融通，适应行业人才培养需求

本教材根据高速公路机电系统岗位能力要求和交通运输部“公路收费监控员”考证大纲，拟定了课程知识模块，并以此为总体结构，确定了各模块具体内容，真正做到了“岗课赛证”融通，确保学生在学习过程中，既能够充分掌握有关理论知识，又能够对接岗位实际需要，加强职业从业能力，提升取证水平，使学生所学即所考，所学即所需。

2. 校企合力共编，深度落实产教融合要求

本版教材编写团队纳入了企业一线技术人员，并将实际案例引入了各模块教学内容，紧密联系理论教学与实际工作，帮助学生了解前沿工作实际，激发学生学习兴趣，以践促学，以此拓宽学生的职业眼光，提升职业素养，确保其日后走上工作岗位时能够成竹在胸。

3. 聚焦数字赋能，着力打造新形态教材

本版教材在前版教材基础上，进一步丰富了配套的数字资源库，以动画、视频、交互性资源、习题等形式，呈现多元化的教材配套设计，增强教材的数字化特征，提升其在教学上的灵活性、适应性，确保其在多场景的应用中不受阻碍。

本书由广东交通职业技术学院龙庆文、曹成涛、林晓辉担任主编并统稿，广东交通职业技术学院黄良担任副主编，广州维脉电子科技有限公司饶建炜担任主审。模块一由广东交通职业技术学院林晓辉编写，模块二、六由广东交通职业技术学院曹成涛编写，模块三、四、七由广东交通职业技术学院龙庆文编写，模块五由广东交通职业技术学院黄良编写。本书聚焦“岗课赛证”融通、数字赋能，深度落实产教融合要求，在编写过程中，广州维脉电子科技有限公司饶建炜、徐玥昊等提供了大量交通素材和案例。

广东新粤交通投资有限公司提供了部分现场图片和素材。在此,对校企合作单位的大力支持和帮助表示衷心感谢。

由于编者水平有限,加之时间仓促,书中难免存在缺点错误,恳请各位读者批评指正。

编　者

2025年5月

目　录

模块一

认识高速公路与高速公路机电系统

本模块学习目标：理解高速公路与高速公路机电系统的基本概念、特点、分类以及各子系统的基本功能；了解我国高速公路机电系统的发展情况以及我国高速公路联网收费的现状。

高速公路因其“高速、高效、安全、舒适”的特点受到广泛赞誉，但要充分发挥这些优势，必须依赖一整套完善的交通工程设施来营运管理。这些设施能够提升运营效率，使高速公路真正成为国民经济中不可或缺的高效物流大通道。尽管高速公路机电系统在高速公路整体建设投资中所占比例较小，但其重要性日益凸显，特别是在一些传统公路建设中较少涉及的领域。为了让工程技术和管理人员全面了解高速公路的整体功能，有必要对其进行详细介绍。

截至2024年，我国高速公路在总里程、货运规模、区域车流量等维度均处于世界顶尖水平。然而，由于我国机动车保有量和车种构成的特殊性，高速公路上不仅有小型客车，还包括大量货运车辆、客运大巴等，各类车辆的动力性能差异显著，这使得交通流特性甚为复杂，要实现高速、高效、安全、舒适的运输功能面临更大挑战。因此，在我国的高速公路建设中，设置功能强大的机电系统显得尤为必要。否则，在复杂的交通条件下，高速公路将难以发挥其应有的功能。在某种程度上，缺少机电系统的高速公路已经无法称之为真正的高速公路。高速公路机电系统正是为适应高速公路的运营特点和管理需求而设立的，它是确保高速公路正常运行、充分发挥道路通行能力的重要管理工具。

项目1 初步认识高速公路与高速公路机电系统

一、认识高速公路

我国曾流行着这样一句话：“想致富，先修路；想快富，修高速。”尽管这句话的逻辑不尽严谨，但它确实反映了人们对高速公路建设重要性的广泛认同。在国际上，这一理念早已得到验证：1920年，第一次世界大战结束后，德国修建了世界上第一条高速公路，在一定程度上缓解了战后的经济危机；第二次世界大战后，1959年至1965年间，日本修建了名神高速公路，标志着日本经济的复苏；我国改革开放后，特别是进入21世纪以来，加快了高速公路网络的建设，形成了全球最大规模的高速公路网。京沪高速公路（G2）全长约1260km，是连接北京和上海的主要干道之一。通车后,大大缩短了两大城市之间的行车时间,促进了沿线区域的经济一体化与发展。尤其是在长三角地区,推动了工业和服务业的迅速崛起,进而带动了中国经济的快速增长。

(一)高速公路的定义

高速公路属于高等级公路,通常设计为适应120km/h或更高的车速,且路面宽度通常有4条或更多车道。高速公路中央设置分隔带,采用沥青混凝土或水泥混凝土铺设高级路面,并配备完善的标志、标线、信号和照明设备;禁止行人和非机动车进入,并通过立体交叉、行人天桥或地道来处理与其他道路的交汇。根据定义,高速公路应具备以下4个条件:

(1)仅供汽车高速行驶。

(2)设有多车道和中央分隔带,确保往返交通完全隔离。

(3)设有平面和立体交叉口。

(4)全线封闭,出入口严格控制,仅允许车辆在指定立体交叉口进出。

世界各国的高速公路命名方式各不相同。例如,美国、加拿大、澳大利亚将高速公路称为"freeway",美国的州际和国防公路网,德国称之为"autobahn",法国为"autoroute",而英国则称为"motorway"。

(二)高速公路的分类

高速公路根据功能、距离和布局形式可以进行如下分类。

(1)按功能:分为城市内部高速公路和城市间高速公路。

(2)按距离:分为近程高速公路(500km以内)、中程高速公路(500~1000km)和远程高速公路(1000km以上)。

(3)按布局形式:分为平面立体交叉高速公路、路堤式高速公路、路堑式高速公路、高架高速公路和隧道高速公路。

(三)高速公路的显著特征

相较于普通公路,我国的高速公路在运营与建设层面展现出独特的优势与特点。

1.运营特征

(1)高速通行:高速公路上的车辆行驶速度较一般公路显著提升,平均车速约为普通公路的两倍,极大地缩短了旅途时间,提升了出行效率。

(2)强大承载:四车道高速公路的年平均昼夜车流量可达25000~55000辆次/日,而六车道更是能够达到45000~80000辆次/日,彰显出强大的通行能力。

(3)高效运输:高速公路不仅将行车时间减半,更实现了油耗的显著降低,降幅在20%至35%之间,同时车辆磨损与维护成本也得到有效控制,运输效益显著提升。

(4)安全舒心:在安全性、道路线形设计、路面质量及综合服务水平方面,高速公路均树立了行业标杆,为驾驶者提供了更加安全、舒适的行车环境。

这些特征共同构成了高速公路"快速、高效、安全、舒适"的鲜明特征。

2. 建设特点

(1)广泛占地:每百公里高速公路的建设,需占据 3.5 ~ 4.5km^2 的宝贵土地资源,凸显了其占地广泛的特点。

(2)巨额投资:高速公路的建设成本高昂,涵盖土地征用、拆迁补偿、道路主体建设及交通配套设施等多个方面的费用。截至 2024 年,每公里高速公路的平均建设投资已突破 1.2 亿元人民币,显示出资金密集型特征。

(四) 世界各国高速公路建设情况

目前,全世界已有 80 多个国家和地区拥有高速公路,通车总里程超过了 23 万 km。

1. 中国

至 2024 年,中国高速公路的总里程达到约 19 万 km,成为全球高速公路里程最长的国家。中国将持续推动高速公路网络的扩展与优化,进一步提升交通基础设施的现代化水平。

回顾历史,中国台湾地区于 1978 年底率先建成了全长 373km 的基隆至高雄中山高速公路,开启了岛内高速交通的新纪元。而中国大陆的高速公路建设则始于 1988 年 10 月 31 日,上海至嘉定首段 18.5km 高速公路的通车,正式宣告了中国大陆高速公路时代的到来。此后数十年间,中国高速公路建设如火如荼,实现了跨越式发展。至 2004 年,总里程已突破 3 万 km 大关,迅速跃居世界前列,并远超当时排名第三的加拿大。

时至今日,中国高速公路建设的资金来源更加多元化与灵活,主要包括(但不限于)各类专项税费(如车辆购置税、燃油税)、政府财政拨款、经营权转让、外资直接利用、通行费收入循环投资、企业自有资金以及国内外银行提供的信贷支持等。其中,银行贷款作为重要的融资渠道,在推动高速公路建设快速发展中发挥了不可或缺的作用。随着金融市场的不断成熟与开放,未来中国高速公路建设的融资模式将更加多样,为构建更加完善、高效的高速公路网络提供坚实保障。

2. 美国

美国第一条真正意义上的高速公路是于 1937 年开始修筑的宾夕法尼亚州收费高速公路,长 257km。目前,美国高速公路总长度约 10 万 km,已完成以州际为核心的高速公路网建设,连接了所有人口在 5 万人以上的城镇,承担了全美国公路运输任务的 21% 以上。

美国的高速公路建设,有一套评估、规划立项、投融资以及维护管理的机制,每个项目的认证至少要两年时间。高速公路建设资金投入的平均比例为州政府 19.6%,地方县市 77.4%,联邦政府 3%,平时维护费用主要由州政府负责。

美国高速公路系统较好地解决了美国交通运输问题。如提高了运输速度,降低了产品运费,改善了交通安全和增加了车流量等。但是在城市中心地区,因为车流量往往超过高速公路的通行能力,使汽车无法高速行驶,因而降低了高速公路的效能。

3. 德国

德国是最早修建高速公路的国家,建于 1931—1942 年的波恩至科隆高速公路是德国的第一条高速公路。德国高速公路与世界上其他高速公路一样,也是拥有多车道、双向分离行驶、完全控制出入口、全部采用两旁封闭和立体交叉桥梁与道口以及容许高速行驶的道路。

目前,德国拥有仅次于中国、美国、西班牙和加拿大的发达高速公路网络。德国的公路系统由联邦远程公路、州级公路、县市级公路和乡镇级公路组成,公路总里程约 65 万 km,公路面积约占国土面积的 4.8%,其中约 1.8% 为高速公路,高速公路总里程达 1.1 万多 km。

德国高速公路的管理,运用了许多先进的技术手段,如智能交通诱导系统、应急通信系统、隧道安全监控系统、GPS 全球定位系统、GIS 地理信息系统、交通网络控制系统、交通信息发布查询系统等;这些先进的交通通信信息技术手段,为交通管理提供了有效可靠的技术保证,为道路使用者提供了优质的服务。

4. 意大利

意大利高速公路建设始于 20 世纪 20 年代,真正大规模建设和发展则是从 20 世纪 50 年代开始。意大利的高速公路已成为该国交通运输的主动脉,在公路运输中占主导地位。意大利的高速公路,有 80% 是双向四车道,20% 为双向六车道。意大利 80% 国土地形是山地丘陵,为保证高速公路的技术标准得到落实和环境不遭到破坏,在高速公路的建设中大量采用高架桥和隧道,其工程量之大,耗资之多,在世界上是少见的。据不完全统计,意大利高速公路平均每 1km 就有 1 座桥梁式高架桥,每 10km 就有一座隧道,每 12km 就建有互通式立交。由于意大利的高速公路建造标准高,在运转了数十年后,至今仍能适应需要。

5. 其他国家

加拿大高速公路网总里程居世界第三位,共修建了 1.65 万 km 高速公路,而且不征收车辆通行费,所以也没有收费站、检查站。法国目前拥有 1 万 km 高速公路。由于大量吸纳民间投资,高速公路的建设速度得以大幅提升。高密度高速公路的代表性国家之一是荷兰,每 100km^2 国土面积中有 18 ~ 19km 的高速公路。

(五) 高速公路的运营管理

在我国,高速公路的发展遵循着“融资建设—收费运营—偿还债务—再投资扩建”的循环滚动模式,这一模式有效促进了高速公路网络的持续扩展。资金来源方面,开拓了国家财政支持、地方自主筹资、外资引进及股份制合作等多种渠道,确保建设资金的充足与多元化。公路投入运营后,所有使用道路的车辆均需按规定缴纳通行费,这些费用不仅用于偿还建设贷款,还覆盖了日常的管理维护等开支,赋予了高速公路运营管理鲜明的经营性特征。

“收费”作为高速公路的主要收入来源,其效能直接影响到道路的整体运行效率。然而,收费过程本身可能带来行车延误,对高速公路的“高速”特性构成挑战。因此,如何有效避免和迅速缓解交通拥堵,确保高速公路既“高速畅通”又实现“快速收费”,成为了区别于普通公路的特殊管理需求。

为实现这一目标,高速公路管理需强调“三快三准”原则:即快速且准确地获取交通信息,对交通事件做出迅速且精准的反应,并实现高效准确的收费作业。对于动辄数十乃至数百公里长的高速公路,单纯依赖人力已难以满足管理需求,必须依托先进的交通机电系统(涵盖交通监控、收费、通信、照明、隧道监控及供配电等多个子系统)与高素质的管理团队协同作业。

这标志着高速公路运营管理已步入现代化阶段，其特点包括以下方面。

(1)实时数据采集与处理：利用先进技术快速收集并处理各类数据，为决策提供即时、准确的信息支持。

(2)远程动态管理：借助通信工具实现数据的远程监控与动态调整，提升管理效率与响应速度。

机电系统深度融合：机电系统成为管理人员不可或缺的工具，通过自动化、智能化手段优化管理流程。

(3)高素质人才支撑：培养并引进具备专业技能与管理能力的高素质人才，是实现现代化管理的关键。

随着高速公路网络的不断扩展，其运营管理的重要性日益凸显。为适应新形势下的管理需求，必须加大科技投入，提升科技应用水平。作为高速公路系统的重要组成部分，机电系统的建设与优化不仅直接促进了经济建设，还为高速公路的科学化、规范化管理奠定了坚实基础。未来，随着监控能力的提升、车辆安全技术的革新以及事故灾难预防机制的完善，高速公路的营运管理水平将得到进一步提升，带来显著的社会效益与经济效益。

（六）高速公路的组成

高速公路是一个综合系统，由高速公路交通设施、车辆和人组成。而公路交通设施本身又是一个复杂的系统，由道路设施和交通工程设施两大部分组成；道路设施又包括收费站、桥梁、隧道、立交和主线车道等；交通工程设施又包括机电系统、交通服务设施、交通安全设施等，如图 1-1-1 所示。交通工程设施中的机电系统也即本书将要重点讨论的对象。

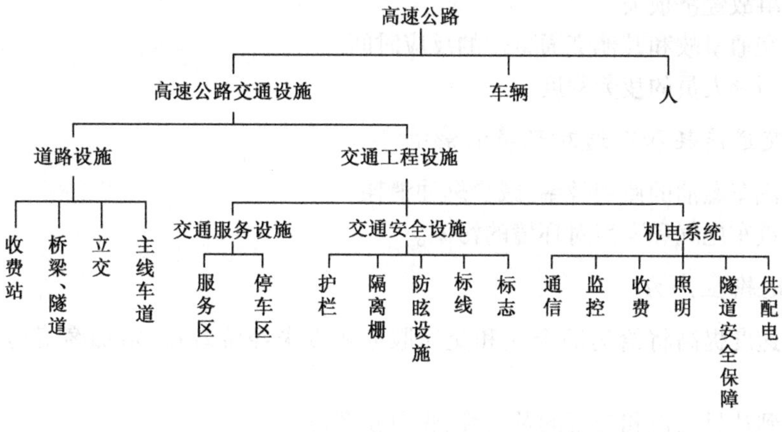

图 1-1-1　高速公路交通运输系统组成图

二、认识高速公路机电系统

（一）高速公路机电系统的功能及意义

高速公路机电系统的功能和效果具体包括以下六个方面。

1.提高通行能力和交通运行效率

(1)提高高速公路的总车辆行程数。

(2)提高行程速度,减少行程时间。

(3)减少延误时间、事故判知时间。

(4)减少停车次数。

(5)增加车辆乘用率,提高旅行时间的可预知性。

参考最新的交通流研究与数据分析,尤其是结合当前交通管理与信息技术的发展,可以深刻理解高速公路交通流量的独特性与复杂性,进而明了高速公路机电系统设置的迫切需求。依据交通工程领域的研究成果及实际运行数据,高速公路的交通流特性展现出以下两大显著特点。

(1)在现代交通流理论中,当交通流处于不饱和状态时,随着交通量的增加,交通流速度将逐渐降低。但高速公路的容量相对较大,随着交通量增大,交通流速度的下降趋势也相对较慢。

(2)在现代交通流理论中,交通量达到路段通行能力时,交通流速度较自由流速度大大降低。根据经验统计在服务水平达到E级的高速公路上,当交通量达到通行能力时,车流速度仅比自由流速度降低5~15km/h。

2.提高交通安全性

(1)减少交通事故和伤亡人数。

(2)减少二次事故的发生率。

(3)减少事故经济损失。

(4)减少交通事故和其他交通事件的反应时间。

(5)减少司乘人员的疲劳程度。

3.降低交通能耗和交通对环境的影响

(1)提高汽车燃油的使用效率,减少燃油消耗。

(2)减少汽车尾气和噪声对环境的污染。

4.提高运输生产力

(1)行车速度提高将给运输企业和交通服务业带来经济效益,增加客货运量,降低运输成本。

(2)提高到达目的地和交货的及时性,吸引新客户。

5.提高旅行的舒适和方便程度

(1)减轻驾乘人员的疲劳程度,增加行车的舒适性。

(2)增加旅行时间的可预知性,方便出行者事先安排出行计划。

6.加快资金回收速度

(1)增加通行能力,增加收费收入,加快资金回收。

(2)减少因作弊现象引起的通行费漏收、漏缴现象。

综上所述，高速公路交通流的高速度特性极易受到其他因素的影响，而这一特性的维持高度依赖于高效、智能的高速公路机电系统。该系统集成了通信、监控、收费、照明、隧道安全保障及供配电等多个子系统，能够实现对交通流的实时监测、有效控制和及时响应。若缺乏这一系统，不仅交通事故难以被及时发现与处理，高速公路的交通流量也将难以得到有效调控，路况信息无法迅速传达给驾驶者，从而严重影响高速公路的安全性、通行效率及行车舒适度。因此，高速公路机电系统不仅是保障交通流特性正常的关键，更是现代高速公路建设中不可或缺的核心组成部分，对于提升高速公路整体运行效能具有不可估量的价值。

（二）高速公路机电项目在不同交通量下的主要作用

为实现高速公路高速、安全、舒适的功能，有必要设置机电项目；但由于高速公路本身所处的状态不同，机电项目应该有针对性地进行设置，以解决所处状态的主要矛盾。同时，这样也可以做到分期建设高速公路机电项目，从而有利于高速公路的良性发展。

根据交通量的不同，设置机电项目所解决的问题及采取的措施包括以下三类。

(1)小交通量时：主要为实现安全的功能；相应的措施有设置可变情报板、限速标志，及时通报高速公路的交通信息等。

(2)中等交通量时：主要为保证高速、安全的功能；相应的措施有增加设置紧急救援系统，及时处理交通事故和异常的交通事件，减少二次事故的发生等。

(3)大交通量时：主要为保证高速、安全、舒适的功能；相应的措施有增加匝道控制，保证高速公路的高速运行等。

项目 2　认识机电系统的组成及功能

一、系统组成

机电系统是发挥道路设施交通功能的主要辅助系统，是对高速公路实施现代化管理的主要工具。机电系统包括多个子系统，它由通信、监控、收费、照明、隧道安全保障和供配电等子系统组成。子系统内部和各子系统之间由通信网联系，系统组成如图 1-2-1 所示。

监控系统和收费系统大都为计算机系统，通过光缆数字通信连接成远程计算机网络，各网络间信息共享。

二、各子系统功能简介及其构成

（一）高速公路通信系统

1. 功能

高速公路通信系统作为高速公路现代化管理的支撑系统，主要承担三方面的任务：

(1)承担监控系统和收费系统的数据、话音、图像各类信息系统的传输任务，使监控系统和收费系统真正形成一个完整的系统并正常运转。

(2)承担高速公路内部各业务部门和管理部门的业务联系,如事故救援、道路设备设施的维修等。

(3)负责高速公路内部的监控中心、收费中心、业务部门和管理部门与外界的联系,如与上级管理部门、公安、消防、医院等的信息沟通,并把高速公路实时交通信息通过有线或无线方式向社会公众发布等。

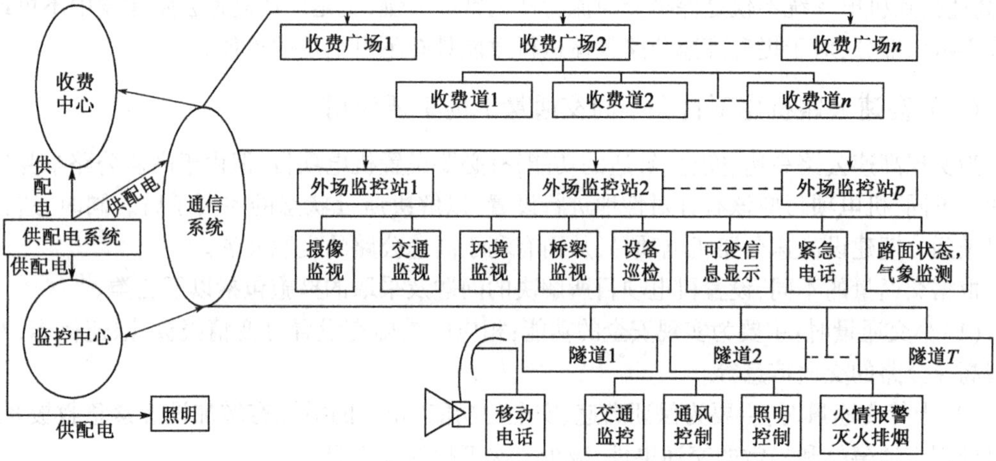

图1-2-1　高速公路机电系统组成示意图

2. 组成部分

高速公路通信系统作为现代交通管理的神经中枢,必须确保话音、数据、图像及多媒体信息等多元化内容能够精准、高效、实时地传输,为各类管理手段提供坚实的信息传输基础。为满足日益增长的交通管理需求,该系统在历年的构建中,其组成部分得到进一步精细化与智能化,具体涵盖以下几个方面。

(1)主干传输网络:作为交通专用通信网的核心骨架,主干传输系统不仅需满足长途及地区间的高速、大容量数据传输需求,还需兼顾省内各地区交通管理部门的互联互通,采用先进的同步数字体系(SDH)/光传送网(OTN)或更先进的5G/6G无线传输技术,确保数据传输的可靠性、灵活性和可扩展性。

(2)综合业务电话系统:作为通信系统的基础业务,该系统不仅包含网内各级管理机构的业务电话和个人电话,还集成了智能语音交互技术,支持语音到文本的自动转换,以便于记录与分析。同时,实现与公用电话网的无缝对接,确保专用网内外用户之间的便捷通话。

(3)智能调度指令电话:专为高速公路内部交通管理与调度设计,配备先进的数字调度交换机,支持选呼、组呼、全呼及紧急呼叫优先级处理等功能。结合无线通信技术,如长期演进车联网通信技术(LTE-V2X)或5G车联网技术,实现有线与无线指令电话的无缝融合,提升应急响应速度。

(4)紧急救援通信系统:升级为集语音、视频、定位于一体的紧急电话系统,用户可通过车载设备或路边紧急电话亭一键呼救,系统立即定位并通知最近的救援力量,同时启动视频通话功能,为救援提供直观现场信息。

(5)高速数据传输网络:支持收费系统、监控系统及智能交通管理系统(ITS)内部计算机数据的高效、安全传输。采用光纤传输为主，辅以5G/6G等无线技术，构建多层次、高带宽的数据传输网络，确保海量数据的实时处理与共享。

(6)高清图像与视频传输：集成高清闭路电视监视系统(CCTV)、视频会议及智能分析系统，为交通监视、远程会议及事件处置提供高清晰度、低延迟的图像与视频传输服务。支持AI视频分析，自动识别异常行为，提升安全管理水平。

(7)信息广播系统：融合路侧可变情报板(VMS)、车载广播及移动APP推送等多种方式，实时发布路况信息、安全提示及紧急通知，增强公众出行的便捷性与安全性。

(8)绿色高效通信电源系统：采用智能化电源管理系统，结合太阳能、风能等可再生能源，构建绿色、节能的供电体系。同时，配备高效不间断电源(UPS)及智能电池组，确保通信系统在断电情况下的持续稳定运行。

(9)通信管道与施工技术：推荐使用环保型高密度聚乙烯(HDPE)管道及硅芯管，采用先进的管道气吹法、微控定向钻等非开挖施工技术，减少对环境的影响，提高施工效率与质量。

自1988年沪嘉高速公路通车以来，我国高速公路建设实现了从无到有的历史性跨越，不仅终结了公路通信领域的滞后状态，更推动了高速公路通信技术进入现代化发展的新阶段。随着计算机信息技术、高速网络技术与先进通信技术的深度融合和迅猛发展，高速公路通信技术经历了翻天覆地的变化：从初期的简易无线对讲系统，逐步演进为支持复杂调度的800MHz无线集群通信系统；通信传输媒介由传统的小容量微波通信升级为高效稳定的SDH系列乃至更先进的密集波分复用(DWDM)数字光纤传输系统；业务范畴也大幅拓展，由单一的话音业务扩展至集话音、海量数据、高清图像及多媒体信息于一体的综合通信体系，全面迈向了数字化、网络化、智能化的新阶段。

近年来，我国高速公路网络以前所未有的速度扩展，逐步构建起覆盖广泛、互联互通的高速公路网。在这一背景下，高速公路通信系统的角色愈发关键，它已从服务于单条道路内部通信的局限，转变为支撑整个路网环境下广域信息交互的核心平台。现场监控站点的海量实时数据，如路况监测、环境监测等，需即时、准确地传输至监控中心进行分析处理；同时，各收费站产生的大量交易数据及管理文件，也需定期高效地传输至收费中心进行汇总与管理。这些繁重且关键的传输任务，均依赖于构建在高速公路之上的专用、高可靠通信网络来实现。

为适应高速公路网的发展需求，当前的通信系统不仅强调传输效率与容量的持续提升，还注重网络的冗余设计、故障自愈能力以及信息安全防护，确保在任何情况下都能为高速公路的运营管理提供稳定、安全、高效的通信支持。此外，随着5G、物联网、大数据、云计算等前沿技术的不断融入，高速公路通信系统正朝着更加智能化、自动化的方向发展，为智能交通系统的全面实现奠定坚实基础。

(二)高速公路监控系统

1.功能

用户对高速公路最基本的要求就是“安全”和“通畅”。高速公路监控系统对交通流量、交通环境两大对象进行监控，它是为解决“安全”和“通畅”而设置的复杂机电系统，具有监视监测和控制两大功能。

监视部分对主干道的匝道连接点、互通立交以及重要路段的交通状况进行24h的连续监视,并实时显示所采集的图像和信息。检测部分负责实时采集交通流动态数据和交通环境的有关信息(如气象、路面状况等),进行传输、显示、统计分析和存储;对隧道的照明亮度和大气状况进行检测;对隧道火灾进行不间断监测。控制部分根据监视获取的交通信息,做出有效的控制决策。通过无线广播、可变信息板和可变限速板等信息传输手段,向驾驶员实时提供道路交通信息和有效建议;对入口匝道或主道等可控设施发出控制指令,实施交通控制,响应紧急电话呼叫,对交通事故进行电话处理;对隧道照明的亮度进行自动控制;当隧道发生火警时,及时作出火灾消防紧急处理。

根据管辖路段不同的道路状况和交通需求,交通监控系统可分为主线控制、隧道控制、闸道控制和综合控制。

高速公路车辆行驶高速、安全、舒适是高速公路系统的本质特征。然而,偶发的交通事故、车辆抛锚、货物散落等事件却不可避免。这些事件一旦发生,必然对高速公路交通产生干扰。在交通量不大时,这些交通事件即使不造成交通堵塞,也需要及时的救援人员和物质;在交通量增大到一定程度时,偶发的交通事件还会造成交通阻塞,此时要尽快发现交通事件并组织救援,清理路障;在交通量达到高峰时,某些路段即使不发生交通偶然事件也会发生交通堵塞,此时高速公路上应该有相应的设施去避免、减少这些交通异常情况的发生频率。这一切都依赖于完善、高效的高速公路监控系统。

2. 组成部分

监控系统主要由信息采集子系统、监控中心及信息发布子系统三大部分组成。信息采集子系统包括:车辆检测器、气象检测器、紧急电话和巡逻车。信息发布子系统包括交通标志、标线和信号等,是交通监控管理为用户服务的主要形式。监控中心是高速公路全线路监控系统的最高层级控制中心,主要负责全线路范围内交通情况的监视和控制。

监控系统的功能包括:道路及隧道桥梁监视、交通量检测、气象监测、信息采集与发布、交通诱导、隧道检测等。主要设备包括:车辆检测系统、气象检测设备(能见度检测、冰检等)、情报板系统、路侧摄像机系统、监控分中心计算机网络、地图板、大屏幕投影系统、图像监视系统、主控制台和监控软件、事件检测系统、隧道一氧化碳(CO)/能见度指数(VI)检测设备、隧道火灾检测及报警系统、隧道可编程逻辑控制器(PLC)设备等。

(1)道路监控系统

①路段监控(分)中心计算机管理系统

主要包括系统硬件与软件两个组成部分,其中计算机硬件主要有:数据库服务器、业务计算机、图形计算机、路由器、交换机、打印机等;软件系统主要包括:系统软件、支撑软件和业务管理软件等。利用计算机管理系统可以完成对于道路沿线外场设备的状态查询、信息获取和功能设定,交通管理方案的比较与优选和交通控制参数的确定,路政、公安、医疗等相关部门的信息共享与突发事件的协同处理,报表打印、日常信息管理等功能。

②信息采集系统

用于道路沿线的交通、环境信息的采集,采集方式主要有人工采集和自动采集两种。主要设备包括紧急电话(ET)、车辆检测器(VD)和气象检测器(WD)等。

③信息发布系统

用于道路交通诱导、警示信息的发布,主要设备包括门架式情报板(CMS)、立柱式情报板(SCMS)和可变限速标志(CSLS)等。

④闭路电视监视(CCTV)系统

主要设备包括前端的视频采集摄像机(通常还含有云台、防护罩、解码器等)、传输用视频(数据)复用光端机、中(分)心视频切换控制矩阵及相应的码转换设备、硬盘录像机、大屏幕投影和监视器等。

⑤防雷与接地系统

用于保护监控设备免受雷击及过电压损害,主要包括避雷针、电源防雷器、信号防雷器、接地引下线以及接地极等。

⑥供配电系统

用于对中心及外场设备的电能供应与分配,主要包括不间断供电电源(UPS)、电力稳压器、配电箱(柜)和供电电缆等,对于系统规模较大、组成较复杂的供、配电系统往往还配置有电力监控自动化系统,用于对供配电设备运行状态的遥测、遥信与遥控。

(2)隧道监控系统

①隧道通风系统

通风系统主要包括射流风机、一氧化碳/能见度检测器(CO/VI)、通风控制箱(根据需要配有 PLC、软启动器、继电器等)、供电电缆等,用于隧道内外的空气交换和污染物浓度控制。

②隧道照明系统

由于在隧道内尤其是长隧道内行车会产生"黑洞"或"白洞"效应,影响行车安全,因此设置有隧道照明系统。设备主要包括用于引道照明的中杆灯、用于洞内一般情况照明的隧道灯、用于断电或火灾等紧急情况的应急灯以及亮度检测器、照明控制箱(根据需要配有智能照明控制器、PLC、继电器等)以及耐火或阻燃电缆等。

③火灾报警系统

主要功能是完成隧道内火灾情况的及时侦测与报警。主要设备包括光纤火灾探测器及报警控制处理主机。

(三)高速公路收费系统

高速公路作为现代经济高速发展的标志性产物,自 20 世纪 50 年代以来,其建设浪潮席卷全球,至今已有超过 80 个国家和地区相继构建了庞大的高速公路网络。纵观全球,无论是发达国家还是发展中国家,都将交通基础设施建设,尤其是高速公路的优先发展视为推动经济腾飞的关键一环。对于包括我国在内众多经济快速增长的国家而言,如何有效筹措资金以建设和维护庞大的高速公路系统,成为共同面临的挑战,这也直接催生了收费公路模式的广泛应用。通行费作为高速公路运营的核心收入来源,对于保障道路维护、偿还债务、税收缴纳及新线建设至关重要。

随着技术的进步与管理的创新,高速公路的收费方式日益多样化,主要分为开放式与封闭式两大体系。开放式收费简化流程,依据车型一次性计费;而封闭式收费则更为精细,依据车型、行驶里程及费率标准综合计算费用,确保收费的公正性与合理性。

收费系统的功能与作用在新时代被赋予了更高的要求。

(1)费率公正性:需制定科学合理的收费标准,如按车型差异化收费,确保公平合理。

(2)高效通行:减少收费过程中的延误,提升车道通行能力,维护道路服务品质。

(3)防作弊机制:采用先进技术手段,增强收费系统的严密性,有效防止逃费与作弊行为。

(4)自动化与智能化:减轻收费人员负担,提升收费准确性与效率,同时融入统计、报警及自检功能,保障系统稳定运行。

(5)技术与管理并重:收费系统不仅涵盖技术手段的革新,还需配套完善的收费政策、经济理论支持及高效管理机制。

截至2024年,全球范围内已有超过50个国家实施道路收费政策,其中美国、日本、意大利、法国等国家凭借其先进的道路网络、高密度的路网覆盖及高效的收费管理系统,成为行业标杆。意大利作为早期汽车收费道路的先驱,其高速公路总里程已超过7000km,其中收费高速公路占比持续保持高位。这些国家的收费系统普遍具备高度自动化与智能化特征,如ETC(电子不停车收费系统)的广泛应用,极大提升了通行效率与用户体验。

在我国,自1984年广东省率先试点对新建大桥实行收费以来,高速公路收费制度逐步推广至全国。收费制度的实施不仅有效缓解了公路建设资金短缺的问题,还激发了社会各界的投资热情,加速了公路基础设施的现代化进程,为我国经济的持续健康发展提供了有力支撑。

(四)高速公路照明系统

高速公路照明系统包括三部分:主车道照明、广场照明和隧道照明。在运输繁忙和重要路段设置主线照明,改善夜间行车环境,减少事故发生;在立交和匝道连接点等事故多发点设置广场照明,能使中央电视台摄像机充分发挥夜间监视作用,收费广场普遍采用高杆照明,以保证收费车辆的安全交汇和排队。隧道照明在白天和夜间都是必需的,隧道内各区段的亮度分布需满足人的视觉适应特点,各区段的人工照明亮度需按照环境亮度进行调节;隧道还应设置断电和火灾时的应急照明系统。

(五)隧道安全保障系统

长隧道的几何特点给交通环境带来一系列变化:大量车辆排放物在封闭空间得不到扩散和稀释,有害污染物不断积聚,使洞内空气严重污染,不但对人的健康产生损害,而且大量烟雾使能见度恶化,影响车辆行使。洞内环境照度低,驾驶员产生视觉不适应,加上交通空间的压抑和约束,心理发生变化,容易出现交通事故。而且,隧道一旦发生火灾,大量烟雾无法自然排出,既给隧道内的人员带来生命危险,也阻止消防人员接近火源迅速扑灭火灾。因此,隧道交通环境的变化严重影响交通的安全运行。为此,长隧道需要建立安全运行保障系统,从多方面改善交通环境,保证车辆运行安全。

隧道安全保障措施有:

(1)设置隧道人工照明系统,对照明进行合理部设和控制。

(2)根据隧道长度合理选择机械通风方式,布置通风设备,调节风量,保持洞内空气质量和能见度使之符合有关规定指标。

(3)强化交通监控,动态显示全线交通流画面,结合交通状态参数检测,进行正常运行状态的交通控制。

(4)迅速探测出交通事件发生的时间和地点,组织指挥异常状态下车辆的安全转移、救援和恢复正常交通。

(5)全程检测气温、烟雾浓度,搜索火情,自动报警和确认火灾地点,组织车辆人员转移,指挥灭火、排烟和救灾。

长隧道需要一个完整的安全保障系统,它将包含通风、照明、消防和监控等子系统。

(6)供配电系统

供配电系统是高速公路机电系统必不可少的辅助系统,其作用是保证24h无间断供电;既能正常供电(包括变电和配电),又能紧急供电(配备柴油发电机组、铅酸蓄电池或UPS电源)。

高速公路机电系统工作的最大特点是野外全天候的运行环境,除了承受日晒雨淋、严寒高温和潮湿多尘的气候侵扰外,还必须抵抗来自车辆、供电线路及其电子设备和雷击的电磁干扰。因此设备的产品性能和日常保养维护的措施都必须考虑以上问题。

项目3　认识我国高速公路机电系统的发展现状及趋势

一、我国高速公路通信系统发展现状及趋势

高速公路通信系统是收费系统、监控系统以及信息化管理的支撑,它在高速公路机电项目工程中处于基础位置。安全可靠、完善高效的通信系统是高速公路运营的可靠保证。近年来,高速公路通信网的设计、建设与管理已经成为高速公路管理部门密切关注的问题。高速公路通信系统不仅需满足其自身的通信需求,还要为收费、监控系统的数据(收费数据、监控低速数据)及图像传输等业务服务。建设智能化的高速公路必然会对通信系统的功能提出较高要求。

(一)高速公路通信业务内涵

高速公路通信在当今数字化时代已演变为一个高度集成、多业务并行的综合传输体系,其核心涵盖语音通信、数据交换与图像处理三大领域,可适应日益增长的智能交通需求。

1.语音业务

语音业务作为高速公路通信的基础,不仅包括传统的业务电话(BT)、指令电话(CT)和紧急电话(ET)系统,还融入了先进的无线集群通信技术和高清广播系统。这些系统确保了高速公路管理、调度及应急响应的高效性与即时性。随着5G及6G通信技术的逐步应用,语音传输将实现更高的清晰度、更低的延迟以及更广泛的覆盖,进一步提升通信效率与用户体验。

2.数据业务

数据业务分为两大核心部分:(1)收费系统的全面数字化与网络化,形成了收费站—收费

(分)中心—收费总中心的多级高效互联网络。此网络不仅支持高速率的数据传输(如千兆以太网或更高),还集成了云计算、大数据分析等技术,实现收费数据的实时处理与智能分析。(2)外场交通监控系统的智能化升级,包括高清视频监控、智能车辆检测、精准气象预测及动态交通信息发布等,这些低速但关键的数据通过高效的数据采集与控制协议,实现了对高速公路全天候、全方位的监控与管理。

3. 图像业务

图像业务在高速公路通信中占据重要地位,主要聚焦于高清视频监控图像及远程会议图像传输。中央交通监控中心能够实时接收并处理来自收费站、收费车道、收费广场以及关键路段和立交桥的高清监控图像,为路况分析、事故处理及应急指挥提供直观、准确的视觉信息。同时,随着视频会议技术的普及,高速公路管理部门间的远程协作与决策效率也得到了显著提升。往后,图像业务将更加注重图像质量的进一步优化、智能识别技术的应用以及图像数据的快速处理与存储能力,以满足日益增长的智能交通管理需求。

综上所述,高速公路通信网已发展成为一个集语音、数据、图像于一体的综合业务宽带化传输系统,不仅实现了业务的深度集成与高效传输,还持续向更高的带宽、更低的延迟、更智能化的宽带综合业务数字网(B-ISDN)方向迈进,为构建智慧交通、提升道路管理效能奠定了坚实基础。

(二)高速公路通信网络技术的发展现状与趋势

高速公路通信系统作为行业专网,其发展紧随着电信公网通信技术的发展步伐。从巡逻调度业务看,由简单的无线对讲系统发展到800MHz数字集群系统;从紧急电话看,由铜缆/光纤有线紧急电话,发展到无线紧急电话;从交换角度看,由简单用户线模拟交换机,发展到具备综合业务数字网(ISDN)、业务交换点(SSP)、V5.2协议等业务功能的交换机;从传输角度看,由小容量微波通信发展到早期PDH(准同步数字体系,Plesiochronous Digital Hierarchy)传输系统,现在基本上采用SDH(同步数字体系,Synchronous Digital Hierarchy)系列数字光纤传输系统。

目前,在高速公路建设发达的省份,如广东、山东、浙江等,已经进行区域内高速公路交通机电工程联网的方案论证及工程实践,以省为中心的高速公路联网计划和实施已经逐步在全国铺开。在高速公路省域和全国联网实现后,这一庞大的通信专网将成为重要的网络服务资源。从组建全省/全国交通通信网的高度看,适合高速公路通信的关键网络技术有SDH、异步传输模式(ATM)、网际协议(IP)以及波分复用(WDM)/密集波分复用(DWDM),而且这些技术相互融合,产生了各种重叠模型和集成模型,如基于SDH的ATM传输、基于ATM的IP传输、基于SDH的IP传输、基于WDM/Optical的IP传输等。各种技术的特点主要体现在如下方面。

1. SDH技术

SDH传输系统是在PDH系统的基础上发展起来的,是目前国内外广泛应用的成熟的光纤传输技术。我国高速公路通信系统除早期采用PDH传输系统外,后期基本上采用的是SDH系统。基于SDH技术的高速公路通信系统通过结合交换技术、SDH和接入网技术能把高速公路通信系统中的多业务融合到一个传输平台。但是其网络构成复杂,除传输平台之外,还需很多的附加设备,如收费计算机网络要外接路由器;对于视频需外接编解码器、切换器和分配器;对于电话和低速数据需要外接时隙分割器等,这对管理带来很大难度。同时,SDH系统通过路由器提供给收费计算机网络的接口速率一般为128k或2Mbps,而收费计算机网络本身是10Mbps/100Mbps,且联网收费需传输大量的信息(如抓拍的数字图像等),这样就可能形成通信瓶颈。造成上述问题的原因是标准SDH是针对电信公用网设计的,提供的业务接入为E1、E2、E3等,不直接提供视频、低速数据和LAN的接口。为了解决诸如此类的问题,有的厂商已开发出适应高速公路通信的专用多媒体通信网络,如上海贝尔开发的基于SDH标准的Infotrax、西门子的OTN等。

SDH兼容PDH,具有标准的信息结构等级(STM-1,STM-4,STM-16等),网络单元有标准的光接口,可在光路上互通,这些优点使它被单条高速公路通信系统所广泛采用。但SDH也有自身的缺点,如仅支持一种简单的点到点传输和复用过程;网络启动后即建立固定传输链路,导致多路复用方式固定且带宽利用率低等。标准的SDH是针对电信公用网设计的,更适应于以语音业务为主的电信网。

2. ATM技术

ATM(异步传输模式,Asynchronous Transfer Mode)是一种全新的网络技术,1991年,ATM被ITU-T确认为宽带综合业务数字网(B-ISDN)的传送模式。ATM cell(信元)、ATM vc(虚连接)和ATM switch(交换)构成了ATM的三大技术基础。ATM技术已是一个拥有标准化的技术细则,成熟可靠的多媒体通信网络的全球标准。ATM因其高带宽、低延时和适应性强等特点已成为新一代网络技术的代表。

ATM最初是伴随着B-ISDN的概念提出的,因而ATM交换技术和传输技术,从诞生起就是为语音、数字和图像在同一网络上的综合交换和传输设计的。它综合了基于电路交换的电话网和基于包交换的数据网的优点,通过面向连接的信元交换和传送,为语音、数据和图像等不同传输要求的业务提供服务质量保证(QoS:Quality of Service)的带宽动态分配和连接。与其他的通信网络技术相比,ATM有如下主要特点:

(1)能为连接提供QoS保障。

(2)简单的、固定长度的短数据包——信元(cell)。

(3)采用统计时分复用(异步性),带宽利用率高。

(4)面向连接的交换方式。

(5)提供传送差错处理和高层数据流控制。

ATM作为实现宽带综合业务数字网(B-ISDN)的核心技术,适应性极强。它可以应用到从局域网(LAN)到广域网(WAN)的各种领域,以及从数据传输到音频、视频传输的各种应用中。同时,ATM不但大量被作为骨干网技术,而且可以经济地支持端到端的连接。因此,ATM最适合于作为高速公路通信系统及其联网的技术。

3. IP技术

进入20世纪90年代以来,Internet网络规模、用户数量以及业务量呈现指数增长,IP技术异军突起,几乎成了未来信息网络的代名词。目前IP技术主宰了几乎所有的数据业务,而且正在向话音、视频领域扩展,IP电话(IP Phone)、IP传真(IP FAX)、电视会议、可视电话和点播电视(VOD)等多媒体和宽带通信业务也将加到 Internet 上来,大有 Everything on IP 之势。IP 位于 OSI(开放系统互联 Open System Interconnection)七层模型的网络层(Network Layer)上,即第三层技术。IP 技术面向无连接、屏蔽了不同网络的底层实现,采用统一的地址格式和协议,使得异种网络互联只要在 IP 层取得一致即可交换信息。同时,TCP/IP 协议族提供良好的应用程序接口(API),使得用户在此基础上可自主开发大量应用软件,这也是 IP 技术迅速发展起来的原因之一。

高速公路通信系统及其联网是否必须采用 IP 技术呢?其实 IP 迅速发展源于 Internet 的迅速普及,IP 的业务专长是非实时型的数据。由于 IP 包的长度不是固定的(不像 ATM 中的 cell 固定为 53 字节),长信息包和短信息包中的信息打包、拆包时延差别很大,从而引起了较大时延抖动,不太适于高速公路通信系统中的语音和视频等实时业务。另外,对于单条高速公路系统而言只有收费计算机网络是基于 IP,其他业务都需转换才能实现 IP 传输。如视频业务需借助网络编解码器(具有 IP 地址)才能实现数字化传输,语音业务则需通过 IP 网关完成信号转换。然而由于高速公路通信业务接入分散,接入成本太高,因而 IP 技术目前暂不适应单条高速公路通信系统。对于区域内高速公路联网收费通信网络,由于作为骨干网业务接入点少,且以收费计算机网络为主,IP 技术不失为一种好的选择。

4. 网络技术的融合

目前的网络技术朝着数字化、宽带化、传输光纤化、分组化的方向上发展。任何一种网络技术都具有独特的优点,但也有自身的局限性,于是出现了各种技术的互通结合,产生了各种重叠模型和集成模型,如 ATM Over SDH、IP Over ATM、IP Over SDH、IP Over WDM。

(1)ATM Over SDH

ATM Over SDH 利用 SDH 的大容量、光纤传输以及稳定可靠的带有自愈和迂回路由的网络结构,作为 ATM 交换核心的基础实现高效传输。其技术是将 ATM 信元打包成 SDH 帧(ATM 信元映射到 SDH 的 VC-4 容器中)在 SDH 上进行传输。这种方式既发挥了 ATM 面向连接的快速交换能力,提供 QoS 保障,又利用 SDH 可靠的传输特性。因此从性能、价格和发展态势综合考虑,目前 ATM Over SDH 技术是高速公路通信系统及其联网技术的首选。

(2)IP Over ATM

IP Over ATM 技术的方式是只对数据流的第一个数据包进行路由地址处理,并按路由转发。随后按以计算的路由在 ATM 网上建立虚电路(VC),后续的数据包沿着 VC 以直通(Cut Through)方式进行传输,无需经路由器,从而将数据包的转发速率提高到第二层交换的速度。

(3)IP Over SDH

IP Over SDH 技术是以 SDH 网络作为 IP 数据网络的物理传输网络。它使用链路适配及成帧协议对 IP 数据包进行封装,然后按字节同步的方式把封装后的 IP 数据包映射到 SDH 的同步净荷封装(SPE)中,按各次群相应的线速率进行连续传输。IP Over SDH 也叫 Packet Over SDH 或 PPP Over SDH,它保留了 IP 面向非连接的特性。

(4)IP Over WDM

WDM(光波分复用,Wavelength Division Multiplexing)技术是在一根光纤中能同时传输多个波长的光信号的一种技术。从光通信技术发展趋势看,SDH/SONET 在不久的将来必然让位于 WDM 技术。因此,IP Over(IP Over Optical)WDM 将最终取代 IP Over SDH/SONET。IP Over WDM 是一种最简单、直接的体系结构,省掉了中间 ATM 层与 SDH 层(IP 直接在光路上传输),简化了层次,减少了网络设备,从而减少了功能重叠,减轻了网管复杂性,同时降低了额外开销,提高了传输效率。

高速公路通信系统是集语音、图像和数据为一体的多媒体数字传输系统。SDH 作为成熟、稳定的光纤传输技术,在今后一段时间里仍将广泛应用于单条高速公路的通信系统中,但随着高速公路联网收费和路网集中监控的到来,ATM Over SDH 无疑是高速公路通信系统及其联网技术的首选,而宽带 IP 技术(IP Over ATM、IP Over SDH、IP Over WDM 等)将是未来交通专用通信网的发展趋势,并最终实现 Everything Over IP。

二、高速公路监控系统发展现状及趋势

高速公路监控系统作为高速公路有效的管理和维护手段,在我国蓬勃发展的高速公路中已越来越显示其必要性和优越性。现代高速公路监控系统要求能对整条高速公路进行全方位、多功能的监视和控制,使高速公路的利用率和经济效益达到最佳,真正做到“快速、安全、经济、舒适”。因此,交通监控系统必须实现以下基本功能:利用先进的传感原理、现代化的通信传输设备和计算机设备对高速公路的路况进行监视;统计并控制车流量、平均车速、车头距;监视紧急电话状态并反馈紧急电话信息给管理和维护人员;监视设备运行状况;为收费系统提供必要的数据;控制相关的外场设备的信息等。

(一) 国内研究现状

我国高速公路在建设和管理上的一路一公司现状,决定了现有的高速公路监控系统主要是满足单条高速公路管理的需要,即目前国内高速公路监控系统主要是路段监控系统,而缺乏路网监控、网络互通以及信息共享能力。随着高速公路网的完善、统一的高速公路通信网络的构建以及收费系统的联网管理,全国各省区开始规划与建设面向联网的高速公路监控系统,以实现高速公路全路网的信息汇集、共享和发布,并实现网路交通的宏观调控、诱导和救援。如沈阳—大连、合肥—南京、上海—南京、成都—重庆、广州—佛山等高速公路,一定程度上弥补了我国在高速公路监控系统上的空缺,也为之后的建设提供了成功的可借鉴的经验。无论高速公路联网监控系统在管理架构上采取几层结构,但从控制策略看,主要分为两种监控管理角色:以设备监控为主导的路段监控中心和以面向联网、协调的省监控中心或分中心。广佛高速公路全线共长 15.725km,作为我国第一条有比较完备的监控系统的高速公路,它的监控系统是国家“七五”攻关项目“高速公路监控系统研究”的依托工程。该系统采取总线传输和双机冷备份的方式,按每组间隔 500 ~ 1500m 不等在全线布设 9 组车辆检测器、7 块可变限速标志(在主线上)和 4 块可变信息板;每公里设紧急电话一部、4 台摄像机和一块模拟地图屏。

全长 375km 的沈大高速公路按一个监控中心,7 个监控分中心进行设计。其监控系统由 5 部分组成:监视系统、控制系统、情报系统、传输系统和中心控制与显示系统。全线设置 26 块可变速度标志、12 块可变情报板,每 2km 安装 1 对紧急电话。

(二) 发展趋势

1. 全面联网监控的加速推进

随着我国高速公路网络的持续扩展与成熟,路网化特征愈发显著。面对日益复杂的交通环境与跨路段应急事件的频繁发生,联网监控已成为不可逆转的趋势。技术层面,云计算、大数据、AI等先进技术的应用将进一步降低联网监控的技术门槛,而管理体制的优化将成为推动联网监控加速落地的关键。

2. 信息化建设的深度融合与创新

遵循国家《信息化发展"十四五"规划》的指引,高速公路监控系统的信息化建设将步入全新阶段。信息化建设将更加注重与智能交通、智慧城市等战略的深度融合,通过物联网、5G、区块链等前沿技术,实现信息采集的全面化、数据处理的智能化、信息服务的个性化。监控系统将不仅局限于传统的监控与调度,而是向智慧出行、公众服务、环境保护等多领域拓展,形成综合交通信息服务生态系统。同时,办公自动化、地理信息系统(GIS)的深化应用以及应急指挥调度平台、网络安全防护体系的持续优化,将全面提升高速公路的运营效率和安全水平。

3. 运营管理精细化与应急救援高效化

随着"建管并重"理念的深入人心,高速公路发展重心正逐步向运营管理倾斜。面对日益增长的交通需求和频发的突发事件,提升运营管理水平、完善应急救援预案成为当务之急。高速公路运营管理将实现全面精细化,通过智能分析、预测预警等手段,提前识别并干预潜在风险,保障道路畅通。同时,应急救援体系将更加高效,依托智能监控、无人机巡查、快速响应车队等技术装备,实现事故的快速发现、准确研判与有效处置,全面提升高速公路的应急响应能力和服务水平。

4. 新技术新设备的广泛应用与自主研发

技术创新是推动高速公路监控系统发展的核心动力。随着自动驾驶、物联网、人工智能等技术的快速发展,高速公路监控系统将引入更多的前沿技术与设备,如高精度交通流检测设备、智能事件识别系统、超高清低延迟视频传输解决方案、多模态信息发布平台等,这些新技术新设备将极大提升监控系统的自动化水平、数据处理能力及信息服务质量。同时,国家将加大对国产技术的支持力度,鼓励企业加强自主研发,推动监控系统核心技术与设备的国产化进程,降低对国外技术的依赖,提升我国高速公路监控系统的整体竞争力。

三、我国高速公路收费系统发展现状及趋势

(一) 高速公路主流收费方式

当前我国高速公路网络更加完善,收费方式也趋于多元化与智能化。高速公路收费系统主要分为封闭式与开放式两大类别,收费方式各有特色。

(1)封闭式收费。封闭式高速公路作为主流,其收费系统实现了高度集成与智能化。该系统不仅融合了自动控制、自动检测、计算机管理、云计算与大数据处理以及物联网通信等前沿技术,还广泛采用了ETC(电子不停车收费)技术作为主流收费方式。ETC系统通过车载设备与收费站路侧设备的无线通信,实现车辆身份自动识自动别与费用自动扣缴,极大地提升了通行效率,减少了交通拥堵。

此外,部分封闭式高速公路还引入了车牌识别、人脸识别等先进技术作为辅助或备用收费手段,以应对ETC设备故障或遇特殊车辆的情况。这些技术不仅提升了收费系统的灵活性,还增强了反作弊能力,确保了收费的公正性与准确性。

在管理系统方面,封闭式收费系统通过云平台实现了数据的实时采集、分析与共享,为高速公路运营公司提供了详尽的车流量、车型分布和收入统计等关键信息,助力其进行科学决策与精细化管理。

(2)开放式收费。对于开放式高速公路及桥隧收费站,其收费方式虽相对简单,但同样注重智能化与便捷性。开放式收费系统通过升级车辆自动识别技术[如高清车牌识别、RFID(射频识别)等],结合移动支付、电子发票等现代支付手段,实现了快速通行与便捷缴费。

同时,开放式收费系统也加强了与智能交通管理系统的联动,通过集成CCTV监控、智能预警等功能,提升了收费站的安全管理水平与应急响应能力。系统还能够实时反馈交通状况与收费信息,为公众提供便捷的出行服务。

综上所述,我国高速公路收费系统将在智能化、网络化的道路上持续迈进,封闭式收费系统将以ETC为主流,辅以多种先进技术提升效率与安全性;而开放式收费系统则通过技术创新与服务升级,实现更加便捷、高效的收费。

(二)我国高速公路收费技术发展趋势

1.逃费治理与诚信体系构建

随着高速公路网络的不断扩展,逃费问题日益凸显,成为对收费管理的一大挑战。而且,随着技术的不断进步,逃费手段也变得更加隐蔽和复杂。因此,加强技术手段与管理措施并重成为治理逃费的关键。

(1)技术手段升级:利用高清摄像头、AI图像识别、大数据分析等先进技术,实现对车辆行驶轨迹的全程监控和智能分析,有效识别并打击换卡、跳磅、套牌等违法行为。同时,推广ETC电子不停车收费系统,减少人工干预,降低逃费空间。

(2)管理机制创新:建立健全的逃费举报与奖励机制,鼓励公众参与监督。加强跨部门协作,形成执法合力,对逃费行为实施联合惩戒。同时,构建交通运输领域的诚信体系,将逃费行为纳入个人或企业信用记录,提高违法成本。

2.精确路径识别与多路径拆分技术

随着高速公路环形路网的普及,精确路径识别与多路径拆分成为保障投资方利益、提升服务质量的重要手段。

(1)技术革新:依托车牌识别、RFID等先进技术,实现车辆行驶路径的精准识别。RFID标识点法因其识别距离远、数据安全、抗干扰能力强等优势,有望成为未来多路径识别的主流方案。通过升级改造现有收费系统,实现复合通行卡的广泛应用,确保通行费按实际行驶路径精确拆分。

(2)政策引导:出台相关政策,鼓励和支持高速公路运营单位采用先进的多路径识别技术,提高通行费拆分的准确性和透明度。同时,加快推进技术标准的制定与实施,确保不同区域、不同系统之间的兼容性和互操作性。

3. ETC 收费技术的优化与拓展

随着 ETC 技术的不断成熟和普及,社会对高速公路通行效率的要求日益提高。

(1)提升通行速度:优化 ETC 车道布局和信号识别系统,提高车辆通过 ETC 车道的速度,确保行车安全与通行效率。同时,加强 ETC 车道与收费广场限速标志的协调一致,避免速度冲突。

(2)拓展应用范围:针对货车计重收费的需求,研发快速计量设备,实现计重货车的 ETC 通行。此外,探索 ETC 技术在城市停车、加油站等场景的应用,拓展 ETC 服务的广度和深度。

4. 联网收费系统稳定运行的安全保障

(1)加强密钥管理:采用更高级别的加密技术和密钥管理系统,确保 CPU 卡及电子支付凭证内数据的安全传输和存储。同时,建立健全密钥更换机制,定期更新密钥,防止被破解。

(2)防范物理风险:加强对 CPU 卡读写器、ETC 设备等关键设备的管理和监控,防止非法访问和篡改。采用防篡改技术和物理防护措施,提高设备的抗攻击能力。此外,对于仍在使用非电子支付方式的特殊情况(如部分老旧收费站或临时措施),也应加强相应物理凭证(如临时纸质凭证,尽管这种情况已较为罕见)的安全管理,确保其不被滥用或伪造。

5. 分时段套餐式收费

为有效控制和调节不同时段的交通压力,可采用一种结合现代技术与经济激励的分时段套餐式收费方案。该方案旨在通过智能分析交通流量数据,动态调整通行费率,引导车辆合理分布,从而确保高速公路的顺畅运行。

(1)智能动态费率调节:利用物联网、大数据及 AI 预测技术,对全国高速公路网进行实时交通流量监测与未来趋势预测。针对每日的交通高峰时段(如预测中的 7:00—9:00、11:00—14:00、17:00—21:00),通过智能算法自动提高进入大中城市出入口收费站的费率,以经济手段减少高峰时段的车流量。而在非高峰时段,则实施较低的费率政策,鼓励车辆错峰出行,平衡路网负荷。

(2)节假日与特殊事件套餐服务:针对节假日及特殊活动期间的交通特点,设计一系列定制化的收费套餐。利用云计算平台,提前发布节假日期间的特别收费政策,如提高通往热门景区或交通枢纽的高速公路主线收费站的费率,同时提供预订优惠套餐服务,包括限时折扣、快速通道使用权等,以吸引用户提前规划行程,有效分散车流。

(3)特殊车辆时段优惠策略:为了支持物流运输及夜间经济发展,特别为港口货运车辆、冷链物流车等制定夜间时段(如 22:00 至次日 6:00)的专项优惠计划。通过智能识别系统自动识别车辆类型与通行时间,自动给予相应优惠,如大幅度降低通行费用或提供积分奖励,以此鼓励这些车辆在夜间进行运输,减少日间交通压力,同时提升高速公路的服务效率和资源利用率。

6. 其他新收费方式

随着智能交通技术的飞速发展与普及，高速公路收费领域正迎来一场深刻的变革，新一代收费方式正逐步得到广泛应用与深化，主要有以下几种新模式。

(1)高速自由流 ETC + AI 收费：在传统 ETC 技术的基础上，融合 AI 智能识别技术，实现真正意义上的自由流 ETC 收费。在高速公路主线上密集部署 ETC 天线阵列与高清车牌识别系统，支持车辆在 80km/h 甚至更高速度下无感通行，同时精准捕捉并识别车辆信息。对于未安装 OBU 或 ETC 交易失败的情况，系统能迅速记录车辆车牌信息，并通过大数据分析与诚信体系联动，向车主发送电子账单，实现便捷高效的“先通行，后付费”模式。此模式依赖于社会诚信体系的完善与电子支付系统的普及。

(2)高精度车牌识别收费：升级车牌识别技术，采用深度学习算法提升识别准确率与速度，确保在复杂交通环境下也能准确记录车辆行驶路径。结合大数据分析，构建精细化的路径计费模型，实现按实际行驶里程精准收费。用户可通过绑定支付账户，享受先通行后结算的便捷服务，系统定期生成账单并通过电子渠道发送给用户，支持多种在线支付方式完成费用结算。

(3)移动支付融合收费：依托移动通讯技术的广泛覆盖与智能手机的高度普及，高速公路管理机构与电信运营商、移动支付平台深度合作，利用手机定位、蓝牙、NFC 等多种技术手段，实现车辆进出高速公路及行驶路径的精准识别。用户可通过手机 APP 或小程序，将车辆信息与支付账户绑定，自动完成通行费用的无感支付，极大地提升了通行效率与用户体验。

(4)车载 GPS + 物联网收费：随着物联网技术的深入应用与车载 GPS 设备的广泛普及，构建基于 GPS 定位的高速公路收费系统已成为可能。该系统通过实时接收并解析车载 GPS 设备上传的位置信息，结合高精度地图数据，精准确定车辆行驶路径与里程，实现后付费模式下的精确计费。用户可通过手机 APP 查看行驶记录与费用详情，支持在线支付或定期结算，促进了高速公路收费服务的智能化与个性化发展。

7. 基于开源系统的收费系统优化展望

在国内，高速公路收费系统长期依赖于微软 Windows 平台，这一现状虽在稳定性与兼容性上有所保障，但随之而来的高资源占用、潜在安全威胁、定制化难度大、快速迭代带来的高昂维护成本及支持期限限制等问题日益凸显，成为制约收费系统技术创新与效率提升的瓶颈。

鉴于国内知识产权保护意识的显著提升及开源技术的蓬勃发展，采用开源系统构建收费系统成为破解上述难题的新路径。开源系统凭借其源代码开放性、高度可定制性、活跃的社区支持、抗病毒能力强、易于恢复、安全性高及自主知识产权等显著优势，正逐步成为收费系统升级换代的首选方案。具体到实施层面，国内收费系统可积极探索以下几个方向。

(1)定制化开发：基于开源系统，结合国内高速公路收费业务的具体需求，进行深度定制化开发。这不仅能有效降低系统对硬件资源的消耗，提升运行效率，还能更好地满足个性化、差异化的业务需求。

(2)安全加固：利用开源社区的安全资源，结合国内安全标准与法规要求，对收费系统进行全方位的安全加固。通过引入先进的加密技术、访问控制机制及实时监控与响应系统,确保收费数据的安全传输与存储,防范外部攻击与内部泄露风险。

(3)无缝集成:实现开源收费系统与现有交通管理系统、支付系统等的无缝集成。通过标准化接口与协议,确保数据在各个环节的顺畅流通与共享,提升整体运营效率与用户体验。

(4)生态构建:积极参与国内外开源社区建设,与业界伙伴共同构建基于开源系统的收费系统生态。通过共享资源、交流经验、协同创新等方式,推动收费系统技术的持续进步与广泛应用。

展望未来,随着开源技术在国内交通行业的深入应用与推广,以开源操作系统为平台的收费系统更替高潮将不可避免地到来。这不仅将促进收费系统技术的自主可控与可持续发展,还将为高速公路的智能化、高效化、安全化运营提供有力支撑。

8. 国产数据库的应用

随着信息技术的快速发展与国家安全意识的增强,高速公路联网收费系统作为交通领域的关键基础设施,其数据安全性与自主可控性显得尤为重要。当前,尽管许多收费系统仍采用如 Oracle、SQL Server 等国际知名品牌的数据库,但这些系统往往受限于外部政策影响及安全级别限制(如 C2 级),难以满足日益增长的安全需求。

在此背景下,具有自主知识产权的国产数据库凭借其卓越的安全性能(已达到 B1 级及以上)、稳定的运行表现以及完全满足高速公路收费业务需求的丰富功能,正逐步成为行业内的优选方案。国产数据库不仅能够有效降低对外部技术依赖的风险,还能更好地适应国内法律法规要求,保障用户资金安全及数据隐私。随着技术的不断成熟与应用的深入拓展,国产数据库将在高速公路收费系统中发挥更加重要的作用。通过持续优化性能、提升兼容性及加强安全防护能力,国产数据库将助力收费系统实现更高效、更安全、更智能的运行,推动整个交通行业的数字化转型与可持续发展。

9. 联网收费将更加注重绿色节能降耗

面对全球能源危机与环境挑战的严峻形势,国家大力倡导“绿色、环保、节能”的发展理念,这一号召也在高速公路联网收费系统中得到了积极响应。为了降低能耗、减少污染、提升运营效率,收费系统正逐步向绿色节能方向转型。

在硬件层面,采用低功耗、高性能的车道控制计算机及高度集成的收费设备已成为趋势。这些设备不仅能在保证功能完备的前提下显著降低功耗(如将传统 100W 功耗降至 10W 左右),还能通过智能化管理实现设备在空闲时的自动休眠与快速唤醒功能,进一步减少能源消耗;在路网标识站等关键节点,风光互补环保能源设备的应用也日益广泛。这些设备能够充分利用太阳能与风能等可再生能源,为收费系统提供绿色、清洁的电力支持,减少对传统能源的依赖,降低碳排放。

在软件层面,收费系统软件也在持续优化以提升节能效果。通过智能调度算法与预测模型,系统能够根据车辆通行情况动态调整设备功耗与运行状态,实现资源的最大化利用与能耗的最小化控制。此外,软件系统的持续优化还将助力收费站点的环保与降噪工作,为驾乘人员提供更加舒适、宁静的通行环境。

(三) 我国高速公路联网收费进展情况

我国高速公路联网收费系统经过数十年的自主研发与实践探索,已形成了独具中国特色且适应国内复杂环境的技术体系和应用模式。鉴于国外技术体系的高成本与功耗问题难以适应我国经济发展现状,我国采取了自主创新的道路,成功研发出“多界面智能卡 + 先进电子标签”的组合方案,实现了人工收费与 ETC 的深度融合,有效缓解了收费站拥堵问题,促进了交通流畅与效率提升。

自 1995 年启动 ETC 应用探索以来,我国高速公路联网收费技术不断成熟与进步。进入 21 世纪后,随着智能交通系统工程技术研究的深入,一系列标准化工作加速推进,为 ETC 的普及奠定了坚实基础。近年来,我国 ETC 技术与应用更是实现了飞跃式发展,不仅技术标准与国际接轨,还在设备国产化、系统智能化方面取得了显著成就。

截至 2024 年,我国高速公路联网收费系统已覆盖全国,ETC 用户量持续攀升,成为缓解交通压力、提升通行效率的重要手段。各省市纷纷加大 ETC 推广力度,通过政策引导、技术升级与服务优化,不断提升用户体验。同时,随着物联网、大数据、云计算等先进技术的融合应用,高速公路联网收费系统正逐步向智能化、数字化、个性化方向发展,为公众提供更加便捷、高效、安全的出行服务。

具体而言,多个省份已实现了高速公路 ETC 的全覆盖,并持续优化收费网络,提升系统稳定性与安全性。例如,长三角、珠三角等经济发达地区,不仅 ETC 普及率高,而且已实现了跨省市的无缝对接与数据共享,大大提升了区域交通一体化水平。此外,针对新能源汽车的兴起,我国高速公路联网收费系统也在积极探索绿色收费模式,推动绿色出行理念的普及与实践。未来我国高速公路联网收费系统将继续沿着智能化、绿色化、服务化的方向迈进,为构建安全、便捷、高效、绿色的现代综合交通运输体系提供有力支撑。

案例 1: 华东四省一市高速公路实现跨区域联网收费

1. 项目背景

随着智慧交通与区域一体化发展的深入推进,上海、江苏、浙江、安徽、江西(以下简称“华东四省一市”)交通主管部门积极响应国家关于智能交通系统建设的战略部署,依据最新技术标准与密钥管理体系,共同建立了华东区域高速公路电子不停车收费(ETC)联席会议机制。自 2008 年长三角高速公路 ETC 系统试运行以来,跨区域联网收费已取得显著成效。

近年来,华东四省一市高速公路网加速融合,ETC 车道建设持续扩大。截至最新数据,上海、江苏、浙江、安徽、江西的高速公路网内 ETC 车道覆盖率均已达到极高水平,实现了高速公路主要通道的全覆盖。以长三角为核心,四省一市正加速构建“2 小时交通圈”,通过新建与改扩建项目,进一步拓展高速公路网络,为 ETC 跨区域互联互通奠定坚实基础。目前,华东四省一市的 ETC 系统已实现无缝对接,用户持任意一省的 ETC 卡(如江苏的“苏通卡”、上海的“沪通卡”等)均可在区域内自由通行,极大提升了跨区域出行的便捷性。

2. 运营模式

华东四省一市高速公路 ETC 联网收费系统采用对等连接的运营模式,即各省市的收费运营结算中心直接相连,实现数据的实时交换与结算。这种模式充分利用了现有资源,避免了重复建设与资源浪费,同时保持了各省市原有的运营管理特色与收费系统稳定性。通过持续优化升级软件系统与硬件设备,确保ETC系统的高效运行与稳定服务。

3. 总体要求

统一标准、一卡通行:确保区域内ETC电子标签与非现金支付卡遵循统一标准,实现跨区域自由通行与快速结算。

四个基本维持:维持区域路网现有的联网收费体制不变,优化而非撤销已设置的主线收费站。维持现有人工收费系统与通信系统基本框架,重点升级软件与必要的硬件设备。维持车型分类标准与收费计量单位的一致性,建立跨区域的统一车型分类表。维持现有人工收费方式的基本流程,通过技术标准、管理制度与结算时间的统一,实现跨区域的无缝衔接。

4. 清算模式

自主收费:各路段收费系统独立记录交易信息,并上传至本省(市)联网收费管理(结算)中心。

第一级结算:利用先进的清算系统,对跨省(市)的电子支付交易数据进行统一核算与清分,确保数据准确无误地传输至相关省(市)的结算中心进行认证、核算与统计。

第二级清算:在第一级清分的基础上,通过银行系统完成跨区域的资金划拨。各省(市)联网收费管理结算中心依据结算办法,指令银行将通行费划拨给相应路段业主,实现资金的快速结算与分配。

案例2:ETC技术在广东省高速公路联网收费中的应用

广东省作为中国南方经济大省,其高速公路建设与发展一直走在全国前列。自2004年广东省高速公路联网收费系统正式开通以来,ETC技术的应用与推广取得了显著成效,极大地提升了公路通行效率与用户体验。以下是对当前ETC技术在广东省高速公路联网收费中应用的详细介绍。

1. 项目总体建设目标及规划

广东省高速公路联网收费项目的总体目标持续优化,旨在实现全省高速公路乃至普通公路的智能化、一体化收费体系。当前,项目的主要目标包括:全面推广ETC技术,实现全省高速公路"一卡通行",提升通行效率;逐步撤并主线收费站,优化路网结构;构建高效、便捷的电子支付体系,为用户提供多样化的支付选择。

按照最新规划,广东省将分阶段推进高速公路联网收费工作,重点加强ETC车道的建设与优化,确保ETC车道覆盖率的持续提升,并探索与周边省份的ETC互联互通,推动区域交通一体化发展。

2. 最新项目进展

广东省高速公路联网收费系统已运行多年,系统稳定可靠,实现了全省高速公路的联网收费。全省高速公路被整合为多个收费片区,数据结算高效准确,用户使用ETC缴费体验持续优化。最新数据显示,广东省高速公路总里程已超过1万km,ETC车道覆盖率显著提升,部分地区的ETC车道覆盖率已达到80%以上,珠三角地区更是实现了更高水平的覆盖。

全省累计撤并了大量主线收费站,减少了收费站数量,有效缓解了交通拥堵问题。广东ETC卡(粤通卡)保有量持续攀升,单月车流量与交易量均实现大幅增长,成为省内高速公路收费的主流支付方式。

3.项目营运模式

(1)建设模式

广东省继续坚持"统一规划、统一标准、统一发卡、统一结算"的原则,由广东联合收费公司(或类似机构)负责全省联网收费系统的整体运营与管理。该公司作为非营利性组织,通过企业化运作,为全省高速公路联网收费提供统一的技术支持、营运管理与服务平台。各路段业主则负责各自区域内收费系统的建设与维护,确保系统的高效运行。

(2)商业化的运营服务模式

客户服务方面,广东联合收费公司不断优化服务网络,拓展服务渠道,为用户提供更加便捷、高效的服务体验。通过建设覆盖全省的客户服务中心、代理网点以及在线服务平台,公司为用户提供包括卡片办理、充值、查询、投诉等在内的全方位服务。同时,公司还积极推广ETC车载设备,提高ETC用户的普及率。

在推广策略上,公司结合市场实际,开展多样化的营销活动,吸引更多用户选择ETC支付方式。通过与金融机构、电信运营商等合作,推出优惠套餐、积分兑换等增值服务,提升用户黏性。

4.项目效益

ETC技术的广泛应用为广东省带来了显著的经济效益和社会效益。一方面,通过减少收费站数量与人力成本,降低了道路管理营运成本;另一方面,ETC的快速通行能力有效缓解了交通拥堵问题,提高了道路通行效率。此外,ETC还促进了节能减排与绿色出行理念的普及,为环境保护作出了积极贡献。

据最新估算,ETC技术的实施为广东省带来了巨额的节约效益,包括建设成本、运营成本的节约以及用户时间成本的减少等。这些效益的积累将进一步推动广东省乃至全国高速公路收费体系的智能化、现代化发展。

5.发展规划

未来,广东省将继续深化高速公路联网收费系统的建设与应用,重点推进ETC技术的普及与升级。公司计划进一步扩大ETC车道的覆盖范围,提高ETC用户的普及率与使用率;同时,加强与周边省份的合作与交流,推动ETC的跨区域互联互通;此外,广东还将积极探索ETC技术在智慧城市、智能交通等领域的应用潜力,为用户提供更加便捷、高效的出行服务。

案例3:ETC技术在浙江省高速公路联网收费中的应用

浙江省作为中国东部沿海的经济强省,其高速公路网络发达,交通流量巨大。以下是对当前ETC技术在浙江省高速公路联网收费中应用的详细介绍。

1.项目总体建设目标及规划

浙江省高速公路联网收费项目的总体目标是构建一个高效、智能、绿色的收费体系,实现全省高速公路 ETC 的全覆盖与高效运营。当前,项目的主要规划包括:继续深化 ETC 技术的推广与应用,确保 ETC 车道在全省高速公路的广泛覆盖;优化 ETC 交易流程,提升交易速度和成功率;加强 ETC 与其他交通管理系统的数据共享与协同,提升整体交通管理水平;同时,探索 ETC 在智慧城市、智能交通等领域的新应用,推动交通行业的数字化转型。

2. 最新项目进展

目前,浙江省高速公路 ETC 车道覆盖率已达到极高水平。全省高速公路收费站均设有 ETC 专用车道,部分枢纽站更是实现了 ETC 车道的全面覆盖。最新数据显示,浙江省 ETC 用户量持续增长,已成为高速公路收费的主流支付方式。此外,浙江省还积极推动 ETC 与移动支付、车牌识别等技术的融合创新,为用户提供更加多样化的支付选择。

在基础设施建设方面,浙江省不断加大对 ETC 系统的投入,升级硬件设备,提升系统稳定性和处理能力。同时,加强网络安全防护,确保 ETC 交易数据的安全与隐私保护。

3. 项目营运模式

(1)建设模式

浙江省采用"省级统筹、分级管理、市场运作"的建设模式,由省级交通主管部门负责统筹规划与指导,各市、县交通部门负责具体实施与管理。同时,引入市场机制,鼓励社会资本参与 ETC 系统的建设与运营,提升服务质量和效率。

(2)商业化的运营服务模式

在客户服务方面,浙江省建立了完善的 ETC 客户服务体系,包括客服热线、在线服务平台、自助服务终端等多种渠道,为用户提供便捷的咨询、办理、充值、查询等服务。同时,通过与银行、保险公司等金融机构合作,推出 ETC 联名卡、保险优惠等增值服务,增强用户黏性。

在市场推广方面,浙江省采取多种措施吸引用户办理 ETC,如减免 ETC 设备费用、提供通行费优惠、开展主题营销活动等。此外,还加强与媒体的合作,提高 ETC 的社会认知度和普及率。

4. 项目效益

ETC 技术的广泛应用为浙江省带来了显著的经济效益和社会效益。一方面,ETC 的快速通行能力有效缓解了交通拥堵问题,提高了道路通行效率;另一方面,ETC 的自动扣费功能减少了人工收费环节,降低了管理成本。同时,ETC 还促进了节能减排和绿色出行理念的普及,为环境保护作出了积极贡献。

据最新估算,ETC 技术的实施为浙江省带来了可观的效益,包括减少时间成本、降低管理成本以及避免交通拥堵等。

5. 发展规划

未来,浙江省将继续深化 ETC 技术在高速公路联网收费中的应用,重点推进以下几个方面的工作:(1)加强 ETC 与智能网联汽车、自动驾驶等前沿技术的融合创新,推动交通行业的智能化发展;(2)优化 ETC 交易流程和服务体验,提升用户满意度和忠诚度;(3)加强与周边省份的合作与交流,推动 ETC 的跨区域互联互通;(4)加大 ETC 在智慧城市、智能交通等领域的应用探索力度,为交通行业的数字化转型贡献力量。通过这些措施的实施,浙江省将进一步巩固和提升在高速公路联网收费领域的领先地位。

复习思考题

1. 高速公路机电系统由____等几部分组成。

2. 高速公路通信系统由__________、__________、__________、__________、__________、__________、__________、__________、__________九部分组成。

3. 高速公路通信网络技术有哪些发展趋势?

4. 目前我国高速公路有哪几种收费方式?

5. 什么是ETC技术?简述我国ETC技术的发展现状。

6. 简述我国高速公路联网收费的发展情况。

模块二

集成高速公路通信控制系统

本模块学习目标：掌握高速公路通信系统的组成、工作原理以及通信设施的使用要求，了解通信系统的在高速公路机电系统中的地位和作用。

项目1 认识通信系统在高速公路机电系统中的地位和作用

高速公路通信系统是高速公路建设中不可或缺的重要配套项目和基础设施，它为高速公路各级运营和管理部门以及沿线设立的收费、监控系统提供话音、数据和图像的传输，是确保高速公路实现快速、安全、高效运行的重要保障。

目前，国内外的智能交通运输系统(ITS)均在迅速发展。ITS是通信、计算机、自动控制等信息技术在交通运输中的应用，通信基础设施作为ITS的核心组成之一，起到了关键作用。ITS的目标是通过缓解道路拥堵、减少交通事故，提高交通参与者(包括出行者和管理者)在交通系统中的决策能力，并利用先进的电子技术、信息与通信技术，增强交通管理的智能化和有效性。

ITS的高效运行离不开先进的通信技术。信息传输在信息的采集、处理、提供及应用中占据重要地位。如果没有先进的通信技术，ITS就无法实现其预期的高效性和智能化。通信系统应用的通信方式主要包括以下三种。

1.路车通信(RVC)

路车之间的通信主要指交通控制中心与车辆之间的通信，目前可通过以下方式实现。

(1)蜂窝网络无线通信：利用蜂窝网络，行驶车辆可以与交通控制管理中心进行实时通信，获取或发送相关的交通信息。

(2)FM调频广播：通过FM广播发送实时的道路交通信息，如交通堵塞、突发事故等。

(3)红外线双向通信：利用红外线技术，车辆可以将行程时间、排队时间、OD信息等发送至交通控制中心，并通过车载装置接收实时的交通信息和最佳路径建议。基于GPS的车载导行系统可以动态计算最佳行驶路线，并通过语音引导驾驶员。路边的红外发射装置可布置在公路交叉口和高速公路的进出口匝道，便于信息的双向传输。

(4)专用短程通信(DSRC)和红外线通信：用于车辆与路侧自动收费单元之间的通信，实现自动化的交通诱导和收费。

2. 车车通信(IVC)

车车之间的通信主要依赖于车辆所装配的传感器,用于识别和协调行驶中的车辆,确保在各种行驶条件下的安全性和效率。这通常采用专用短程通信(DSRC)技术,使车辆能够相互通信,分享路况信息,从而避免事故和优化行驶路径。

3. 区(局)域内通信

区(局)域内的通信主要指高速公路交通监控系统和收费系统的内部通信。随着通信技术的飞速发展,高速公路的通信技术也取得了显著进步,多媒体技术在这一领域的应用已经开始普及。

(1)同步数字体系(SDH):SDH 是一种在光纤上进行同步信息传输、复用、分插和交叉连接的网络技术。对于高速公路通信,采用 SDH 技术可以简化网络结构,提升通信的稳定性和效率。

(2)异步传递模式(ATM):ATM 技术适用于高速公路交通监控系统和收费系统的数据、图像和话音传输。通过 ATM 技术,可以简化网络结构,提高通信的安全性、可靠性和灵活性。基于 ATM 网络的多媒体和视频点播(VOD)技术,使得高速公路的交通监控和收费系统的联网更加方便、经济、安全,并显著提高运营效率。

随着 5G 通信技术的普及,车联网(V2X)和物联网(IoT)技术的应用进一步提升了智能交通系统的效率,使得高速公路的通信系统变得更加先进和智能化,为未来的自动驾驶和智慧城市建设奠定了坚实基础。

一、高速公路管理系统对通信系统的要求

高速公路的管理体制采用多层级模式,通常划分为四级行政和业务管理机构,如图 2-1-1 所示。这四个层级分别是高速公路管理局、高速公路管理处、高速公路管理所和高速公路收费站养护区/服务区,这些管理部门沿着高速公路分布在不同的区域。为了有效开展交通运输管理、行政管理、路政管理、工程养护管理和服务区管理等各项业务,需要建立一个覆盖所有管理层级的现代化通信系统,以满足以下主要通信需求。

(1)提供各级管理部门之间及其内部的电话、电传通信。高效的语音通信是日常运营和应急响应的关键,如今随着 VoIP(网络电话)和 5G 通信技术的广泛应用,各级管理部门之间的语音通信变得更加稳定高效,能够应对复杂的通信需求。

(2)提供各级管理部门之间及其内部的计算机网络通信,实现办公自动化。通过构建安全高速的计算机网络,各级管理部门能够实现办公自动化(OA),实现数据、文档的共享与无纸化办公。随着云计算和边缘计算技术的发展,这些网络可以处理更加复杂的任务,提高了管理和决策的效率。

(3)提供各级管理部门通过电信公网与外界的电话、电传通信。确保高速公路管理部门与外界保持顺畅的联系,电信公网依然是不可或缺的通信方式。借助 5G 网络和光纤宽带的普及,电话和电传通信变得更加快捷和稳定,能够支持更大规模的数据传输需求。

(4)提供内部有关管理部门的视频通信,支持不同规模的电视会议。视频通信已成为现代管理的重要工具,管理部门通过先进的视频会议系统,可以随时进行远程沟通与决策。当前的视频会议技术不仅支持高清视频,还通过AR/VR技术实现更具互动性的远程协作,进一步提升了工作效率。

(5)提供高速公路有关管理部门与外界的数据通信,充分利用互联网资源,提高管理水平。数据通信是现代化管理的核心,通过物联网(IoT)技术,管理部门能够实时监控和管理高速公路的各类设施,分析交通数据,并利用大数据和人工智能技术优化管理决策。同时,网络安全措施也不断增强,以应对复杂的网络威胁,确保数据的安全性和可靠性。

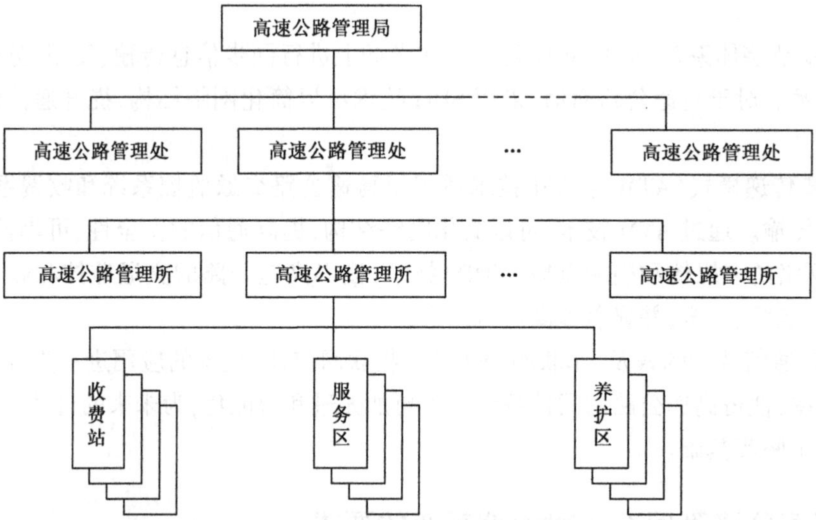

图2-1-1 高速公路的管理体制

通过建立一个现代化、智能化的通信系统,高速公路管理体制能够实现更高效的运营管理,提升应急响应能力,并进一步增强高速公路的服务质量和安全性。

二、自动收费系统对通信系统的需求

自动收费系统的基本原理是通过无线通信使安装在车辆上的车载装置(车载单元)与安装在收费站天线上的设备进行信息交换。根据车载装置中存储的收费相关数据,系统即时计算并自动收取通行费用。这一过程通常不涉及现金支付,而是使用电子记账系统(如IC卡)或直接从银行账户扣款。

(一) 自动收费系统的缴费方式

自动收费系统的缴费方式主要分为两种:预付费和后付费。在具体实现上,对这两种缴费方式又可以采用集中式或非集中式管理方法。

(1)集中式管理方法:在预付费方式中,用户的预付款余额由系统的中央计算机集中管理;在后付费方式中,用户的账单记录也集中存储在中央计算机中。用户只需持有一个识别编号(通常为用户账号)即可。

(2)非集中式管理方法:预付款余额或后付费的账单记录都存储在用户的车载单元上,车载单元在通过收费站时自动完成结算。

(二)自动收费系统运行过程与通信系统

自动收费系统的基本运行过程如下。

(1)车载单元安装与账户设置:用户前往收费管理部门申请安装车载单元,并选择预缴通行费或设立后付费账户。相应的信息会存储在车载单元中,车辆即可上路行驶。

(2)收费操作:当车辆以规定限速通过电子收费车道时,识别系统会确认车辆类型并将信息传输至控制单元。通信子系统通过天线与车载单元进行信息交换,完成收费操作。具体步骤包括:根据车型和收费规则确定收费额,核对余额或账户信息,并执行相应操作。如果余额充足或账户有效,则正常完成收费操作(更新余额或记录账单)。否则,控制单元将启动强制措施,拦截违规车辆或记录车牌信息,以便后续追缴。

(3)数据处理与管理:每次收费操作完成后,相关信息会上传至收费站计算机。收费站中心计算机会对信息进行分类处理,分三种情况。

①正常收费数据:可积累后结算并生成收入报告。

②后付费数据:定期或即时传送至中央系统,生成转账清单以请求金融机构支付。

③违规车辆信息:立即传送至中央系统,以确保及时统一处理。

由上述过程可见,通信在自动收费系统中扮演着重要角色。自动收费系统每一个运行环节的顺利完成,都需通信作为基础。

(三)自动收费系统的技术要素与通信系统

从上述自动收费系统的原理和流程可以看出,自动收费系统主要包括以下几个技术要素:

(1)车载单元系统。

(2)路侧系统。

(3)车载系统与路侧系统间的通信。

(4)中心管理系统。

(5)路侧系统与中心管理系统的通信。

(6)账户管理系统。

(7)监测系统。

自动收费系统构成要素及其关系如图 2-1-2 所示。各系统间的协同工作确保了自动收费系统的高效、安全运行。随着科技的进步,现代自动收费系统进一步提升了车辆通行效率,减少了交通拥堵,同时也增强了支付的便利性和安全性。

车载单元系统作为安装在运动车辆上的关键装置,携带车辆信息,并能与路侧系统实现无线通信。这一系统通常包括车载机与用户标记卡(例如 IC 卡),或仅由标记卡构成。

路侧系统则主要负责与车载单元进行通信,它由带辅助天线的路侧阅读器及本地操作控制器组成,是执行收费与操作的核心部件。

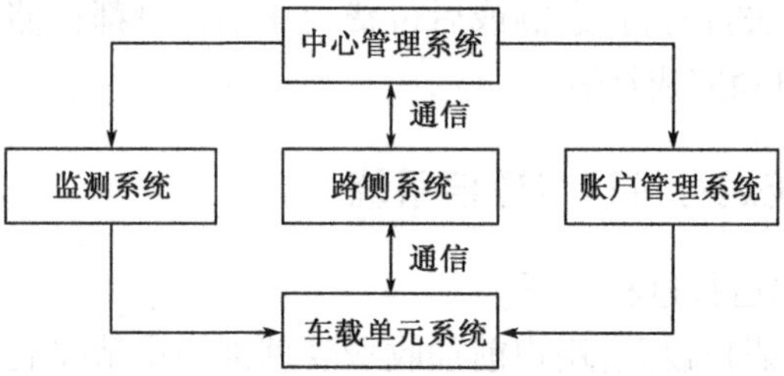

图2-1-2 自动收费系统构成要素及关系

中心管理系统在整个收费体系中扮演着操作、管理和监视的角色,确保整个流程的顺畅进行。

账户管理系统则负责收费业务的存储和账户结算工作,为财务处理提供准确数据。

监测系统则负责判断收费操作是否正常进行,同时,它还会对违章或无效车辆进行图像捕捉或拍摄记录,为后续处理提供有力证据。

值得注意的是,车载单元系统与路侧系统之间实现的是无线通信,而路侧系统与管理中心之间的通信则通常采用有线方式,以确保数据的稳定传输。

自动收费系统面临的最核心问题是车种自动识别(AVI,Automatic Vehicle Identification),即准确划分与收费相关的车种,如区分交费车种与免费车种,并进一步对交费车种进行细致分类,以实施不同的收费策略。为了实现这一目标,当前流行的做法是为车辆赋予一组具有特定含义的编码,该编码被存储在标记卡中,当车辆与路侧系统进行通信时,这一编码将被系统识别,从而完成对车辆的收费操作。

(四)车辆识别和路侧通信

围绕车辆识别这一核心问题,在自动收费系统下发展出了两项核心技术:车种自动识别标记卡技术和车辆与路侧通信(VRC, Vehicle to Roadside Communication)技术。这两项技术的不断进步和完善,正推动着自动收费系统向更高效、更精准的方向发展。此处主要针对车辆与路侧通信技术展开介绍。

1.车种自动识别标记卡技术

车种自动识别标记卡一般固定于车辆的前窗玻璃上,它基于以下两种不同技术:

(1)反向散射卡(Backscatter Card)

反向散射卡受到路侧天线发出的某一无线频率脉冲的辐射时,标记卡将反射出信号;路侧阅读器接收到信号并解码,即可以得到标记卡内记录的信息。它分为被动式、主动式、半被动式三种:

①被动式:卡内没有电源,只能靠路侧阅读器发射的无线脉冲激发反射应答信号。这种卡作用距离近,但精度较高;

②主动式:卡内带有锂电池,能同时接收和发送信号,它的作用距离较大,且可适用于车速较高的收费,但精度较低;

③半被动式:兼有主动式和被动式二者的优点,接收无线脉冲后卡内将调制出一定信号,由路侧阅读器接收;其信号存储和调制需能源供给。

(2)表面声波卡(SAW,Surface Acoustical Wave Card)

表面声波标记卡基于无绳电话,其内藏锂晶体芯片,芯片包含5至6位固定数字编码,在受到某个无线频率激发时,带有编码的声波就会从芯片的锂晶体表面产生,被路侧阅读器接到后解码,将获得卡内信息。

表面声波标记卡是被动式的,其作用距离很小,数据不可改写,传输速度有限,且容易受建筑物反射的干扰,因而其使用受到一定的限制。

2. 车辆与路侧通信技术

在当今高度智能化的交通系统中,全自动电子收费系统(ETC)的关键在于车载设备与路侧设备间的高效无线通信。这一技术不仅推动了收费流程的自动化,还显著提升了道路通行效率。目前,ETC 系统主要采用无线频率(RF)与红外光线通信两种模式,每种模式均随着技术的演进展现出新的活力。

(1)无线电射频(RF)

无线电射频通信技术以其远距离传输、高抗干扰性成为 ETC 系统的主流选择。然而,在频段标准的选择上,全球范围内仍存在讨论与探索。当前,以下几个频段备受关注:

①902 ~ 928MHz:这一频段曾作为北美 ETC 及 ETTM(Electronic Toll and Traffic Management)系统的基石,但随着频谱资源的日益紧张,其应用空间逐渐受限。

②2.45GHz:尽管在部分国家和地区仍有应用,但面临频谱资源紧张以及生物安全争议,该频段并非长期发展的理想选择。美国智能运输系统协会虽曾倾向于将其作为标准,但全球趋势已向更高频段转移。

③5.8GHz:凭借宽广的带宽和优异的通信性能,5.8GHz 频段已成为 ETC 系统非官方的国际标准,在欧洲和日本得到广泛应用。美国虽因技术转换成本而持观望态度,但随着全球技术标准的统一和芯片技术的进步,该频段的应用前景愈发广阔。

值得注意的是,随着物联网、5G 等技术的深度融合,ETC 系统正逐步向更高频段、更低延迟的通信解决方案迈进,以满足未来智能交通系统对数据传输速率和实时性的更高要求。

(2)红外通信

红外通信技术,作为一种历史悠久的通信手段,在自动收费系统中的应用持续受到关注。当前,850nm 波长的红外光通信在特定场景下展现出独特优势。然而,其应用在全球范围内存在不同声音。北美国家因考虑到红外光易受建筑物阻挡和反射干扰的问题,已逐渐放弃在 ETC 系统中使用这一技术;在欧洲和部分亚洲国家,红外光通信技术却取得了显著的成功,如奥地利早期的 EFKON 系统以及马来西亚在 800km 高速公路上成功部署的红外线通信系统。

与微波通信技术相比,红外技术在 ETC 系统中的优势愈发凸显,这些优势基于最新的技术评估和应用实践。

①高稳定性与抗环境干扰:红外光通信在恶劣天气条件下表现出色,不易受雨雪、雷电等自然现象的影响,能够轻松穿越空气中的液体、气体和灰尘,确保通信的稳定性。相比之下,微波通信在恶劣气候下易受干扰,且金属车辆外壳对微波的反射作用可能会降低通信准确率。最新的测试数据显示,红外技术在 ETC 系统中的通信准确率普遍高于微波系统,尤其是在复杂环境条件下。

②低干扰性与高效信号传输:红外信号采用同时平行发射方式,有效避免了信号间的相互干扰。在多车道重叠场景下,红外信号能够相互加强,提升通信效率。而微波信号在不同车道

间可能存在相互干扰问题,需要采用复杂的循环发射方式和频率分配策略来避免干扰。这使得红外技术在车道密集、交通流量大的高速公路上更具优势。

③简化设备与降低成本:在信号接收和调解方面,红外技术采用直接调解方式,简化了车载单元和收费站设备的复杂度,降低了系统成本。相比之下,微波系统需要采用高频调解方式,增加了设备的复杂性和成本。此外,红外光通信无需申请载波频率使用许可,进一步降低了运营成本和法律合规风险。

国内高速公路收费系统正加速向全自动、不停车收费方式转型,这要求通信系统不仅要实现收费数据、图像信息及指令信息的实时准确传输,还需支持跨节点数据传输和 CCTV 图像信号的远程监控。为此,构建统一的通信网络平台和多样化的通信接口成为关键,以确保收费系统内部与外部数据、图像的高效传输与处理。

三、监控系统对通信系统的需求

监控指挥中心借助先进的信息采集技术,全面汇聚高速公路上的多维度数据,这些数据经由中心内集成的智能分析系统深度处理,依据实时路况动态生成最优化的管理策略。随后,通过高效的信息发布体系,迅速将指令、预警及路况信息传递给道路使用者,确保高速公路运行实现高速、安全、顺畅的卓越体验。同时,这一流程也极大地提升了道路管理部门的全局视野与快速响应能力,使之能够精准施策,优化道路运营与维护。

高速公路监控系统,作为高度依赖通信技术的电子系统工程,其核心价值在于对道路状况与交通动态的全面监控与灵活调控。一方面,沿高速公路精心布局的外场信息采集装置,不间断地捕获交通流量、车辆行驶速度、路面条件、气象变化及紧急事件等关键信息,并通过高速、稳定的通信网络,即时传输至监控中心或区域分中心。另一方面,监控中心则根据分析结果,向沿线的可变限速标志、情报板及车道控制系统发送精准指令,实现交通流的动态调节与优化。对于特殊路段如隧道,监控系统更需依赖通信系统的高可靠性,确保照明、通风、消防等关键控制信息的实时传输,保障隧道内环境的安全与舒适。

综上所述,监控信息涵盖了丰富的计算机数据、控制指令、业务逻辑、紧急报警、高清图像及电子地图等多元内容,其信息类型繁多、数据流量庞大且对实时性要求极高。因此,通信系统作为支撑基石,必须构建一个统一的通信平台,提供多样化的接口服务,以确保监控信息能够在任何时间、任何地点实现数据、语音、视频等多媒体信息的无缝、可靠传输,为高速公路的智能化管理奠定坚实基础。

四、通信系统的管理与应用模型

下面以现代高速公路的智能车辆导航与交通流优化系统为例,深入阐述通信系统的管理与应用模式。该系统集成了先进的交通流单车诱导功能,其核心在于高效、精准地传递交通信息与 DGPS(差分全球定位系统)校正数据。

在这一系统中,交通信息及 DGPS 校正信息的发布,创新性地采用了调频广播副载波(FM-SCA, Frequency Modulation Subcarrier Audio)技术,这是一种高效且经济的单向信息传输解决方案。该技术优势不仅体现在传统的交通流引导,而且在提升全球定位(GPS)精度方面展现出独特优势。

具体而言，调频广播副载波信息发布机制巧妙地利用了调频广播（FM Radio）现有立体声基带信号的未占用频段，即在不干扰正常广播内容的前提下，嵌入并传输各类服务数据。这一设计使得行驶中的车辆能够轻松接收实时交通资讯，并根据 DGPS 校正信息，动态调整其导航定位，实现更加精确的路线规划与导航服务。

调频基带的频谱分配示意图（图 2-1-3，实际图形可能因技术标准而异），直观展示了如何在有限的频谱资源内，实现广播信号与服务数据的和谐共存。通过这种创新的信息传输方式，不仅大幅提升了高速公路交通管理的智能化水平，也为驾驶者带来了前所未有的便捷与安全体验。

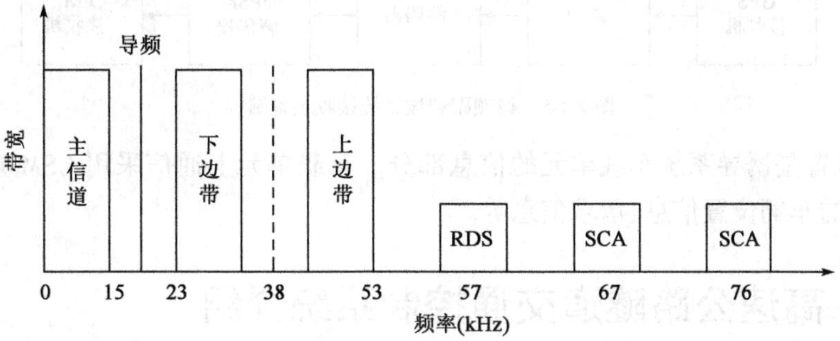

图 2-1-3　调频基带频谱

通常，调频广播包括立体声广播，只占用了调频基带 53kHz 以下的频带，而 53kHz 以上的频带可用于传输其他信息。迄今为止，在我国，通常使用以 57kHz 为副载波的广播数据系统（RDS）以及副载波为 67kHz、76kHz、92kHz 的辅助通信业务信道（SCA），除了在少数地区开展少量的无线寻呼和股票信息业务外，大部分地区尚未被开发利用。

（一）系统发射部分结构

系统的发射部分主要包括信息服务站、差分全球定位系统（DGPS）基准站、无线电数据系统（RDS）编码器和调频广播发射机等。DGPS 基准站由一台高精度的 GPS 接收机与计算机组成。GPS 接收机跟踪接收全部可视卫星信号，经计算机数据处理后，产生 RTCM104 格式的 DGPS 修正信号。信息服务站将通过网络传送来的交通信息处理后与 DGPS 修正信号，一同送入 RDS 编码器进行编码，与立体声广播的复合信号一起加到广播电台调频发射机，经调频、功率放大以后由广播电台发射天线发射出去，如图 2-1-4 所示。

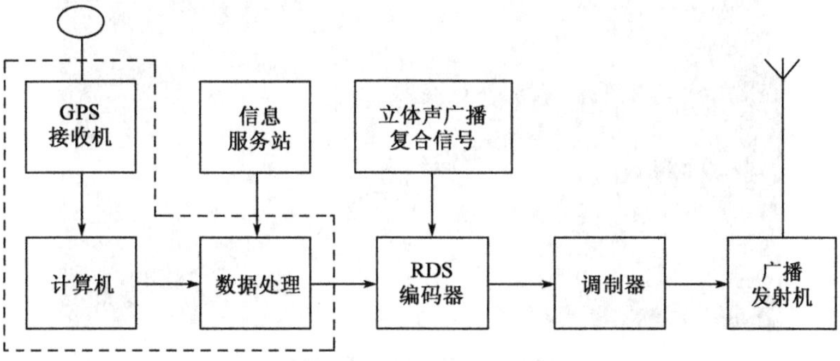

图 2-1-4　调频副载波系统发射部分结构

(二)系统接收装置结构

系统的接收装置主要包括系统专用接收机和用户GPS接收机(图2-1-5)。系统专用接收机接收调频广播电台发射的FM信号,经鉴频滤波得到调制的交通信息和DGPS修正信号,通过解调器及解码器恢复成可读的交通信息和RTCM104格式的DGPS修正信号供用户使用。

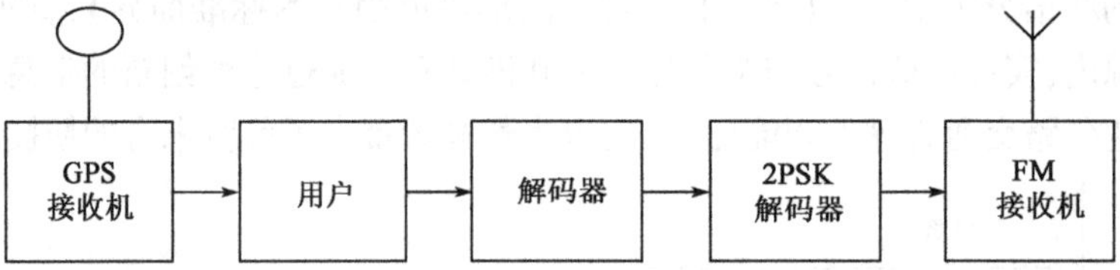

图2-1-5 调频副载波系统接收装置结构

该接收装置是诱导系统车载单元的信息部分。车载单元上通信采用GSM短信息通信方式,传递实时的车辆位置信息、请求信息等。

项目2 高速公路隧道交通控制系统介绍

高速公路隧道是高速公路机电系统集成较多、较密集的路段。在介绍后续其他高速公路机电系统前,本项目将先简要介绍高速公路隧道交通控制系统。为后续学习打下基础。

一、高速公路隧道交通控制系统发展历程

在18世纪,随着工业革命和铁路运输的兴起,隧道建设开始得到重视。19世纪是隧道发展的决定性时期,钢轨铁路线的出现推动了隧道工程的大发展。

我国通过20世纪50、60年代的实践经验积累,70年代开始系统引进国外的先进施工理念和装备,形成了一整套的隧道工程技术。这一时期,我国隧道建设主要集中在铁路上,其中驿马岭隧道(图2-2-1)为典型代表,该隧道全长7032m,于1969年10月贯通。

图2-2-1 京原铁路驿马岭隧道

随着高速公路的发展,我国公路隧道建设也取得了显著进展。20 世纪 90 年代初,最长的公路隧道长度为单洞 3km 左右,而现在,隧道长度已超过 10km 甚至 20km。此外,隧道形式也从过去的两车道发展到今天的三车道、四车道隧道。

进入 21 世纪,随着信息技术的迅速发展,隧道交通控制进入了智能化和信息化的新阶段。基于 PLC 在公路隧道交通控制系统的普遍采用,使得有效监控和管理隧道内的交通情况成为可能。同时,工业以太网结构的应用使得通风、照明、防灾救灾与交通控制更加智能化。

随着新基建的推进和智慧交通的发展,隧道交通控制进一步向智慧化方向迈进。例如,秦岭终南山隧道(图 2-2-2)作为我国自主设计、施工、监制、管理的世界级山岭隧道,集成了交通监控、环境监控、通风控制、照明控制等多种功能。此外,各交通企业推出的高速智能隧道解决方案,通过智能监控、高效联动和协同管理,提高了隧道的安全运营与综合管控效率。

图 2-2-2　秦岭终南山隧道

总结来看,我国隧道交通控制的发展经历了从手工操作到自动化控制,再到如今的智能化和信息化管理的过程。这一过程不仅反映了技术进步的轨迹,也体现了对提高隧道安全性和运营效率的不断追求。

二、高速公路隧道交通控制系统组成

高速公路隧道交通控制系统是一种综合性的智能监控系统,旨在确保隧道内的交通安全、环境稳定和设备运行的高效性。该系统结合了物联网、大数据和人工智能技术,实现了对隧道内交通流量、车辆行驶安全、环境参数及设备运行状态等多维度的实时监控与智能分析。

隧道交通控制系统(图 2-2-3)通过引入全数字化、网络化架构的物联测控系统,实现其智能化监测与控制。系统由隧道监控工作站、PLC/区域控制器/物联测控单元、隧道机电系统、环境监测系统、通信网络等组成。隧道监控工作站及服务器设置于隧道管理所管理中心,PLC/区域控制器/物联测控单元按需部署于隧道管理所、变电所、箱式变电站、隧道现场等区域,通过现场工业以太环网接入隧道管理所控制室。

PLC/区域控制器/物联测控单元是隧道物联测控系统的核心,对隧道的照明、环境(CO/VI 仪、风向风速仪、亮/照度仪)、通风、卷帘门、车道指示器等隧道机电设备的状态进行监视,采集相关数据,处理后,以智能/远程/手动的方式对相关系统的设备进行控制,这是实现高速公路领域数字孪生的基础。

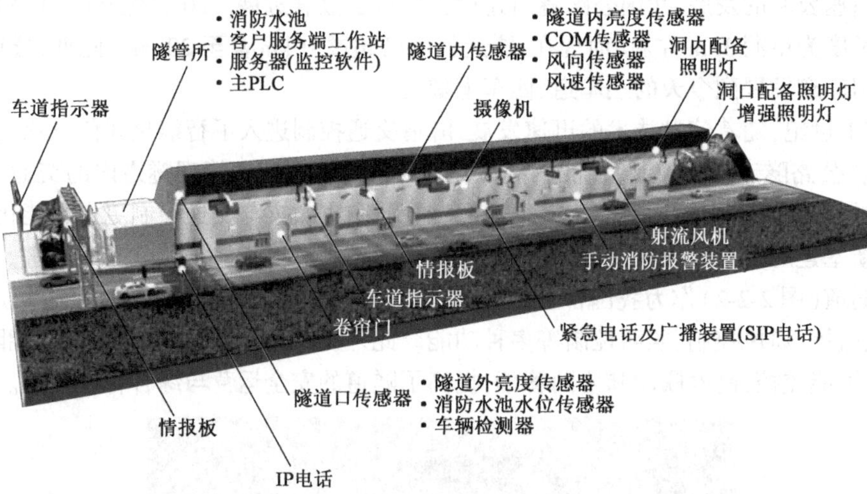

图2-2-3　隧道交通控制系统

三、高速公路隧道交通控制系统实训概述

数字公路智能控制实训室主要面向公路机电系统建设和管理维护岗位,聚焦公路隧道场景,基于PLC控制系统实现对照明、风机、车道指示器、交通信号灯、可变信息标志、火灾报警、风速风向、CO/VI等设备的监控与管理。

整体实训室的建设模拟高速隧道监测的真实网络搭建环境,采用工业以太网环网的搭建方式。各工位模拟路段内的不同隧道段,每段隧道搭配一套监控设备并接入PLC设备,通过以太网交换机与工位PC连接。工位PC搭配一套隧道监控软件,用于实现工位的数据监测与本地控制。

整体实训室(图2-2-4)的建设既支持单个工位进行高速机电系统的模拟实训,也可将各个工位与分中心整合,统一搭建整套高速隧道行业实训系统,实现综合实训。

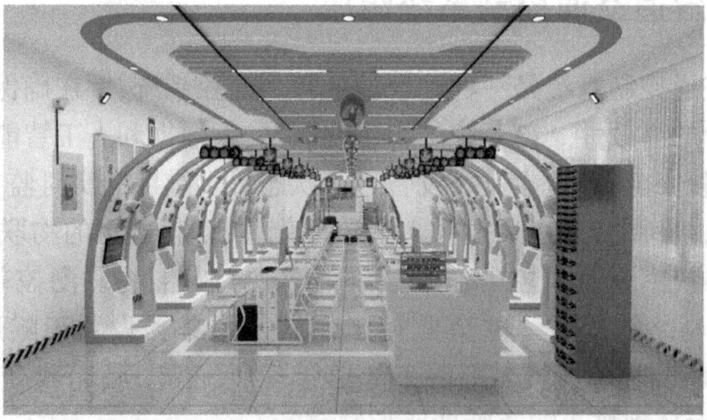
图2-2-4　实训室工位概念图

机电实训室工位采用一套与展厅模拟隧道“形态、功能、原理、协议”相同的实训套件。各工位配套能够监测自身设备权限的“机电监控软件”,能够进行隧道通风、隧道照明、交通监控系统、消防预警四大系统的功能实训,如图2-2-5所示。

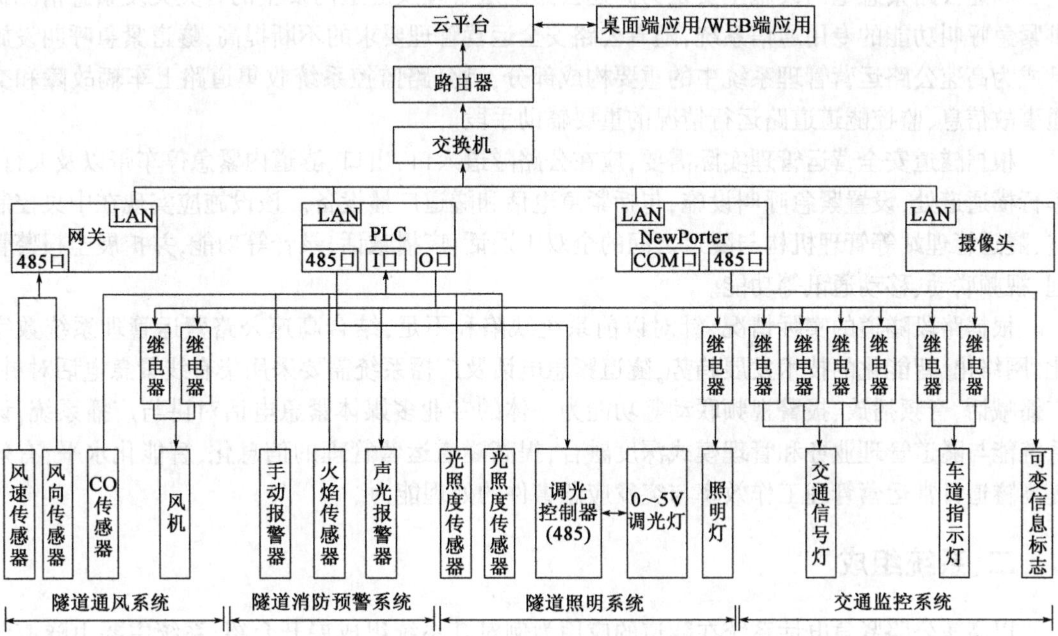

图 2-2-5　机电实训室工位系统

思考与讨论

根据隧道交通控制系统和实训设备，实训室可以完成哪些学习活动？

项目小结

高速公路隧道交通控制系统从 18 世纪工业革命开始发展，经历了从手工操作到自动化控制，再到智能化和信息化管理的过程。这一系统通过物联网、大数据和人工智能技术，实现对隧道内交通流量、车辆行驶安全、环境参数及设备运行状态的实时监控与智能分析。

系统由隧道监控工作站、PLC/区域控制器/物联测控单元、隧道机电系统、环境监测系统、通信网络等组成，核心是 PLC/区域控制器/物联测控单元，负责监控和控制隧道机电设备。

实训室模拟高速隧道监测的真实网络搭建环境，通过 PLC 设备和工业以太网环网，进行隧道通风、照明、交通监控系统、消防预警等隧道子系统的实训，旨在培养公路机电系统建设和管理维护岗位的专业技能。

项目 3　集成紧急电话系统

一、系统功能

随着我国高速公路建设的速度和规模突飞猛进，如何提高高速公路紧急电话系统运营管理水平，建立和完善高速公路紧急电话及广播系统的基本配套设施已成为运营管理中的重要任务。

高速公路紧急电话设施主要是为高速公路隧道管理及隧道内发生的各类突发紧急情况提供紧急呼叫功能的专用通信系统,随着公路安全运营管理要求的不断提高,隧道紧急呼叫设施已成为高速公路运营管理系统中的重要构成部分,是公路监控系统收集道路上车辆故障和交通事故信息、监控隧道道路运行情况的重要辅助手段。

根据隧道安全营运管理实际需要,应在公路隧道入口、出口、隧道内紧急停车带以及人行/车行横通道处,设置紧急呼叫设施,包括紧急电话和隧道广播设备。该设施应实现在中央控制室、隧道管理站等管理机构与隧道之间的全双工通话、广播喊话、录音等功能,并扩展至报警管理、视频联动、移动通讯等功能。

根据路段隧道的实际情况,针对以前系统缺陷和不足,结合高速公路营运管理系统数字化、网络化、智能化的技术发展趋势,隧道紧急电话及广播系统需要采用集有线紧急电话对讲、广播喊话、音频播放、报警视频联动等功能为一体的专业多媒体紧急电话对讲与广播系统,该系统能与隧道管理业务和管理模式深度融合,提高隧道运营管理的信息化、智能化水平,有效提高隧道日常运营管理工作效率与突发应急事件的处理能力。

二、系统组成

以高速公路紧急电话系统在隧道的应用为例对其系统组成展开介绍,系统主要由隧道监控中心、隧道现场和通信组网传输部分组成,各部分功能如下:

(一) 隧道监控中心

隧道监控中心是隧道紧急电话系统管理和应用的核心。隧道监控中心内设置1套紧急电话系统管理主控机设备,实现对隧道所有紧急电话与广播设备的注册配置、号码分配、交换处理、路由中继、权限管理、存储录音、查询管理等功能。

同时在监控中心监控大厅设置1套多媒体管理控制台和管理软件(可与其他隧道管理设备共用一台电脑,管理软件预装在管理电脑上)、2台值班话机以及1台寻呼话筒,实现监控中心对隧道紧急电话系统的统一管理和对话应用,并实现对终端设备的分区管理、终端状态、调度操作、排队管理、音乐管理、广播管理、录音监听、记录查询、报警管理等功能。对讲广播话机也可独立于管理控制台工作,通过拨打号码,发起对讲与广播功能。

当隧道对讲终端发起紧急对讲或按下报警按钮时,系统软件自动记录呼入与呼出通话记录,并可关联自动录音;当有多路同时呼入时,可自动排队或自动转接给待机中的对讲广播话机。

监控中心配置电话接入网关,与原已建程控电话系统或市话电话系统进行对接,对接后,系统内对讲话机可与原程控电话系统中电话进行双向通话,接听或通过直拨电话号码拨打原有程控电话。并通过通讯录功能直接导入相关单位联系人电话,既可实现电话的快捷拨号,又可实现在突发紧急情况下多单位的一键呼叫,有效提高应急指挥效率,也可通过市话电话线呼叫外部市话电话号码或手机号码。

此外,如果项目上建设有IP对讲广播调度系统,对讲与广播两套系统在管理平台可合并使用,通过采用一套更大容量的主控机设备就可同时实现对收费对讲广播调度和隧道紧急电话及广播系统的统一管理。这样,既降低了建设成本,提高了应用效率,也减少了以后的维护成本,真正发挥"集中监控"管理的优势,提高路段整体运营管理效率。

（二）隧道现场

在隧道内和隧道口每间隔200m设置一个隧道紧急电话及广播终端，集成紧急电话与应急广播功能。隧道外采用立柱式紧急电话广播终端系统。隧道内预留紧急电话安装洞室，洞室应设置铝合金推拉门，起到防尘、防噪、防水、防潮的作用。

隧道紧急求助电话摘机便可自动拨号，无需手动拨号，即需要时提起手柄便可直通监控中心，通话完成挂机即可收线。如果听筒没有挂机，即使检测到忙音也能起到自动收线功能。紧急求助电话手柄应为工业级抗噪通话手柄，隧道紧急求助电话整机防护等级不低于IP65，需要第三方检测报告与证书。

隧道紧急电话及广播终端内置50W广播功放。在隧道内每间隔100m安装1台25W定向定压高音号角喇叭，在隧道内安装1台隧道紧急电话箱（带2台25W定向定压高音号角喇叭）。在隧道口的2台隧道紧急电话箱上安装1台50W高音号角喇叭。通过紧急对讲箱实现对隧道内外的远程应急广播，包括安全提醒、政策报播、交通信息、安全疏导。隧道内对讲广播终端可自动接收广播喊话或音频播放，对讲功能优先于广播音乐功能，播放广播时不影响终端的呼叫对讲，对讲结束广播音乐自动恢复功能。

（三）通信组网传输

在隧道紧急电话的通信组网上，系统通信传输采用了环形以太网通信网络。在隧道内每个紧急电话洞室内设置一台2光4电环网以太网交换机，通过逐一级联或奇-奇、偶-偶与主机交换机相连，最终接入隧道管理站光纤通信传输主机。该主机支持24个（10/100自适应）RJ45端口和4个千兆SFP光口，单台光纤通信传输主机支持2条紧急电话环网链路接入，从而构成一个或两个环形以太网传输网络，也可以与监控或其他网络设备共用光纤网环。

在监控中心安装1台网络交换机，通过光缆与隧道站光纤通信转出与主机相连，实现隧道现场紧急电话、隧道管理站、监控中心的多级架构管理，满足高速公路应急联动协调处置的需要，适应高速公路互连网信息化建设的趋势，如图2-3-1所示。

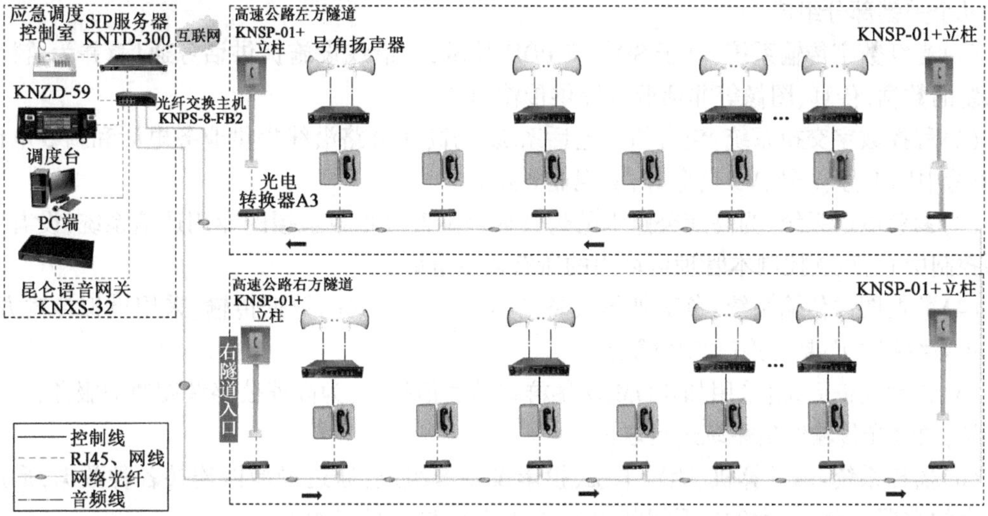

图2-3-1　高速公路通信组网传输示例

项目4 集群移动通信

一、系统组成

集群移动通信是一种高效的移动通信系统,它通过将无线电资源划分为多个独立的集群来提高网络的容量和覆盖范围。这种系统能够有效利用频谱资源,并增强信号传输效率,从而在大范围区域内提供高质量的通信服务。集群移动通信系统采用的基本技术包括频率复用技术、功率控制技术、邻区管理技术和链路自适应技术,这些技术共同作用以提升通信质量和系统性能。

集群系统特别适合于各类专业业务部门的工作,如军队、公安、消防、交通部门等,用于通信的分组调度和指挥。目前,我国的数字集群通信领域已经明确了市场发展定位,并在技术标准、频率分配以及产业联盟的发展方面得到政府以及相关机构的支持。随着技术的发展,集群移动通信正在从模拟时代走向数字时代,数字集群通信具有频谱利用率高、信号抗信道衰落能力强、保密性好、支持多种业务以及网络管理和控制更加有效、灵活等优点。

近年来,我国对800MHz频段的数字集群通信系统频率使用规划进行了调整,以适应技术和市场的发展。目前,TETRA数字集群系统在我国政务专网、交通、机场、港口等领域有较为广泛的使用,同时引入了专用数字集群通信系统(PDT)技术,以满足社会对数字集群通信的需求并推动新技术新业务应用的发展。数字集群通信系统还具备一些特定的业务功能,如组呼、紧急呼叫、监听、优先呼叫等,这些是公众移动通信难以提供的服务。系统还支持与公用电话网或公众移动通信网间的话音和数据业务互通以及不同技术的集群系统间的业务互通。在工程设计方面,数字集群通信系统有着明确的技术规范和标准,以确保网络的高效运行和服务质量。

高速公路集群移动通信系统是高速公路机电工程中的重要组成部分,它为运营管理及监控、收费系统提供传输平台,确保数据、话音和图像等信息的准确和及时传输。该系统通常由以下几个关键部分组成:

(1)光纤数字传输系统:基于SDH或PDH技术,为沿线设施提供话务通信,并为监控、收费系统的数据、传真、图像等非话业务提供传输通道。

(2)程控数字交换系统:包含指令电话系统,为高速公路沿线提供业务电话和指令电话服务,支持中国1号、7号、V5信令等,实现业务互通。

(3)紧急电话系统:为高速公路上的驾驶员提供直接呼救求援的专用通信系统,设有紧急电话控制中心,独立控制本管理区域内的所有紧急电话。

(4)数据图像传输系统:负责外场设备与监控中心之间的数据传输,采用模拟传输方式,为监控系统提供必要的接口和传输通道。

(5)移动通信系统:采用如800MHz集群移动通信技术,为高速公路调度通信服务,下设多个基站,通过光传输通信系统进行联网。

(6)监控系统:由计算机、闭路电视、投影设备等组成,通过局域网连接各种数据,形成功能强大的数据平台,支持24h不间断运行,并具备优异的扩展能力。

(7)收费系统:可能包括人工收费系统和不停车的电子收费系统(ETC),通信系统在此过程中起到信息传递和处理的关键作用。

二、主要性能指标

目前在我国高速公路管理模式中,高速公路信息管理调度中心承担着指挥、决策、监管和控制的主要职能,为使调度控制中心能实时掌握外场的信息,从而提供及时响应和更科学智能化的决策并有效满足高速公路信息管理的需求,采用高速公路集群移动通信系统是有效覆盖高速公路,进行高效信息通信的必要手段。高速公路集群移动通信系统的主要性能指标有以下几个方面,这些指标是衡量其集群通信系统性能优劣的关键因素。

1.有效性

有效性主要指系统在单位时间或单位带宽内传输信息的能力。它直接关系到系统的传输效率和频带利用率。具体指标如下。

(1)传输带宽:系统能够提供的最大数据传输速率,反映了系统处理信息流量的能力。

(2)频带利用率:在给定带宽下,系统实际传输的有效信息量所占的比例。频带利用率越高,表明系统在传输过程中的效率越高。

2.可靠性

可靠性是指系统在规定时间内和规定条件下,完成规定功能的能力。对于通信系统而言,可靠性是确保信息传输准确无误的重要指标。具体指标如下。

(1)误码率(BER):衡量系统传输过程中出现错误码元的比例,是评估数据传输可靠性的重要参数。误码率越低,表示数据传输的可靠性越高。

(2)信号强度与稳定性:系统应能在各种环境条件下保持稳定的信号强度,确保通信的连续性和质量。

(3)故障恢复时间:系统发生故障后恢复正常工作所需的时间,反映了系统对突发事件的应对能力和自我修复能力。

3.兼容性

兼容性是指系统与其他设备或系统之间互相配合、协同工作的能力。对于高速公路集群移动通信系统而言,兼容性是确保系统能够与其他交通管理系统、监控系统等无缝对接的关键。具体指标如下。

(1)协议兼容性:系统应支持行业内通用的通信协议和标准,以便与其他系统进行数据交换和信息共享。

(2)设备兼容性:系统应能与不同类型的移动通信设备(如车载台、手持机等)兼容,确保通信的灵活性和广泛性。

4.安全性

安全性是指系统在传输信息过程中保护信息不被非法窃取、篡改或破坏的能力。对于高速公路集群移动通信系统而言,安全性是保障交通管理信息安全和稳定传输的基础。具体指标如下。

(1)加密技术:系统应采用先进的加密技术对传输的信息进行加密处理,确保信息在传输过程中的安全性。

(2)身份验证与授权:系统应具备完善的身份验证和授权机制,确保只有合法用户才能访问和使用系统资源。

5. 可用性

可用性是指系统在需要时能够立即提供服务的能力。对于高速公路集群移动通信系统而言,高可用性意味着系统能够全天候、不间断地为道路使用者和管理部门提供通信服务。具体指标如下。

(1)系统稳定性:系统应具备高度的稳定性,能够在各种环境条件下正常运行而不会出现崩溃或停机等情况。

(2)维护响应速度:系统维护团队应具备快速响应和解决问题的能力,以便在系统出现故障时能够迅速恢复服务。

三、系统基本功能

高速公路集群移动通信系统是一种专为高速公路环境设计的移动通信系统,它集成了多种先进技术,以满足高速公路管理、应急指挥、车辆调度等多元化需求,以下对高速公路集群移动通信系统的基本功能展开介绍。

1. 指挥调度功能

(1)即时通信:系统支持集群用户间的即时语音通信,采用PTT(Push To Talk)技术,实现一按即通的快速通信方式,便于在紧急情况下迅速传达指令和信息。

(2)群组通信:支持多个用户(部门、群体)共用一组无线电通道,并动态分配使用这些专用通道,实现群组内的实时通信和调度。

(3)优先级管理:系统具备优先级管理机制,确保在紧急情况下,重要用户的通信需求能够得到优先满足。

2. 监控与管理功能

(1)车辆跟踪与定位:通过集成各类导航定位技术,系统能够实时监控高速公路上车辆的位置和行驶状态,为车辆调度和事故处理提供数据支持。

(2)路况监测与预测:结合交通流量、事故信息等数据,系统能够分析并预测路况,为驾驶员提供实时路况信息和最优行驶路线建议。

(3)违法监控:通过自动识别技术,系统能够对高速公路上的违法行为进行监控和记录,为交通管理部门提供执法依据。

3. 应急救援功能

(1)紧急呼叫:系统支持紧急呼叫功能,驾驶员在遇到紧急情况时可以通过车载设备一键呼叫救援服务。

(2)救援调度:系统能够根据紧急呼叫的位置和情况,自动调度最近的救援力量前往现场进行救援。

(3)信息共享:在救援过程中,系统能够实时共享救援进展、资源需求等信息,确保救援工作的协调性和高效性。

4. 数据传输与信息共享功能

(1)数据传输:系统支持多种类型的数据传输,包括语音、图像、视频等,满足高速公路管理部门对数据传输的多样化需求。

(2)信息共享:系统能够实现与高速公路其他系统(如收费系统、监控系统等)的信息共享和互联互通,提高整体管理效率和服务水平。

5. 安全保障功能

(1)加密通信:系统采用先进的加密技术,确保通信过程中的信息安全和保密性。

(2)身份认证:通过严格的身份认证机制,防止非法用户接入系统和使用资源。

(3)抗干扰能力:系统具备较强的抗干扰能力,能够在复杂电磁环境下保持稳定的通信质量。

项目5　敷设通信管道及光缆

一、光(电)缆管道

我国的高速公路建设工作始于20世纪90年代,相较于欧、美、日等发达国家和地区,我国的高速公路建设有后发优势。我国充分吸取了其他国家在高速公路建设中的经验教训,其中尤为关键的是,我国在每条高速公路建设时,都配置了标准化的光纤、管孔、机房等资源。这些高速公路沿线的通信基础设施资源,为我国高速公路的智慧化发展提供了基础保障,也是我国高速公路智慧化发展能够能够走在世界前列的先决条件。

高速公路往往选择从A地到B地距离最短的路线方案,相应地,如两地间要敷设光缆等基础通信设施,选择将光缆敷设于高速公路的绿化隔离带有显著优势,因为这样光纤路径最短,可降低建设成本;同时,光纤长度短意味着信息在传输中的时延低。另外,沿高速公路建设的光纤及其管道资源还具备高可靠的特点,在此基础上建设的全国高速公路光纤网还具备大带宽、业务专的优势,这为智慧交通建设奠定了基础。此前,交通运输部印发《数字交通发展规划纲要》,提出构建网络化传输体系,推动交通运输基础设施与信息基础设施一体化建设,促进交通专网与"天网""公网"深度融合,推进车联网、5G、卫星通信信息网络等部署应用,完善全国高速公路通信信息网络,形成多网融合的交通信息通信网络,提供广覆盖、低时延、高可靠、大带宽的网络通信服务,而全国高速公路的管道设施恰好能满足该部署的要求。

高速公路光(电)缆管道是通信系统布设的基础,而通信系统又是监控、收费、隧道监控、消防、供配电等机电系统的传输基础,因此通信管道工程是高速公路机电工程甚至高速公路的核心链条。此外,高速公路通信管道可提供给电信、国防以及其他信息产业相关部门或沿线企事业单位租用,从而为高速公路创造更多经济效益。高速公路通信管道通常分为干线管道、分歧管道以及相应的人孔和分歧人孔。干线通信管道一般埋设在中央隔离带下,而互通匝道段管道则埋设在路肩边坡内。桥梁上的管道通过玻璃钢管箱吊挂安装,以保障通信光缆不受损伤。通信管道的建设与维护需要考虑多种因素,如管道的弯曲半径、过桥涵渐变段的处理等,以确保系统的可靠性和长期稳定运行。

二、管道选择与敷设

20世纪80年代以前,国内外高速公路的通信光电缆都采用直埋方式敷设,由于高速公路施工界面交织复杂,施工工期长,通信路由复杂等固有特点,经常发生线缆被挤压影响通信质量或被夯填施工阻断的现象,对通信音频视频信号造成严重且不可恢复的损耗,后采用预埋通信管道再穿缆施工的方式有效地解决了这一问题。高速公路通信管道的选择应遵循一系列行业标准和规范,以确保通信网络的可靠性和长期稳定运行。主要的管道类型有以下几种。

1. 硅芯管

生产硅芯管的主料使用符合国家标准的高密度聚乙烯挤塑树脂。硅芯管采用带有条纹的彩色管,外观颜色均匀一致,且多孔敷设时方便辨认孔号;内外壁实体平整、均匀、光滑,无塌陷、坑凹、孔洞、撕裂痕迹及杂质麻点等缺陷,方便吹缆施工;截面无气泡、裂痕;内壁紧密熔结、无脱开现象,吹缆时不易出现吹爆管壁的现象;拉伸强度大于21MPa;断裂伸长率大于350%;最大牵引负荷大于8000N;冷弯曲半径大于400mm;脆化温度低;耐冲击性好;外壁上产品标识完整。硅芯管顺序缠绕在盘架上,每盘硅芯管出厂标称长度为2000m,敷设距离长,运输及施工方便。基于以上优点经过多年的筛选淘汰,现在我国高速公路通信管道基本采用多孔数的Φ40/33HDPE硅芯管。

2. 多通道波纹管(COD)

COD的英文全称为Corrugated Optic Duct,结构上采用了由波纹管包裹多个相邻紧密结合的通信子管形式,中文名称为多通道波纹管。

多通道波纹管施工迅速、造价低廉、安全可靠。2000年初开发于韩国,现已应用于我国多个省以及美国、日本和新加坡等国家的通信线路和高速公路施工领域。

COD的外管的波纹形状增强了管道的环刚度,内外管的独特合成结构提高了抗腐蚀性能;外管的波纹形状提供了较长距离卷绕的可能性,使长距离无接续敷设变为可能;COD的材质为高密度聚乙烯树脂,可抗土壤中存在的各种化学腐蚀;施工效率高,一次可敷设多管,过桥过路可直埋无需镀锌钢管保护管道,精简了施工步骤,降低了工程造价。

3. 钢网玻璃钢管箱

玻璃钢制品在20世纪80年代中期在铁路上最先应用,主要应用于沿线光电缆过桥梁构造物时的保护,90年代中期开始在高速公路上应用。目前玻璃钢管箱在高速公路上用量十分庞大,有桥梁的地方,都需要安装玻璃钢管箱来对通信光缆进行承载和保护。由于早期普通玻璃钢管箱的材料为树脂+玻璃纤维布,一般都是手糊成型,质量难以控制,老化严重,且出现箱体破损后更换箱体困难,故现高速公路建设中使用钢网玻璃钢管箱。钢网玻璃钢管箱主要材料为树脂+复合玻璃纤维毡+钢丝网,使管箱的强度大大增加,其密度为1.8~2.0g/cm³,只有普通钢材的1/4～1/6，而且还具有机械强度高，耐化学腐蚀、寿命长、绝缘、施工简单、配线灵活、安装标准和外形统一美观的优点。

4. 镀锌钢管和聚乙烯实壁管

这两种管材具有强度高、密封性好以及适用范围广等特点，但由于价格较高所以不选择这两种管材作为通信管道的主要管材，而只作为通信管道光电缆在路基中横穿过路的保护材料。

高速公路通信管道的敷设是一项精细而复杂的工程，应确保信息传输的畅通无阻。敷设过程中，首先需根据高速公路的设计图纸，精确规划管道走向，避开地质复杂区域及未来可能的扩建区域。随后，采用高强度、耐腐蚀的管材，沿高速公路两侧或中央分隔带下方开挖浅沟，进行管道敷设。管道间保持适当间距，便于线缆穿设与维护。同时，利用热熔连接或机械连接技术确保管道密封性，防止水渗及外界干扰。敷设完成后，进行回填夯实，恢复地貌，并设置明显标识，以便后续维护与检修。这一过程不仅要求技术精湛，还需高度关注施工安全与环境保护，确保高速公路通信系统的稳定与高效运行。

项目6　计算机网络技术的认识与高速公路网络通信设备

一、IP网络技术基础

IP是Internet Protocol的缩写，中文为网际互连协议。IP工作在TCP/IP参考模型中的第三层，也就是网络层。网络层的主要作用是实现主机与主机之间的通信。

也就是说，IP用于主机之间的通信，负责在“没有直连”的两个网络之间进行数据传输，而MAC的作用则是实现“直连”的两个设备之间的通信。也可以这样理解，MAC只负责某一个区间内的数据传输，IP则是负责将数据包发给最终的目的地址。

在TCP/IP网络通信时，为了保证能正常通信，每个设备都需要配置正确的IP地址。

图2-6-1为计算机的IP地址配置界面。实际上，IP地址的分配并非基于主机数量，而是根据网卡接口的数量来决定的。像服务器、路由器等设备都是有2个以上的网卡，因此它们会有2个以上的IP地址。计算机的IP地址配置信息由IP地址、子网掩码、默认网关和DNS服务器组成。

图2-6-1　计算机IP配置

(一) IP 地址

IP 地址有 IPV4 和 IPV6 两种,由于 IPV6 目前还没有彻底普及,因此,通常说的 IP 地址都是指 IPV4 的 IP 地址。它由 32 位二进制数表示。为了方便记忆,IPV4 地址采用了十进制的标记方式,也就是将 32 位 IP 地址以每 8 位为组,共分为 4 组,每组以“.”隔开,再将每组转换成十进制。图 2-6-2 为 IPV4 地址格式。

二进制	11000000	10101000	00000001	00000001
十进制	192	168	1	1
加点分割	192 .	168 .	1 .	1

图 2-6-2　IPV4 地址格式

在 IP 地址中,有两个特殊的 IP,分别是主机号全为 1 和全为 0 的地址。

主机号全为 1 的地址用于指定某个网络下的所有主机,通常用于广播数据时使用;

主机号全为 0 的地址用于指定某个网段。

例如:“192.168.1.0”和“192.168.1.255”。“192.168.1.0”表示的是一个网段,“192.168.1.255”表示只要是 192.168.1.0 这个网段内的计算机都能接收到数据。

IP 地址由网络号、主机号两部分组成。

网络号用于标识计算机所在的网段。判断主机是否属于同一个广播域内。如果网络号相同,表明接受方在本网络上,则数据包可以直接发送到目标主机。

主机号表示计算机的具体地址。

IP 地址的分类是互联网诞生初期设计的,当时 IP 地址还比较充裕,而随着物联网的出现和发展,IP 地址已经严重不足。此外,IP 地址的分类也存在许多缺陷,因此,又提出了一种无分类地址的方案,即 CIDR。这种方式不再有分类地址的概念。CIDR 把 IP 地址划分为两部分,前面是网络号,后面是主机号。CIDR 表示形式为 a. b. c. d/x,其中/x 表示前 x 位二进制数属于网络号,x 的范围为 0 ~ 32。“192.168.1.2/24”这种地址表示形式就是 CIDR 方案,如图 2-6-3 所示。

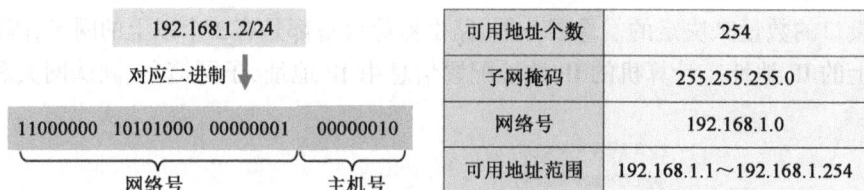

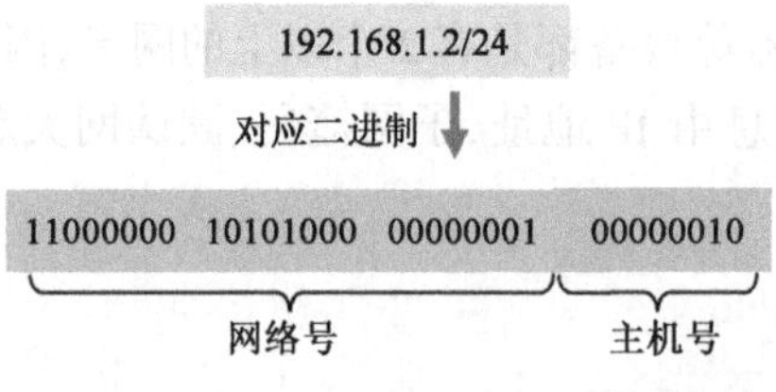

可用地址个数	254
子网掩码	255.255.255.0
网络号	192.168.1.0
可用地址范围	192.168.1.1～192.168.1.254

图 2-6-3　CIDR 地址格式

192.168.1.2/24 中,/24 表示前 24 位是网络号,剩余的 8 位是主机号,所以 192.168.1.2/24 表示网络号是 192.168.1.0,主机号是 2。

(二) 子网掩码

子网掩码不能单独存在,它必须结合 IP 地址一起使用。子网掩码只有一个作用,就是将某个 IP 地址划分成网络地址和主机地址两部分。简单说,子网掩码就是掩盖掉 IP 地址中的主机号,剩余的部分就是网络号。

例如:IP 地址是“192.168.1.2”,如果子网掩码是“255.255.255.0”,那么该 IP 地址中被子网掩码里 1 遮住的部分“192.168.1”就是网络号,如图 2-6-4 所示,没有遮住的部分“2”就是主机号。因此,IP 地址“192.168.1.2”的主机号是“2”,支持的主机 IP 地址范围是“192.168.1.1”~“192.168.1.254”之间。

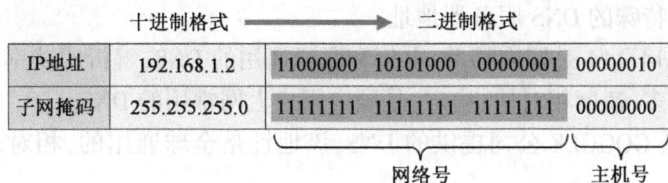

十进制格式 → 二进制格式

	十进制格式	二进制格式（网络号）	二进制格式（主机号）
IP地址	192.168.1.2	11000000 10101000 00000001	00000010
子网掩码	255.255.255.0	11111111 11111111 11111111	00000000

网络号　主机号

图 2-6-4　子网掩码作用

(三) 默认网关

网关就是一个网络连接到另一个网络的“关口”。按照不同的分类标准,网关也有很多种,在这里的“网关”是指 TCP/IP 协议下的网关。

网关实质上负责管理一个网络通向其他网络的设备,这个设备具有路由功能,计算机上的默认网关是指该设备的 IP 地址。

在填写默认网关时,主机的 IP 地址必须和默认网关的 IP 地址处于同一网段。

如图 2-6-5 所示,计算机 A 的 IP 地址为 192.168.1.2,子网掩码为 255.255.255.0,B 的 IP 地址范围为 192.168.2.2,子网掩码为 255.255.255.0。在没有路由器的情况下,这两个网络之间是不能进行 TCP/IP 通信的,即使是两个网络连接在同一台交换机上,TCP/IP 协议也会根据子网掩码(255.255.255.0)判定两个网络中的主机处在不同的网络里。而要实现这两个网络之间的通信,则必须通过网关。

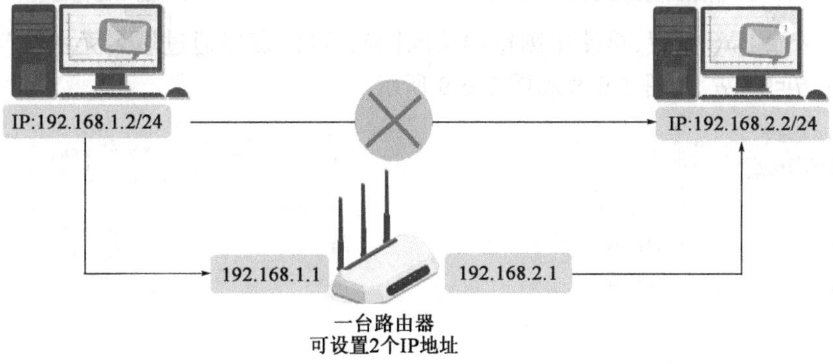

图 2-6-5　默认网关作用

如果网络 A 中的主机发现数据包的目的主机不在本地网络中,就把数据包转发给它自己的网关,再由该网关转发给网络 B 的网关,最后由网络 B 的网关转发给网络 B 的某个主机。

所以说,只有设置好网关的 IP 地址,TCP/IP 协议才能实现不同网络之间的相互通信。在实际工作中,通常默认网关都填写为路由器的 IP 地址。

(四) DNS(域名系统)服务器

DNS 服务器是一个用于域名解析的服务器。早期用户访问网站的时候需要输入网址的

IP地址,但IP地址不便于记忆。为了方便,研发人员采用域名来代替IP地址标识站点地址。由于在Internet上真实辨认机器的还是使用IP地址,所以当用户在浏览器中输入域名后,浏览器必须先到一台有域名和IP对应信息的主机去查询这台电脑的IP,而这台用于查询的主机,称它为域名解析服务器,也就是DNS服务器。

需要注意两个特殊的DNS服务器地址。

(1)114.114.114.114是国内移动、电信和联通通用的DNS,解析成功率相对来说更高,国内用户使用的比较多,速度相对快、稳定,是国内用户上网常用的DNS。

(2)8.8.8.8是GOOGLE公司提供的DNS,该地址是全球通用的,相对来说,更适合国外用户使用。

举例说明,某一网站的域名是www.baidu.com,IP地址:163.177.151.110(有时IP会改变,可通过"ping 域名"的指令重新查询)。

首先,需要清除浏览记录,否则,浏览器会记忆浏览过的网站,造成本次操作不成功。图2-6-6和图2-6-7所示为某浏览器清除浏览记录的方法其他浏览器清除浏览记录的方法总体类似。

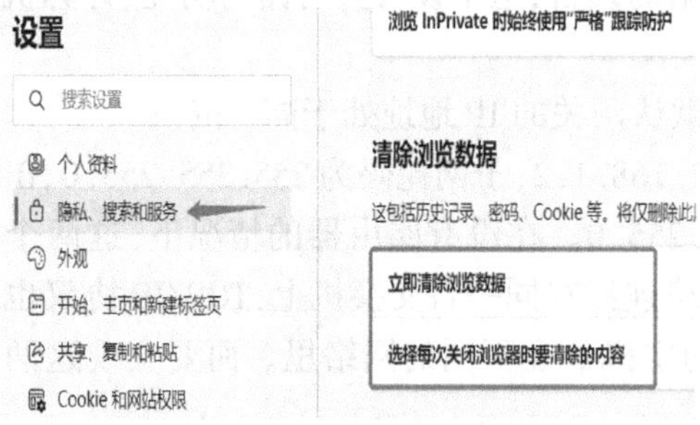

图2-6-6　清除浏览数据打开位置

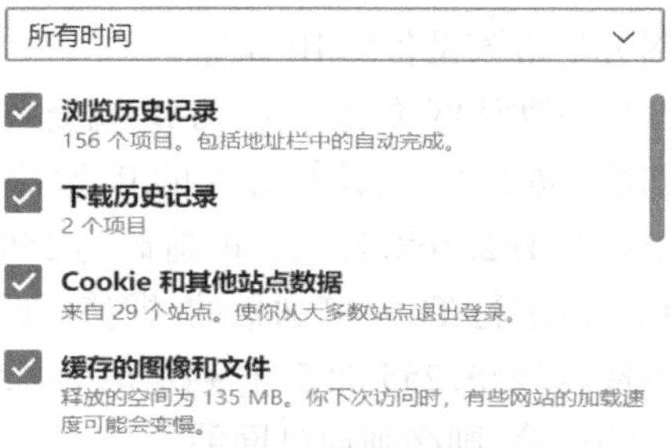

图2-6-7　选中浏览记录

下一步,清除DNS配置,再使用浏览器访问网站,可以发现通过域名无法访问网站,只能通过IP进行访问网站,如图2-6-8和图2-6-9所示。

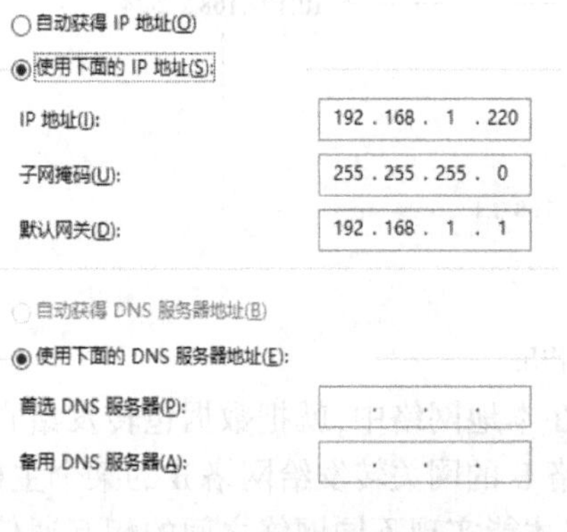

图2-6-8　不配置DNS

图2-6-9　访问网站结果

接着,增加配置DNS,再次重新运行浏览器访问网站,可以发现通过域名或IP都能访问网站,如图2-6-10和图2-6-11所示。

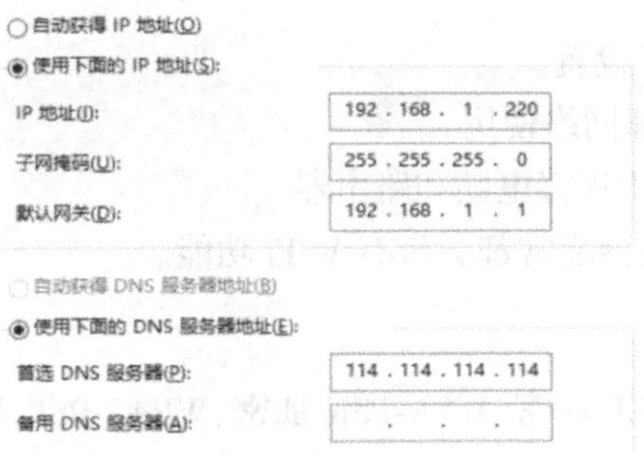

图 2-6-10　配置 DNS

图 2-6-11　访问网站结果

也就是说，用户在访问网站的时候，可以用输入网址的域名或 IP 地址两种方式进行访问。而如果没有配置 DNS 服务器地址，访问网站就只能通过输入 IP 地址的方式。

二、认识高速公路网络通信设备

通信系统对高速公路的现代化发展至关重要，它能够通过网络传输高速公路运行期间的各项数据，为高速公路管理部门之间的业务联系提供技术支持。新技术在通信系统中的科学应用促进了我国高速公路的健康发展，便利了公路交通控制和事故预防与处理，实现了道路的稳定、安全运行。在此过程中，网络通信设备是实现这一目标的基础。下面重点介绍在高速公路网络通信设备中的主要设备：路由器、交换机、防火墙。

（一）路由器

路由器又称为网关设备，是连接两个或多个网络的硬件设备，起网关的作用。它能读取每一个数据包中的地址并决定如何传送这些数据，是一种具有智能性的网络设备。它能够理解不同的协议，例如局域网使用的以太网协议和因特网使用的 TCP/IP 协议等。路由器可以分析各种不同类型网络传来的数据包的目的地址，把非 TCP/IP 网络的地址转换成 TCP/IP 地址，或者反之；再根据选定的路由算法把各数据包按最佳路线传送到指定位置。所以路由器可以把非 TCP/IP 网络连接到因特网上。

1. 路由器的接口

家用路由器接口通常由电源接口、复位键、广域网接口、局域网接口组成，图 2-6-12 所示为某款路由器接口图。

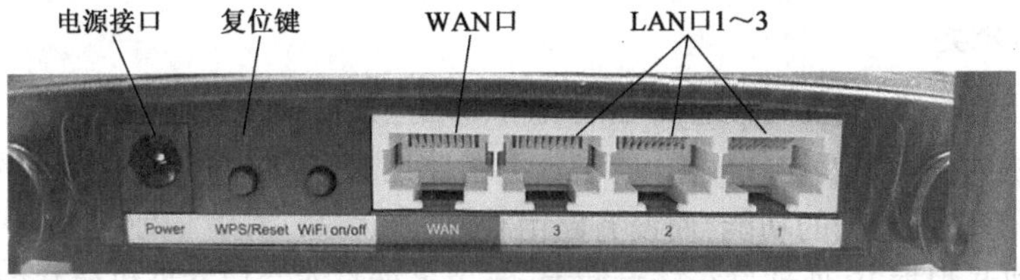

图 2-6-12　某款路由器接口图

电源接口(POWER):接口连接电源。

复位键(RESET):此按键可以还原路由器的出厂设置。

广域网接口(WAN):此接口通常是用于连接外部网络使用。

局域网接口(LAN):此接口通常有3个以上,用于连接电脑和路由器。

目前随着手机和无线网络的应用普及,家用路由器通常都会带有WiFi功能。

2.路由器WiFi加密方式

路由器的WiFi加密方式通常有4种,分别是WEP加密、WPA-PSK加密、WPA2-PSK加密和WPA/WPA2-PSK加密。

(1)WEP加密:WEP是一种老式的加密手段,如非迫不得已,不建议选择此种安全模式。WEP加密有64位WEP加密和128位WEP加密。

(2)WPA-PSK加密:是WEP加密的升级版,在安全的防护上比WEP更为周密,主要体现在身份认证、加密机制和数据包检查等方面,而且它还提升了无线网络的管理能力。

(3)WPA2-PSK加密:也是WPA加密的升级版,进一步完善了WEP加密的部分功能。

(4)WPA/WPA2-PSK加密:从字面便可以看出,这种方法是两种加密算法的组合。该加密方式安全性能最高,配置时通常选择该加密方式。

其中WPA-PSK、WPA2-PSK、WPA/WPA2-PSK的加密秘钥长度在8~63个字符之间,这也是输入WiFi密码时至少需要8位以上的原因。

3.路由器上网方式

家用路由器通常提供3种联网方式,分别是宽带拨号、动态IP和静态IP。

(1)宽带拨号:该方式通常在家庭网络上使用,用户向电信营运商申请宽带后,电信营运商会给与一个账号和密码。

(2)动态IP:该方式一般用于学校或企业,由上级路由器自动给WAN口分配一个IP。

(3)静态IP:该方式通常用于管理严格的机构,有管理员统一分配一个静态IP地址。

(二)交换机

交换机即“开关”,是一种用于电(光)信号转发的网络设备。它可以为接入交换机的任意两个网络节点提供独享的电信号通路。最常见的交换机是以太网交换机。其他常见的还有电话语音交换机、光纤交换机等。

交换机一般有5种数量接口,分别是4口、8口、16口、24口和48口。设备在连接交换机端口的时候,交换机是不限制设备连接哪一个端口的,也就是说可以连接任意一个端口。

1.交换机分类

交换机按层数分类,主要可以分为二层交换机和三层交换机。

二层交换机的技术发展比较成熟,属于数据链路层设备,根据数据包中的MAC地址进行数据转发,它只有转发数据的功能,而没有路由功能。

三层交换机是根据IP地址进行转发数据,简单说就是在二层交换机的基础上加了路由器的功能。

2. VLAN(虚拟局域网)

现在,交换机不仅具有转发数据的功能,有些交换机还具备了一些新的功能,例如:对VLAN 的支持、对链路汇聚的支持,甚至有的还具有防火墙的功能。

VLAN(Virtual LAN)的中文名称为“虚拟局域网”。简单来说,同一个 VLAN 中的用户间通信就和在一个局域网内一样,同一个 VLAN 中的广播只有 VLAN 中的成员才能收到,而不会传输到其他的 VLAN 中去,从而控制不必要的广播风暴的产生。同时,若没有路由,不同VLAN 之间不能相互通信,从而提高了不同工作组之间的信息安全性。网络管理员可以通过配置 VLAN 之间的路由来全面管理网络内部不同工作组之间的信息互访。

由于三层交换机中带有路由功能,因此三层交换机中的 VLAN 之间要互相通信,可以不用加路由器设备。

图 2-6-13 所示为某款交换机设备,请根据设备功能说明,判断该设备属于几层

VLAN
一键切换，快速安全
提供独立VLAN开关。VLAN功能开启时，1-7端口不能互相访问，只能和“Uplink”端口通信，有效抑制网络风暴，提升网络安全；VLAN功能关闭时，8个端口可互相通信
8-Port Gigabit Ethernet Switch
Uplink

图 2-6-13　带 VLAN 功能的交换机

(三) 防火墙

“防火墙”在网络设备中,是指硬件防火墙。硬件防火墙是指把防火墙程序做到芯片里面,由硬件执行这些功能,减少 CPU 的负担,使路由更稳定。硬件防火墙是保障内部网络安全的一道重要屏障。它的安全和稳定,直接关系到整个内部网络的安全。日常例行的检查对于保证硬件防火墙的安全是非常重要的。图 2-6-14 为某款硬件防火墙的设备图。

图 2-6-14　某款硬件防火墙设备图

防火墙功能介绍如下。

(1)支持配置安全策略、审计策略、带宽策略、NAT 策略等。

(2)支持可拓展的一体化 DPI 深度安全(入侵防御、防病毒、文件过滤、恶意域名远程查询、应用行为控制)。

(3)支持丰富的策略对象(安全区域、地址、应用、黑白名单、安全配置文件、入侵防御、审计配置文件等)。

防火墙的主要功能是包过滤、包的透明转发、阻挡外部攻击、记录攻击等。

三、高速公路网络通信设备的搭建与连接

搭建和连接高速公路网络通信设备前必须先准备好以下设备和资源(表2-6-1)。

网络通信设备/资源表　　表2-6-1

序号	设备/资源名称	数量	是否准备到位(√)
1	路由器	1个	
2	交换机	1个	
3	物联网中心网关	1个	
4	网线	3根	

(一) 搭建硬件环境

图2-6-15所示为网络连线图,应对照此图完成设备的连线,保证设备连线正确。

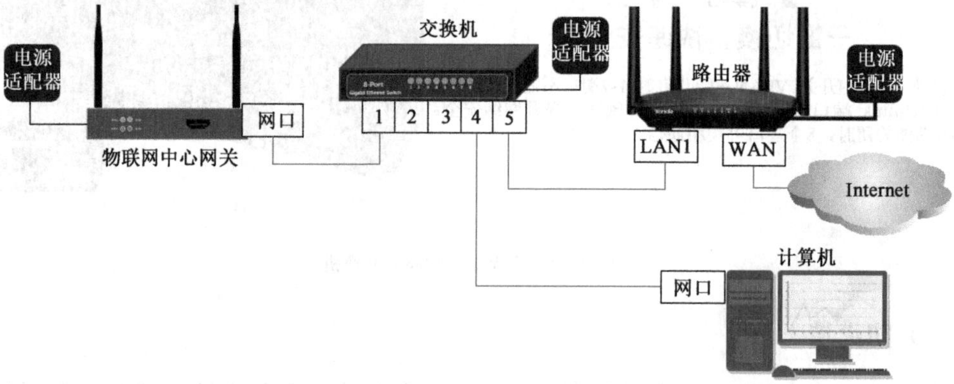

图2-6-15　监测管理系统网络环境搭建连线图

(二) 配置路由器

要完成对路由器的LAN口IP、WAN口IP和WiFi的配置,先要对路由器进行配置,首先需要获取路由器的IP地址才能登入路由器配置界面。

1. 获取IP地址

将计算机设置为自动获取IP方式,如图2-6-16所示。这时在网络连接详细信息中可以看到默认网关的IP地址,该IP地址就是路由器的IP地址,如图2-6-17所示。

如果无法获得网关IP地址,可能是路由器关闭了DHCP功能,这时可以轻按路由器的复位键5s以上,对路由器进行复位,再按上述方法进行操作。

2. 登入路由器配置界面

使用浏览器,输入路由器IP地址即可登入路由器配置登入界面。首次使用路由器或路由器复位后首次登入路由器时,会出现以下两种情况,这时需要根据情况进行选择操作。

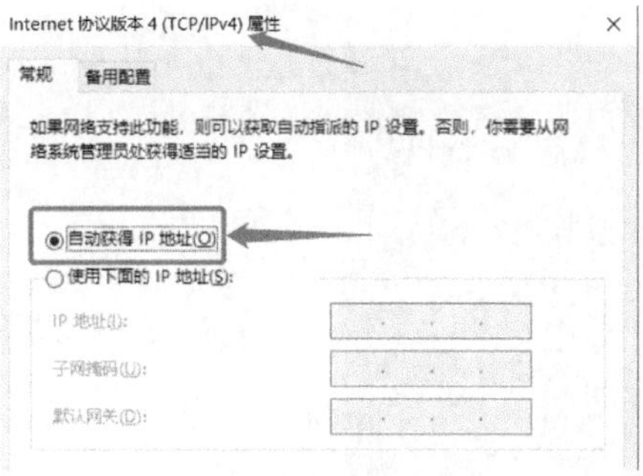

图 2-6-16　设置自动获取 IP 地址

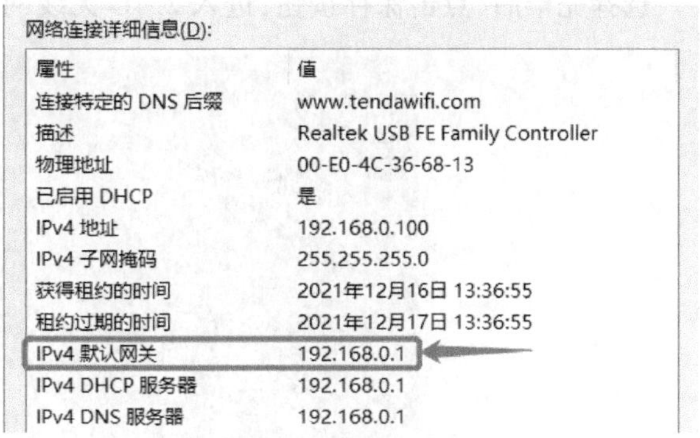

图 2-6-17　查看网关 IP 地址

（1）如果出现密码设置框，需要将密码设置为 123456。（便于其他人使用）

（2）若出现用户名和密码输入框，这里可以通过查看路由器底部的贴纸，上面会有用户名和密码信息，按照信息内容输入即可。（通常路由器的密码为空、123456 或 admin）

（3）如果路由器出现设置向导界面，这里可以选择跳过向导。

3. 配置 WAN 口 IP

成功登入路由器配置界面后，点击“上网设置”，如图 2-6-18 所示，WAN 口连接类型选择“自动获取 IP 地址”方式，配置完成后需点击“确定”按钮。

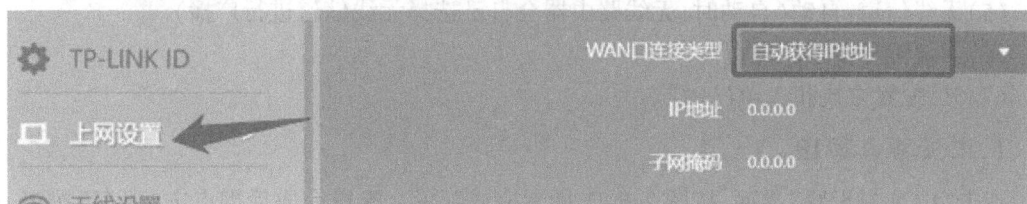

图 2-6-18　设置联网方式

4. 配置 WiFi

点击“无线设置”，如图 2-6-19 所示，关闭 WiFi 多频合一功能，这样可以分别配置 2.4G 和 5G 网络；若开启该功能，无线路由器会根据接入的设备自动选择 2.4G 或 5G 网络进行通信。这里可以根据用户使用习惯自行选择。

图 2-6-19　关闭 WiFi 多频合一功能

选择完毕后,点击保存按钮,进入2.4G无线网络配置(图2-6-20)。

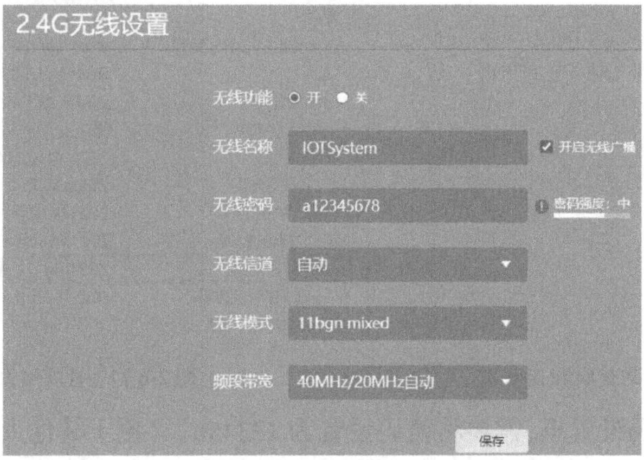

图2-6-20　设置2.4G网络

(1)无线功能:需选择"开",路由器才会运行该2.4G网络。

(2)无线名称:用于设置WiFi的名称,可自定义。

(3)开启无线广播:开启时,WiFi名称才会让人设备搜索到,没开启时,计算机只能通过手动输入WiFi名称进行连接。

(4)无线密码:可自定义。

(5)无线信道:自动(自动时,无线路由器会自己选择无线信道进行广播)。

(6)其他配置按默认即可。

(7)5G配置方式和2.4G一样。

5. 配置路由器IP

点击"LAN口设置"界面,按图2-6-21所示完成配置。配置完成后需点击"保存"按钮,这时路由器会重启。

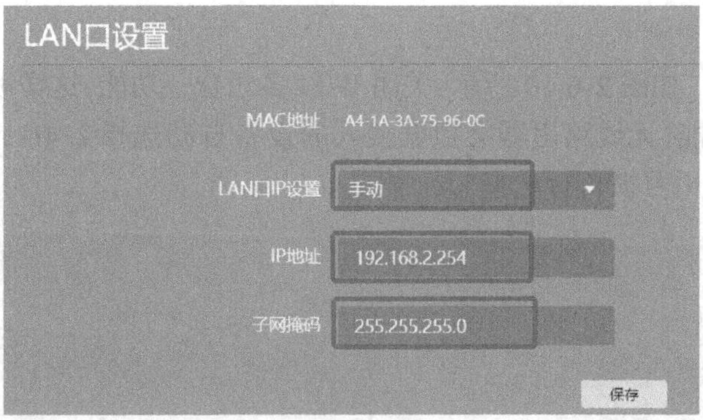

图2-6-21　LAN口配置

(1)LAN IP:用于设置路由器设备的IP地址。

(2)子网掩码:设置为"255.255.255.0"。

点击"DHCP服务器"界面,按图2-6-22所示完成配置,配置完成后需点击"保存"按钮。

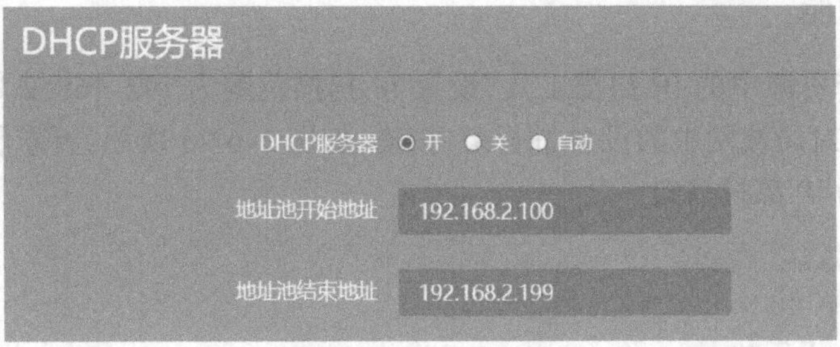

图 2-6-22　DHCP 配置

①DHCP 服务器:设置为开启,这样路由器就能给计算机自动分配 IP 地址。

②地址池开始地址:设置 DHCP 服务的起始分配 IP,通常都是从 100 开始。

③地址池结束地址:设置 DHCP 服务的截止分配 IP。

(三) 配置物联网中心网关 IP

物联网中心网关 IP 地址出厂默认为“192.168.1.100”,如果已被人改动,可复位物联网中心网关使其 IP 变回出厂 IP。物联网中心网关的复位方式,可查阅产品说明书。

下一步,配置计算机 IP 地址,如图 2-6-23 所示完成配置。

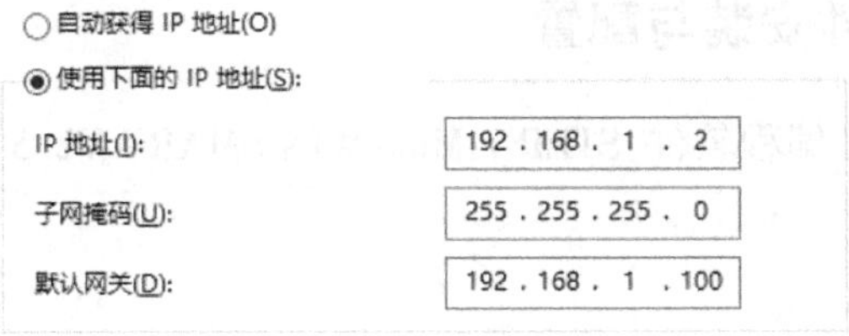

图 2-6-23　计算机 IP 配置

交换机没有路由功能,只支持同网段的 IP 进行通信,因此需要将计算机的 IP 配置为 192.168.1.0网段,因为这时的物联网中心网关 IP 地址为 192.168.1.100。

使用浏览器登入物联网中心网关配置界面,在“配置”项中选择“设置网关 IP 地址”如图 2-6-24所示,完成物联网中心网关 IP 配置。

物联网网关 IP 配置完成后,需要将计算机的 IP 按图 2-6-25 所示配置。

图 2-6-24　物联网中心网关 IP 配置

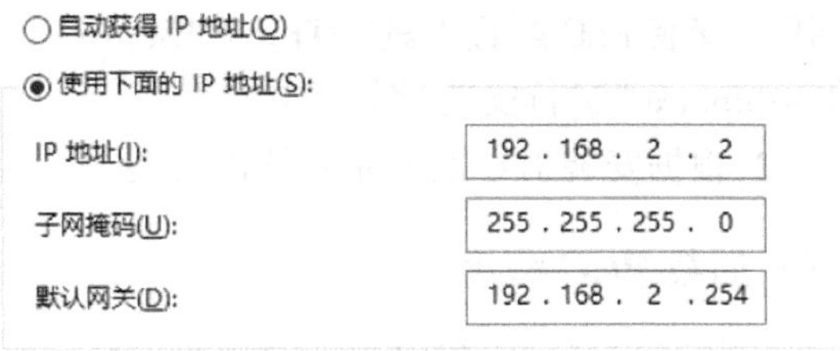

图 2-6-25　再次配置计算机 IP

(四) 测试功能

使用书籍配套资源中的IP扫描工具,设置IP扫描范围为192. 168. 2. 1-192. 168. 2. 254,点击“扫描”按钮,对局域网中的设备进行IP扫描,如图2-6-26所示,要求将路由器、计算机、物联网中心网关的IP都扫描到。

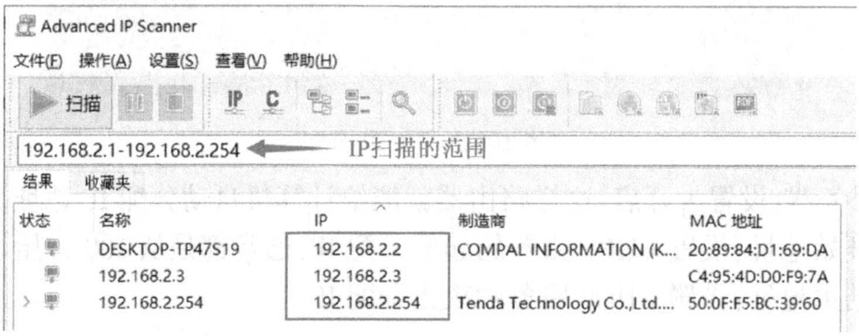

图2-6-26 IP扫描结果

项目7 高速公路系统软件运维与调试

一、PLC编程软件安装与配置

本节基于西门子PLC编程软件:STEP 7 MicroWIN SMART V2. 5展开介绍,并进行PLC添加的配置。

(一) 资源清单

PLC编程所需资源见表2-7-1。

PLC编程相关资源 表2-7-1

序号	资源名	说明
1	STEP 7 MicroWIN SMART V2. 5. iso	西门子PLC编程软件
2	隧道交通工程文件(后缀为. smart)	PLC编程软件程序

(二) 安装PLC编程软件

步骤1:安装PLC配置工具“STEP 7 MicroWIN SMART V2. 5. iso”,双击打开后,选择以下路径的“setup. exe”进行安装(图2-7-1)。

步骤2:根据安装引导提示完成软件安装,可自定义安装路径(图2-7-2)。

(三) 加载PLC程序

打开PLC编程软件。将隧道交通工程文件(后缀为“. smart”)拖入,或者点击软件菜单栏“文件-打开”,找到对应工程文件打开(图2-7-3)。

图 2-7-1　PLC 软件

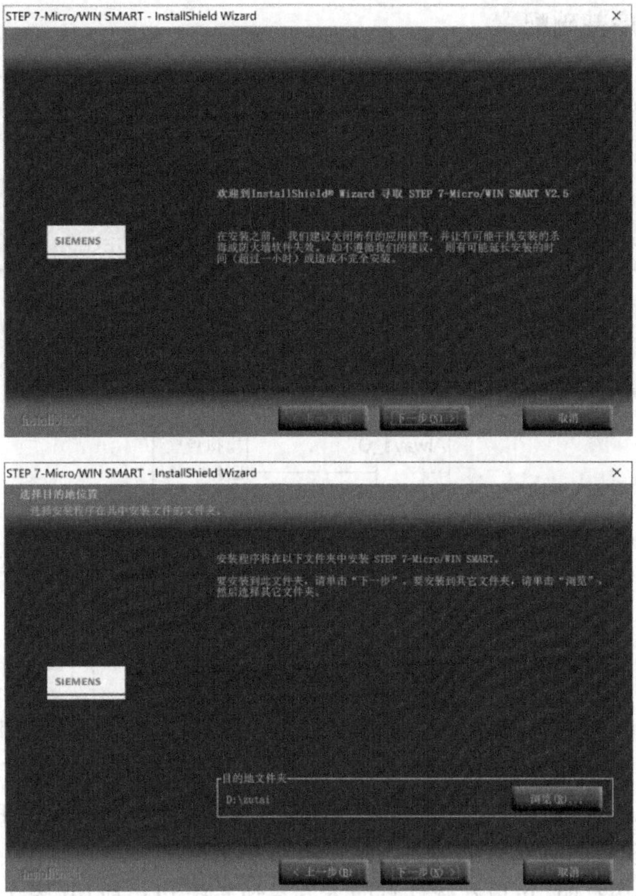

图 2-7-2　PLC 软件安装引导

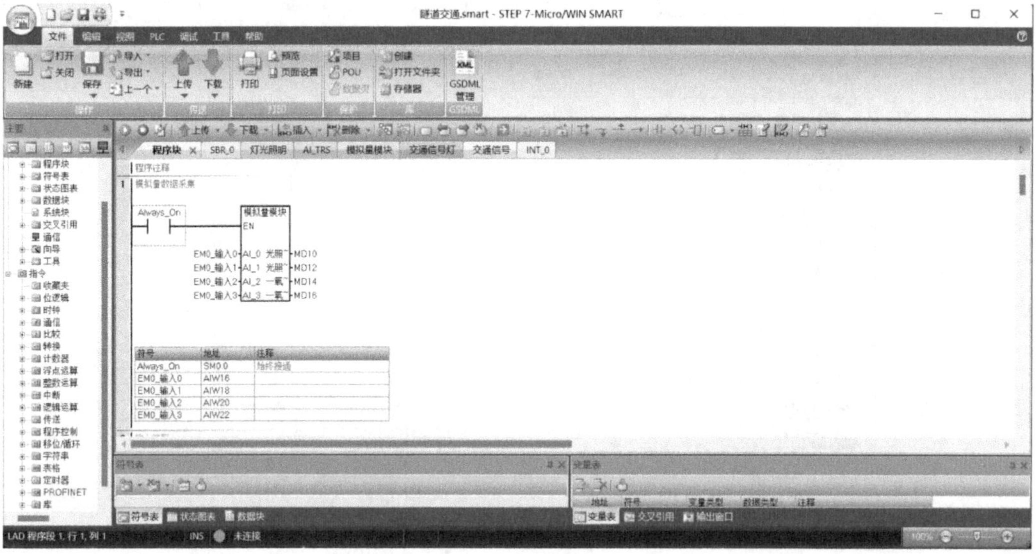

图 2-7-3　加载 PLC 程序

(四) PLC 程序基础配置

步骤 1:查找 PLC。点击软件左侧菜单的“通信”模块(图 2-7-4)。

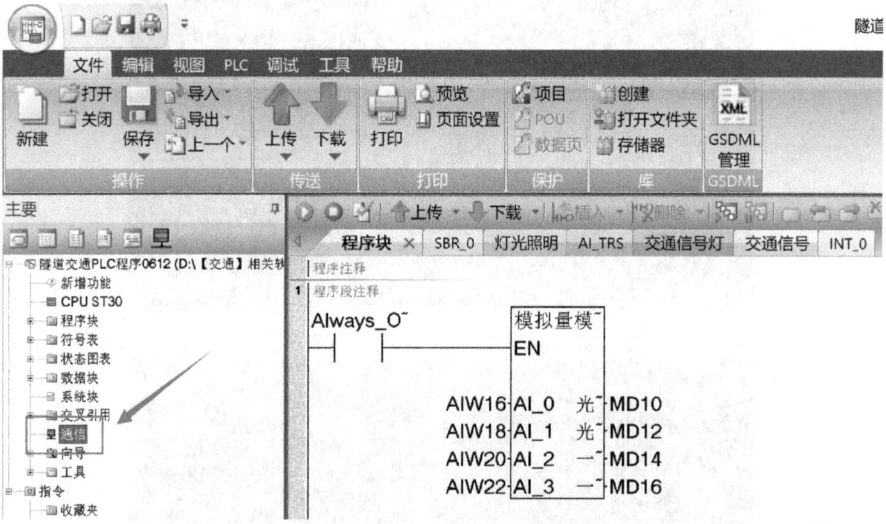

图 2-7-4　PLC 程序基础配置-1

步骤 2:通信接口选择对应网卡,然后点击【查找 CPU】。如果有相关 PLC 连接到网口,就会找到相关 PLC 的 IP 地址。选中该 IP 地址,右侧会出现 PLC 相关的 MAC 地址、IP 地址等信息。如果有多个 PLC 设备,可以点击【闪烁指示灯】按钮,查找到对应的 PLC 设备,对应 PLC 设备的信号灯会出现类似跑马灯的效果。最后点击确定(图 2-7-5)。

步骤 3:连接到 PLC 时,可以在软件页面下方看到连接 PLC 成功(图 2-7-6)。

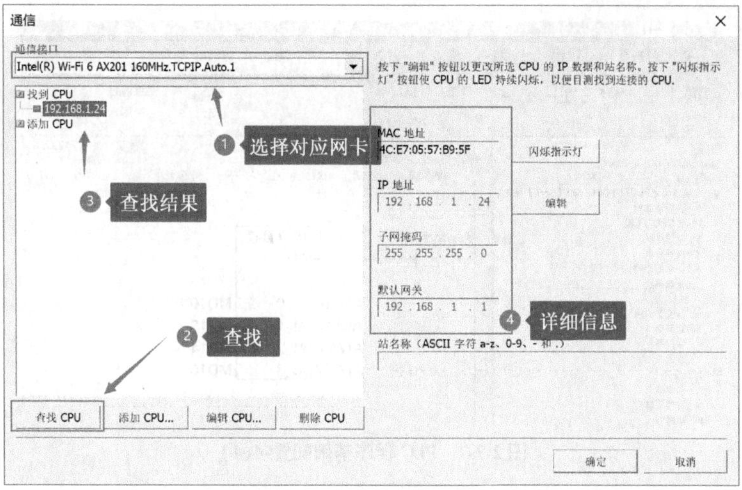

图 2-7-5　PLC 程序基础配置-2

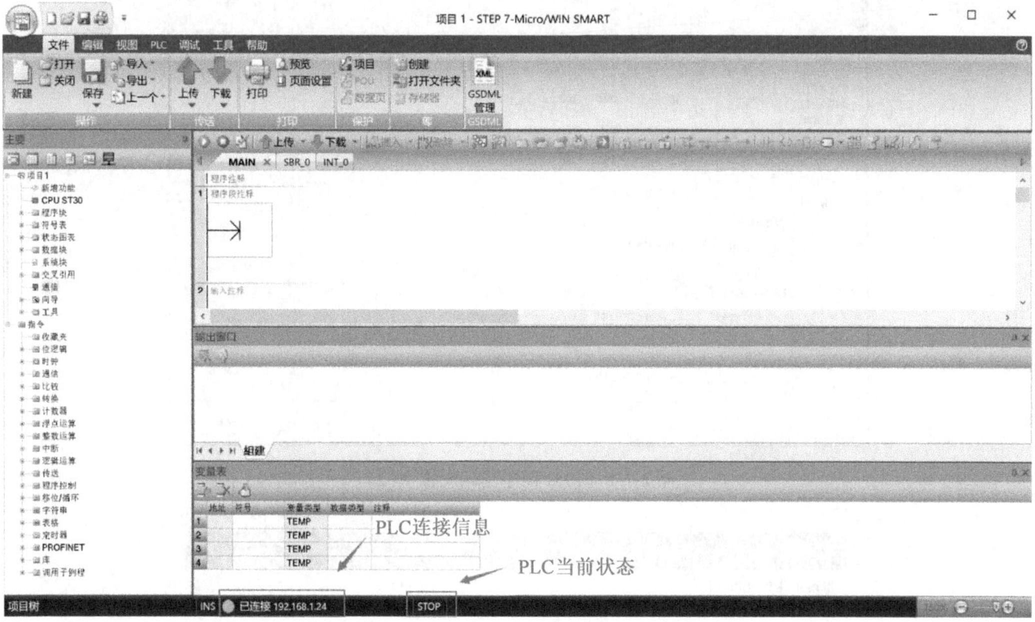

图 2-7-6　PLC 程序基础配置-3

步骤 4：若查找到的 CPU 与当前网段不匹配，先在上一步窗口中点确定，连接到该 PLC。然后点击左侧菜单栏的系统块功能。在弹出窗口中设置 PLC 的 IP 地址（图 2-7-7、图 2-7-8）。

步骤 5：修改完成后将 PLC 程序下载到 PLC 中。菜单栏点击【下载】，弹出窗口中使用默认勾选项点击【下载】（图 2-7-9）。完成后，会提示"下载已成功完成"。如果有修改 IP 地址，下载成功后需要使用新的 IP 地址连接 PLC。

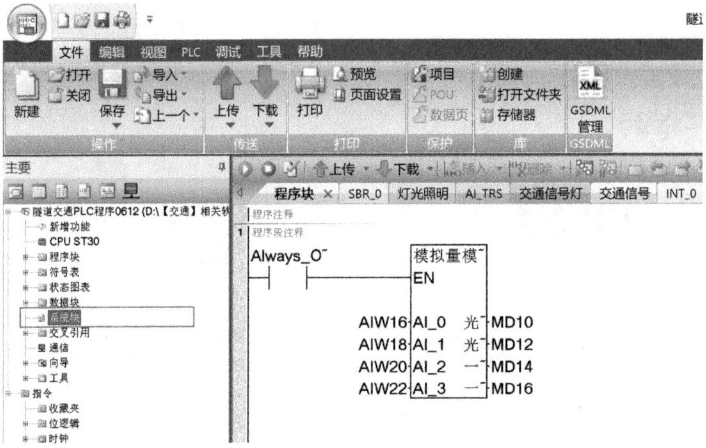

图 2-7-7　PLC 程序基础配置-4(1)

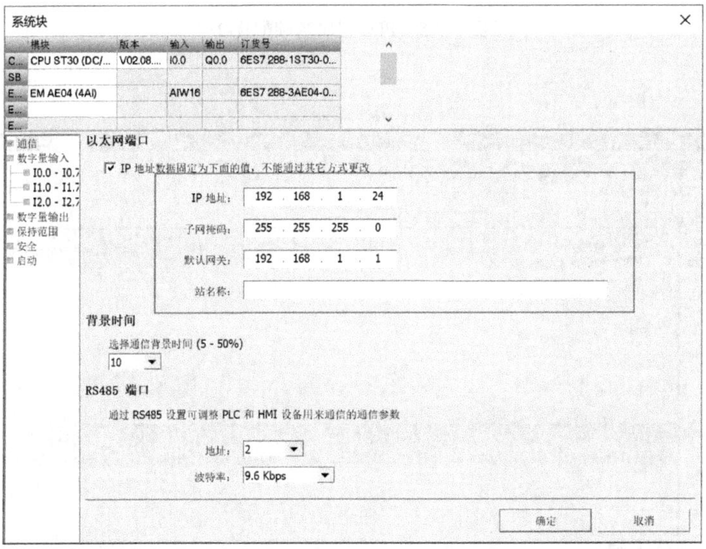

图 2-7-8　PLC 程序基础配置-4(2)

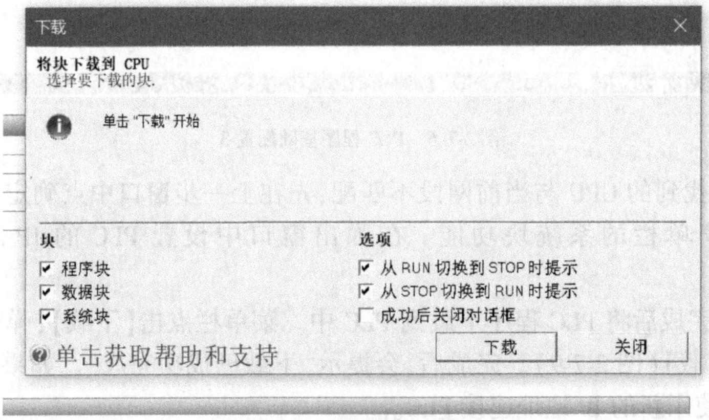

图 2-7-9　PLC 程序基础配置-5

步骤6：运行PLC程序（图2-7-10）。在菜单栏点击【PLC】-【RUN】，PLC运行后，软件界面的运行状态将切换为RUN。

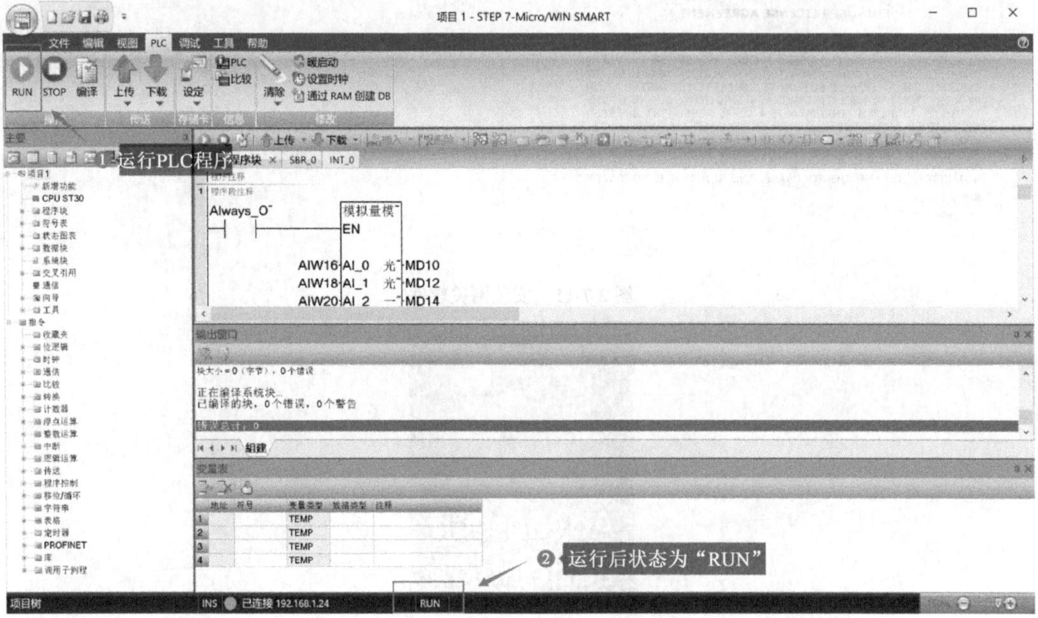

图2-7-10　PLC程序基础配置-6

二、网关软件安装与配置

（一）资源清单

网关软件安装与配置所需资源见表2-7-2。

网关软件相关资源　　表2-7-2

序号	资源名	说明
1	SetupEdgeLinkStudio 2.8.2.1028 Release 22102810 v2.8.2.exe	研华网关客户端软件
2	隧道研华工程包（后缀名为.acproj）	网关配置程序

（二）安装网关软件

步骤1：将研华网关lan1口接入路由器上，并保证PC与其在同一网络中。

步骤2：找到并打开研华网关配置工具SetupEdgeLinkStudio 2.8.2.1028 Release 22102810 v2.8.2.exe（图2-7-11）。

步骤3：根据安装引导提示完成软件安装，可自定义安装路径。

步骤4：安装完成后生成桌面图标（图2-7-12），从桌面图标快捷方式便可以进入软件。

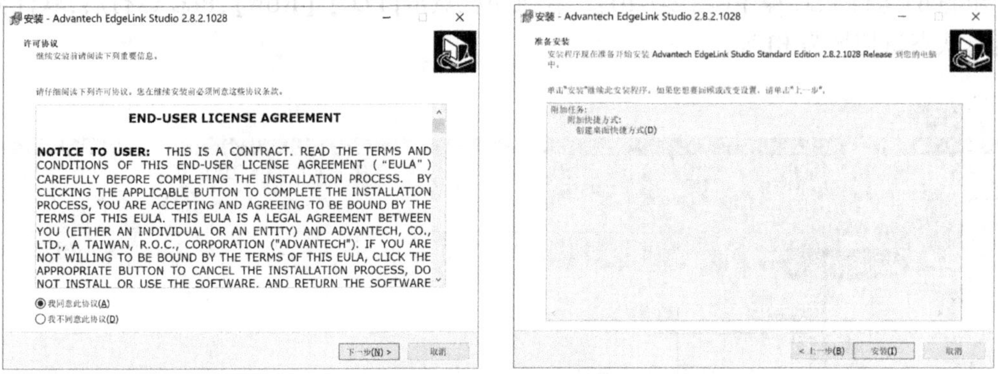

图2-7-11　安装网关软件

图2-7-12　网关软件图标

(三)加载网关程序

步骤:打开研华网关配置工具,点击【打开工程】,选择隧道研华工程包载入(后缀名为“. acproj”),如图2-7-13所示。

图2-7-13　加载网关程序

（四）网关程序基础配置

步骤1:修改项目IP地址。双击ECU工程,弹出窗口中修改为实际网关IP地址(图2-7-14)。

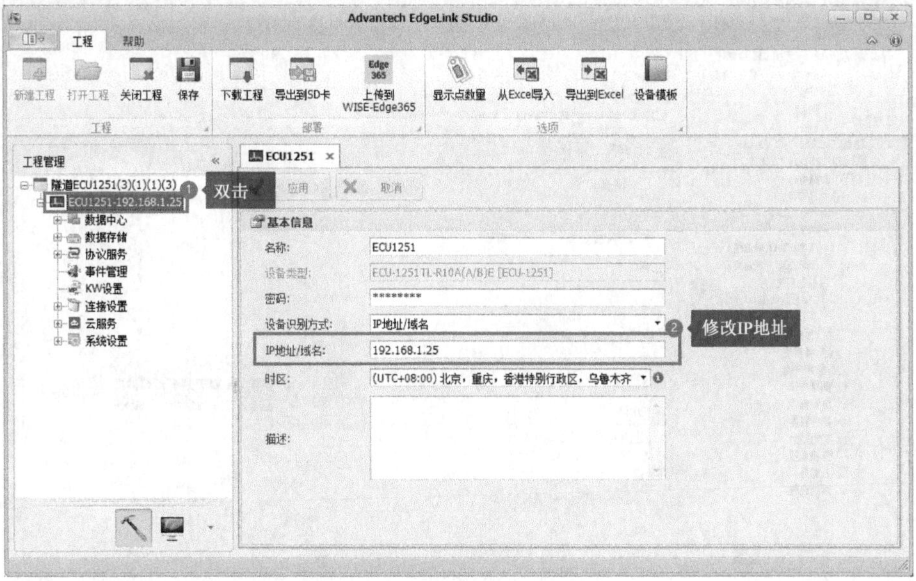

图2-7-14　网关程序基础配置-1

步骤2:修改网关的目标IP地址。左侧菜单栏进入网络设置页面,修改设备的IP地址,最后点击【应用】(图2-7-15)。

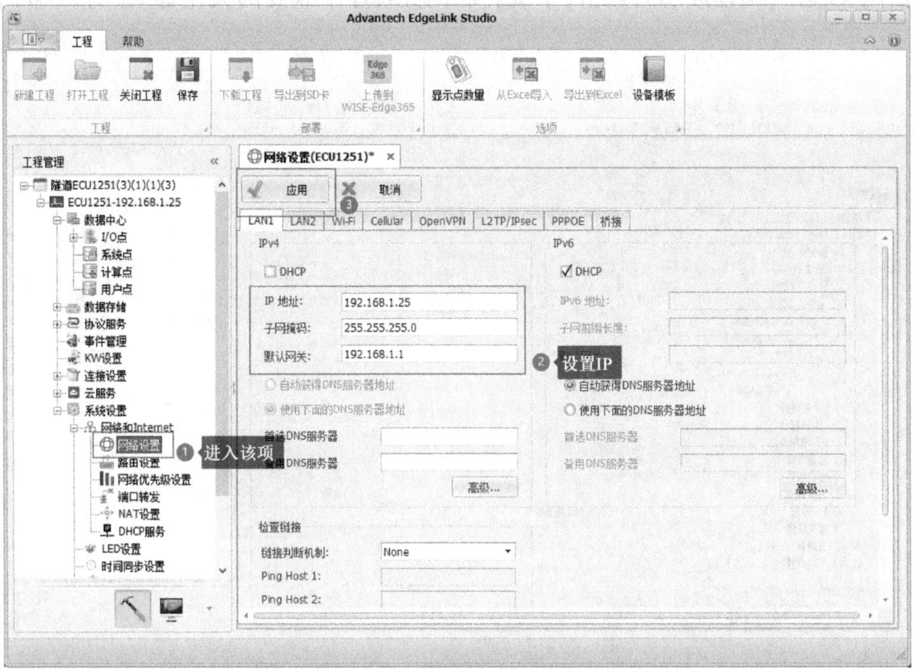

图2-7-15　网关程序基础配置-2

步骤3:修改网关加载PLC设备的IP地址。左侧菜单栏进入PLC200Smart设置页面,修改IP地址为PLC的IP地址,最后点击【应用】(图2-7-16)。

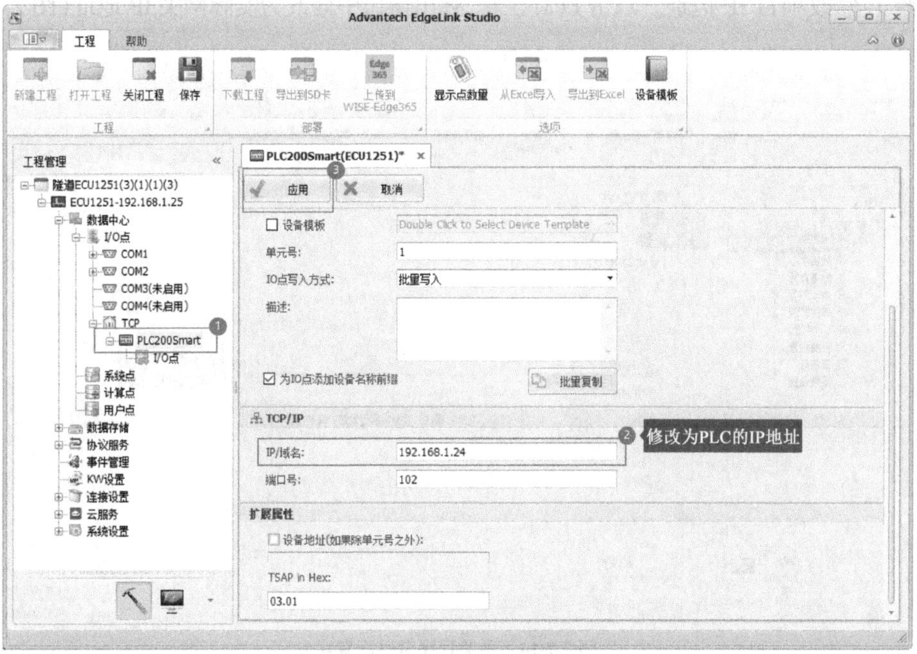

图2-7-16　网关程序基础配置-3

步骤4:左侧菜单栏选中隧道工程,然后顶部菜单栏点击【下载工程】。弹出窗口中会自动编译当前网关程序,编译成功后点击【下载】,将网关程序下载到网关设备中(图2-7-17)。

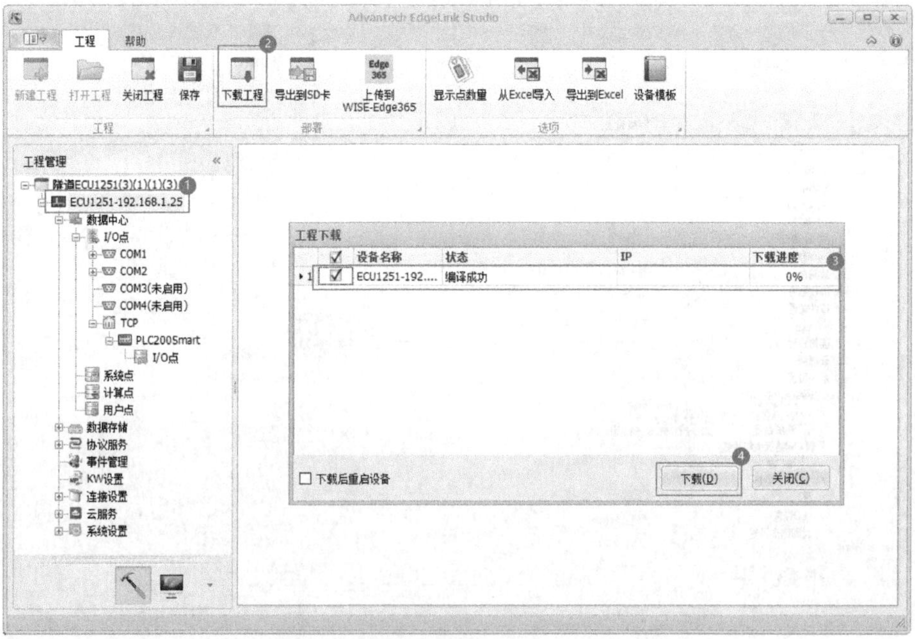

图2-7-17　网关程序基础配置-4

步骤5:等待下载完成,下载后会自动重启网关设备。如果是修改了网关的实际IP地址,需手动关闭该窗口(图2-7-18)。

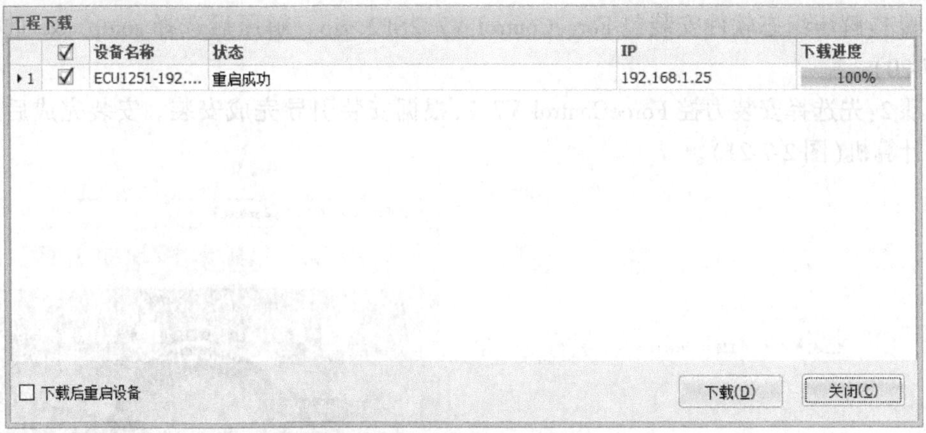

图2-7-18　网关程序基础配置-5

步骤6:通过网关的IP地址进入网关WEB管理页面。用户名为admin,密码默认为00000000。后续可通过WEB管理页面查看设备的连接状态(图2-7-19)。

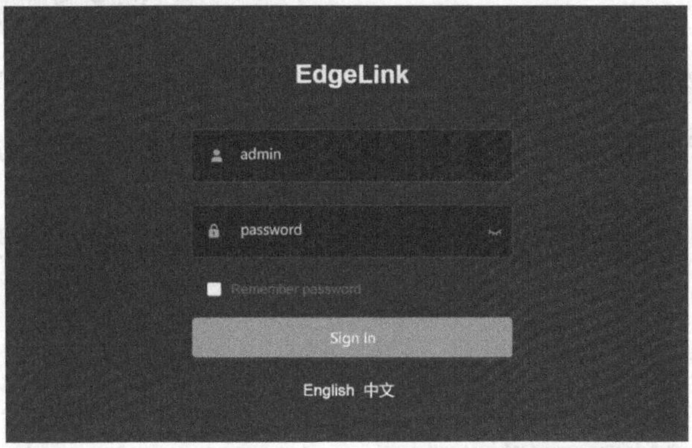

图2-7-19　网关程序基础配置-6

三、PLC组态软件安装与配置

(一)资源清单

PLC组态软件安装与配置所需资源见表2-7-3。

PLC组态软件相关资源　　表2-7-3

序号	资源名	说明
1	ForceControl V7.2SP2.zip	力控组态客户端软件
2	FCProject.zip	力控组态程序
3	LED控制程序20240326.zip	LED屏幕控制程序

(二)安装PLC组态软件

步骤1:解压组态软件安装包ForceControl V7.2SP2.zip。解压后选择setup.exe进行安装(图2-7-20)。

步骤2:先选择安装力控ForceControl V7.2,根据安装引导完成安装。安装完成后选择稍后重启计算机(图2-7-21)。

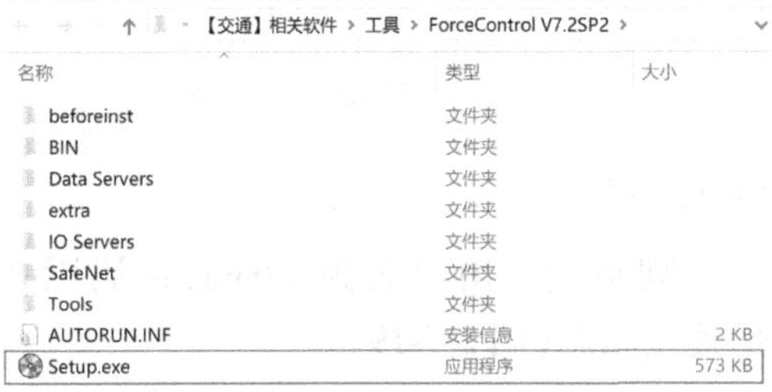

图2-7-20 安装PLC组态软件-1

图2-7-21 安装PLC组态软件-2

步骤3:再选择安装数据服务程序,根据安装引导完成安装。安装完成后先选择稍后重启计算机(图2-7-22)。

步骤4:安装I/O驱动程序,根据安装引导完成安装。安装完成后先选择稍后重启计算机(图2-7-23)。

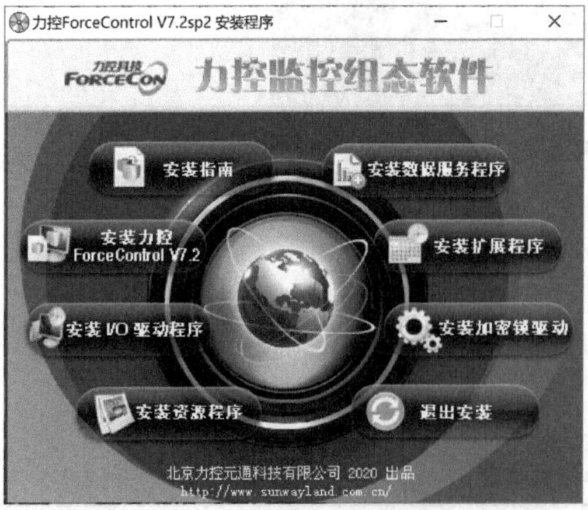

图2-7-22 安装PLC组态软件-3

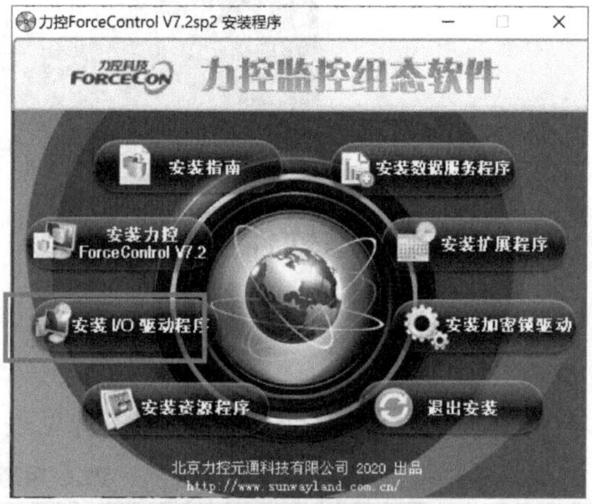

图2-7-23 安装PLC组态软件-4

步骤5:安装扩展程序,根据安装引导完成安装。安装完成后先选择稍后重启计算机(图2-7-24)。

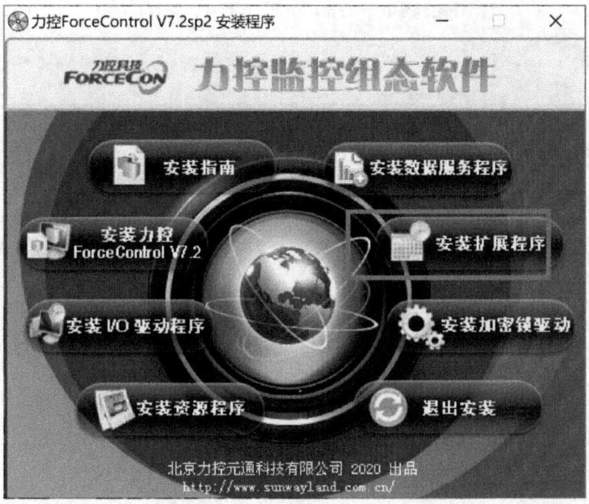

图 2-7-24　安装 PLC 组态软件-5

（三）加载 PLC 组态软件

步骤 1：以管理员身份运行软件。右键组态软件图标，选择【属性】。切换到兼容性 TAB 页，选择“以管理员身份运行此程序”，保存后退出（图 2-7-25）。

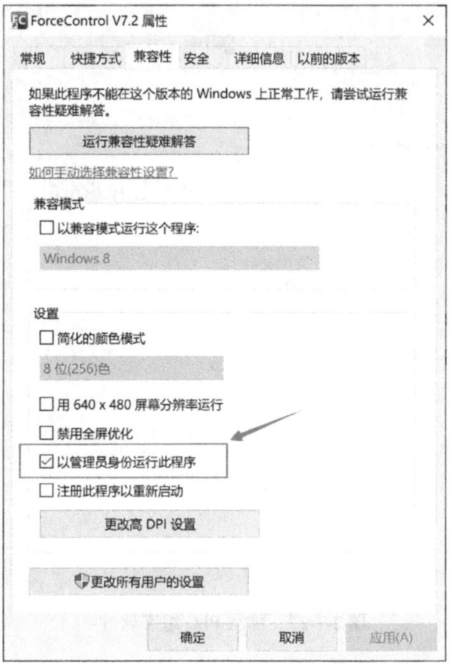

图 2-7-25　加载 PLC 组态软件-1

步骤 2：打开软件。双击软件图标，打开组态软件（图 2-7-26）。

步骤 3：点击搜索按钮，选择隧道组态工程文件所在路径（FCProject. zip 解压），点击确定则可把隧道组态软件加入其中（图 2-7-27）。

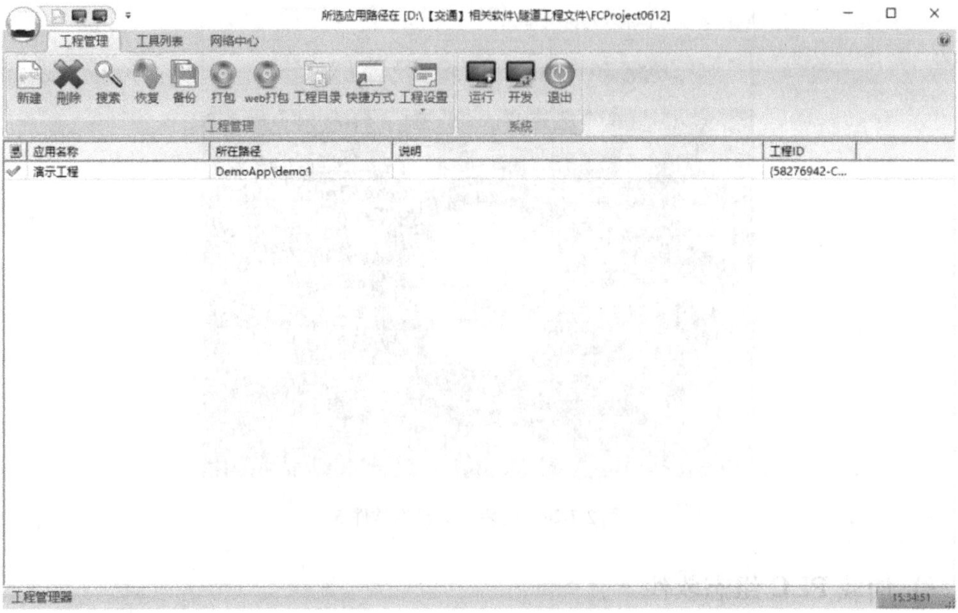

图 2-7-26　加载 PLC 组态软件-2

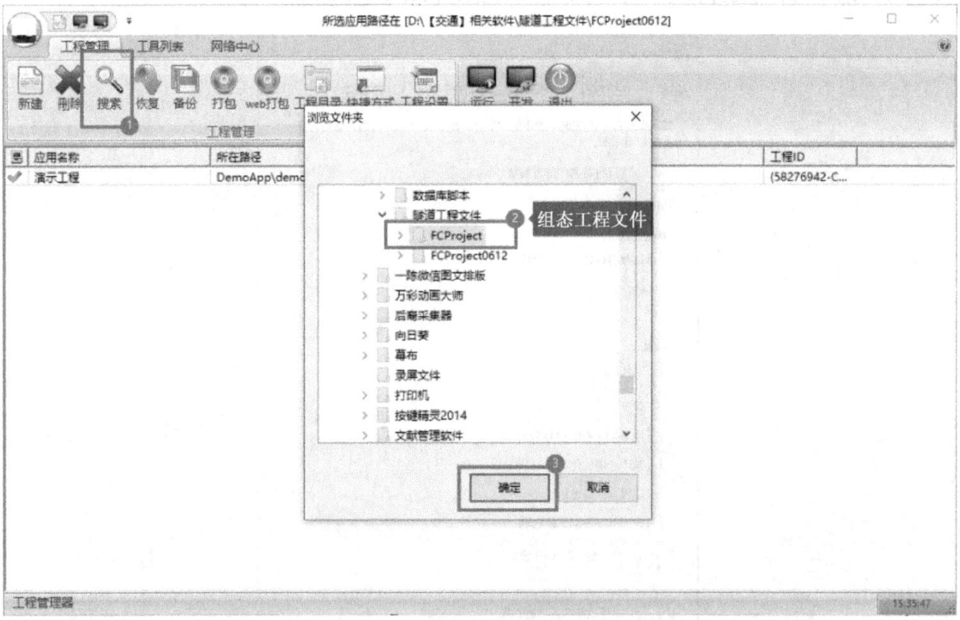

图 2-7-27　加载 PLC 组态软件-3

(四) 组态软件基础配置

步骤 1:选中刚刚添加的工程,再点击开发按钮(图 2-7-28)。

步骤 2:弹出提示点击【忽略】(图 2-7-29)。

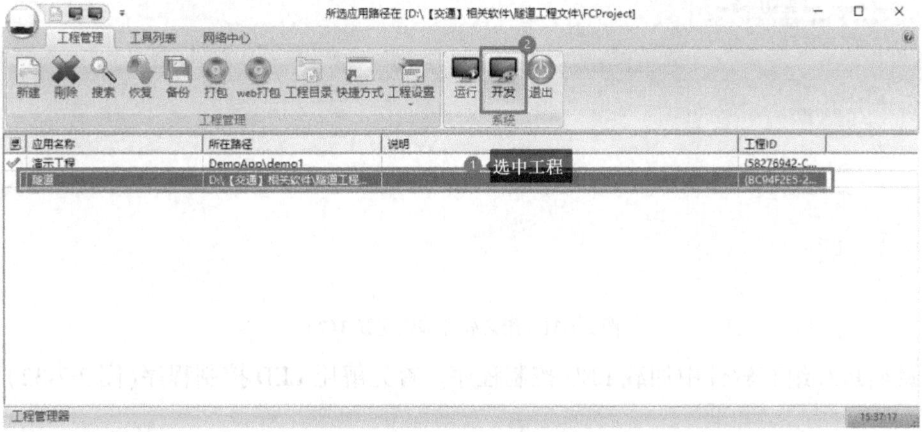

图 2-7-28　组态软件基础配置-1

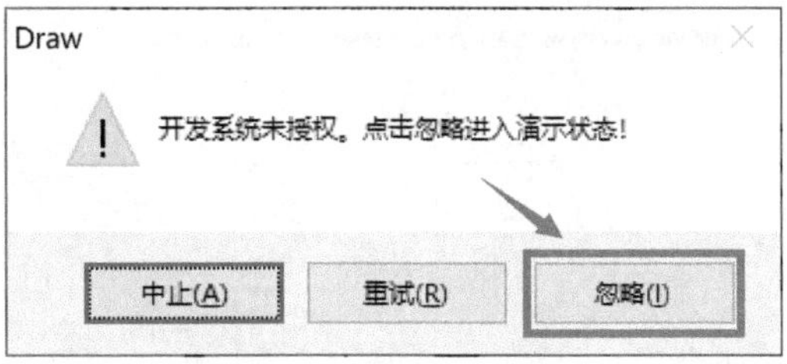

图 2-7-29　组态软件基础配置-2

步骤 3：修改 PLC 组态中 PLC 的 IP 地址和网关的 IP 地址。软件左侧菜单栏双击【IO 设备组态】，修改对应设备的 IP 地址为设备实际的 IP 地址（图 2-7-30、图 2-7-31）。

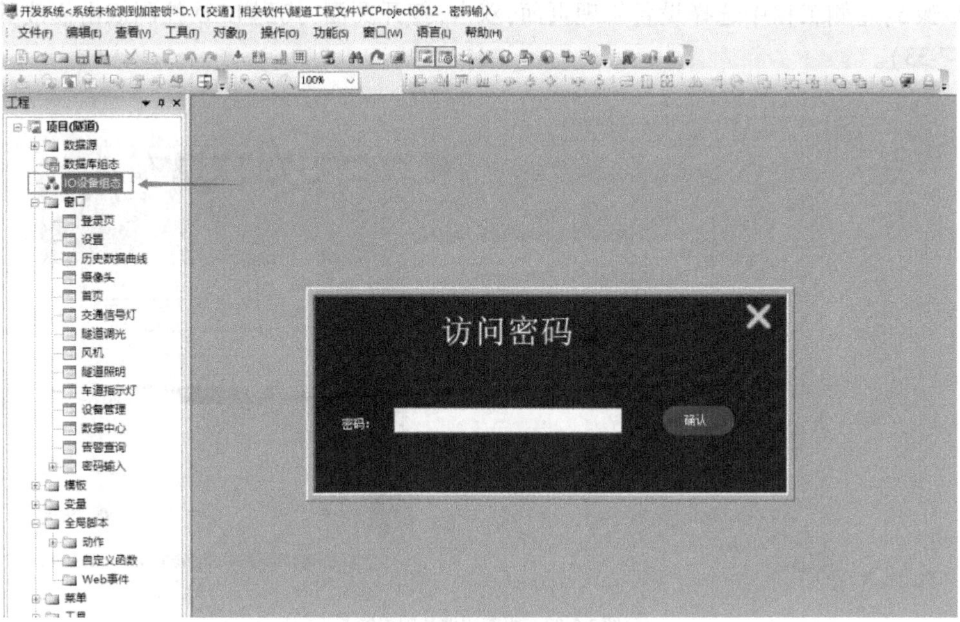

图 2-7-30　组态软件基础配置-3(1)

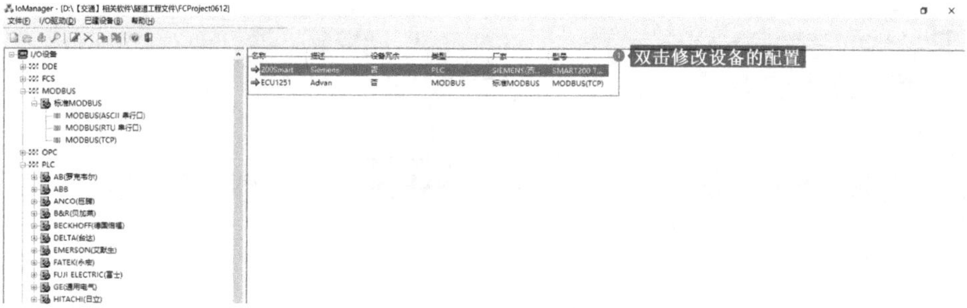

图2-7-31　组态软件基础配置-3(2)

步骤4:PLC组态软件中加载LED控制程序。首先解压LED控制程序(图2-7-32)。

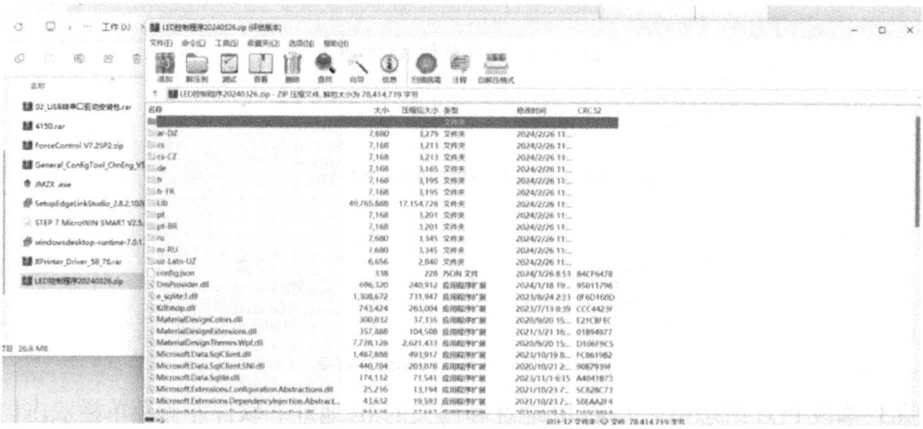

图2-7-32　组态软件基础配置-4

步骤5:左侧工程中选择设备管理页面,双击,打开页面,找到LED控制双击修改其路径(图2-7-33)。

图2-7-33　组态软件基础配置-5

步骤6：左侧工程中选择摄像头，鼠标右键选择【窗口动作】，打开脚本编辑器，修改摄像头的用户名、密码、IP地址为实际的用户名、密码和IP地址（图2-7-34）。

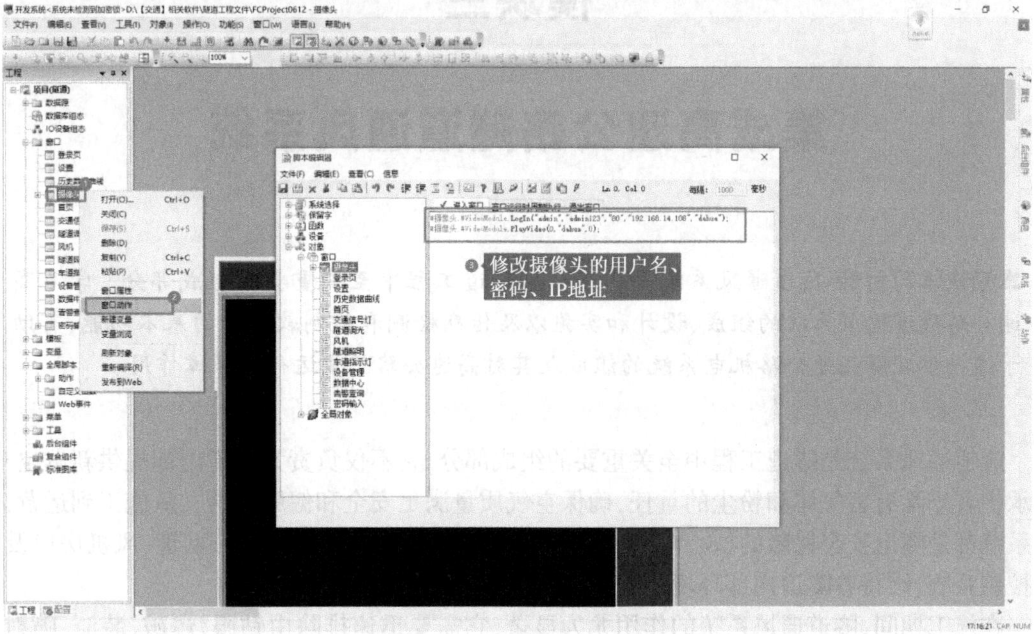

图2-7-34　组态软件基础配置-6

步骤7：运行组态软件。可以从菜单栏“文件-进入运行”来运行组态软件，或者点击运行图标（图2-7-35）。

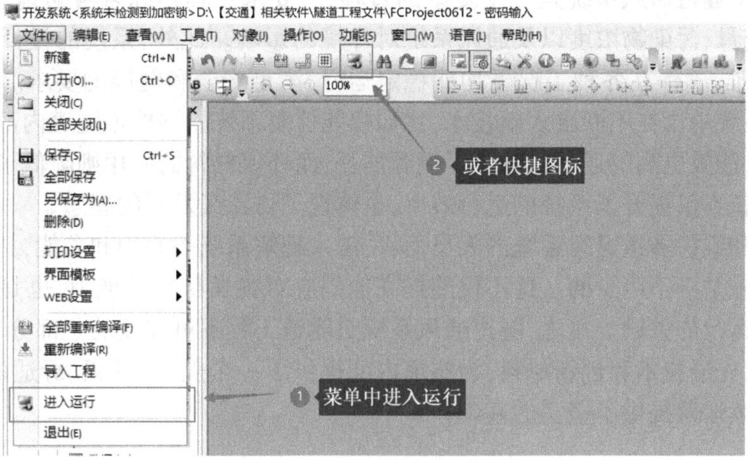

图2-7-35　组态软件基础配置-7

模块三

集成高速公路隧道通风系统

本模块学习目标：隧道通风系统是高速公路隧道工程中至关重要的组成部分。学习高速公路隧道通风系统的组成、设计和实施以及传感检测和控制软件等的基本功能，有助于进一步理解高速公路机电系统的组成及其对高速公路正常运行的保障作用。

隧道通风系统是隧道工程中至关重要的组成部分，它不仅负责为隧道内部提供新鲜空气，还承担着排除有害气体和粉尘的重任，确保空气质量满足安全和健康标准。从施工到运营，通风系统都是隧道安全保障的核心环节，它通过高效的通风机，精心设计的风管、风机房以及智能控制系统，维持着隧道内部环境的稳定。

在施工期间，隧道通风系统的作用尤为显著，它需要迅速排除由钻眼、爆破、装渣、喷射混凝土等活动产生的有害气体和岩尘，保护施工人员免受健康威胁。而在隧道运营期间，通风系统则持续监控并调节空气质量，控制二氧化碳浓度，保持适宜的温度，防止火灾时有害气体的积累，给驾驶员和乘客提供安全与舒适的环境。

设计和施工隧道通风系统是一个复杂的过程，它要求工程师综合考虑地质条件、隧道长度、预期交通流量、污染物浓度以及通风系统对环境的影响。此外，系统的设计还必须遵循严格的法规和标准，确保在各种工况下均能稳定运行，满足安全和健康的要求。随着技术的进步，隧道通风系统中也在不断融入新技术，比如智能控制系统能够根据隧道内部的实时数据自动调节通风量，能效更高的通风机减少了能源消耗，而环保材料的使用则降低了系统对环境的影响。这些创新不仅提升了系统的运行效率，也体现了可持续发展的理念。

对于操作和维护隧道通风系统的人员而言，深入理解系统的原理和功能，并掌握操作流程和应急响应措施是必不可少的。这不仅能提高他们应对突发状况的能力，也是确保隧道通风系统长期稳定运行的关键。总之，隧道通风系统是隧道工程不可或缺的一部分，它通过综合运用多学科知识、先进技术和创新材料，为隧道内部提供了一个安全、健康、舒适的环境，同时也为隧道的可持续运营提供了坚实的基础。

项目1 认识高速公路隧道通风系统

高速公路隧道通风系统是一种专门设计用于确保隧道内部空气质量和安全性的关键设施，它通过高效的通风设备和智能控制系统，实时监测并调节隧道内的空气流动，以排除车辆尾气、施工粉尘和其他有害气体，同时在紧急情况下（如火灾）提供有效的烟雾控制，保障驾驶员和乘客的健康安全以及快速疏散，是高速公路隧道安全运营中不可或缺的一部分。

一、高速公路隧道通风系统概述

高速公路隧道通风系统是隧道工程中的关键子系统，它通过一系列精密设计的组件，如通风机、风管、风机房和智能控制系统，来实现对隧道内部空气质量的持续监控和调节。该系统不仅在施工期间排除钻探、爆破等工序产生的有害气体和粉尘，保护施工人员的健康，而且在隧道运营期间，通过控制二氧化碳浓度、维持适宜温度和预防火灾引发的有害气体积聚，确保了行车安全和乘客的舒适体验。隧道通风系统的设计和实施是一项复杂的工程，需要综合考虑地质、环境、法规和能效等多方面因素。它采用先进的技术，如智能传感和自动化控制，以提高隧道的安全性、健康性和运营效率，同时满足可持续发展的要求。隧道通风系统通常是由以下部分组成。

(1)通风机：作为隧道通风系统的核心设备，通风机负责产生足够的风力，以保证空气流动和交换；通常包括轴流风机、离心风机等类型。

(2)风管系统：风管网络负责将通风机产生的气流分配到隧道内的各个区域，确保空气能够均匀地流动；通常由一系列的管道、弯头和接头组成。

(3)监测设备：包括各种传感器和监测仪器，用于实时监测隧道内的空气质量参数，如一氧化碳浓度、二氧化碳浓度、温度、湿度等。

(4)控制系统：智能控制系统监控通风机的运行状态，根据隧道内空气质量的实时数据自动调节通风量，确保隧道内空气质量满足标准。

(5)烟罩和烟道：在火灾等紧急情况下，烟罩和烟道系统用于控制烟雾的扩散，为人员疏散和消防救援提供帮助。

(6)紧急通风设施：包括排烟阀、防火门等，用于在紧急情况下迅速排除有害气体，防止其在隧道内积聚。

二、高速公路隧道通风设备认识

隧道通风设备是专门设计用于改善和控制隧道内部空气流动与环境的工程设施，这些设备包括(但不限于)以下设备：

(一) 通风环境的检测设备

通风环境的检测设备包括 CO 检测器、能见度检测器、风速风向检测器和 NO_2 检测器。

1. 一氧化碳(CO)检测器

一氧化碳是空气中常见的化合物，其分子式为 CO。在通常状况下，一氧化碳是无色、无臭、无味的气体，具有可燃性、还原性和毒性。在隧道中行驶的内燃机车辆，尤其是柴油车辆，燃烧过程中可能会产生 CO，这是隧道内 CO 的主要来源。所以需要检测隧道内 CO 含量并用通风的形式降低隧道内的 CO 含量。根据检测原理的不同，CO 气体传感器目前主要有电化学气体传感器、催化可燃气体传感器、固态传感器和红外吸收气体传感器 4 种。常用 CO 检测传感器的比较见表 3-1-1。

常用CO检测传感器的比较　　表3-1-1

类型	原理	优缺点
电化学气体传感器	气体与专门研制的电极材料发生化学反应引起催化作用,反应产生的电流与气体浓度成正比	耗能少;对目标气体具有一定的选择性;容易受杂质气体干扰;需要定期标定;液态的易漏液
催化可燃气体传感器	气体分子在传感器表面燃烧,铂线圈温度升高使其电阻值改变,从而使电桥变得不平衡。铂线圈电阻改变的大小和气体浓度成比例,得到相应的与气体浓度成比例的电信号	适用于大多数烃类的气体通用传感器;催化剂易中毒而使传感器失效;选择性差
固态传感器	金属氧化物使气体电离成带电的离子或复合物,导致电子的转移。从而使置入金属氧化物中的偏置电极电导率变化,这种变化与气体浓度成比例	结构简单;寿命长;检测范围气体种类最多;选择性差;不能用于泄漏气体的检测;不易标定
红外吸收气体传感器	气体吸收特定波长的红外光,吸收红外能力的大小与浓度成比例,由吸收的强弱可测得气体浓度	实现自动校正,自动运行的功能;可以检测多种气体;灵敏度高、气体选择性好、可靠性好、响应速度快

例如,LAQM101-T CO/VI/NO_2/CH_4 监测仪(图3-1-1)是专业监测隧道内CO浓度、能见度、NO_2 浓度、CH_4 浓度的精密仪器,采用非接触式光学方法实现CO/VI/NO_2/CH_4 同时测量,在高速公路隧道内隧道环境的全天候实时监测。

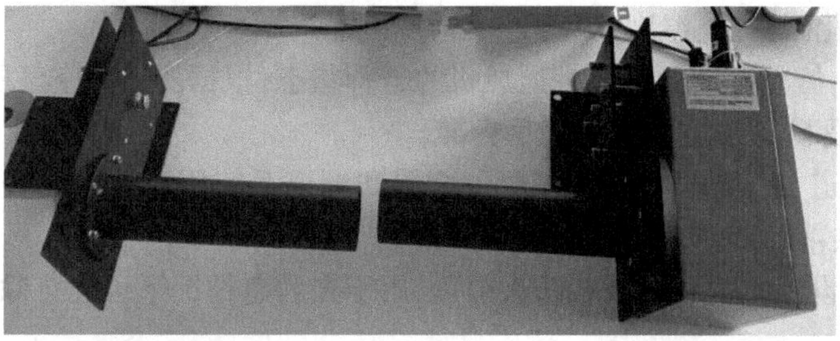

图3-1-1　LAQM101-T CO/VI/NO_2/CH_4 监测仪

2. 能见度检测器

隧道能见度检测器基于透射原理工作。其基本原理是通过发射/接收器和反射器的相对安装,利用支架固定对准后,光学部件发出高聚焦光束形成一条检测光束。当光束到达反射器并被反射回来后,接收器接收到反射光束并将其转换为电信号。由于光束在传播过程中受到衰减,接收器接收到的信号强度会降低,这个信号强度的变化经过处理后可以转化为能见度值,如图3-1-2所示。

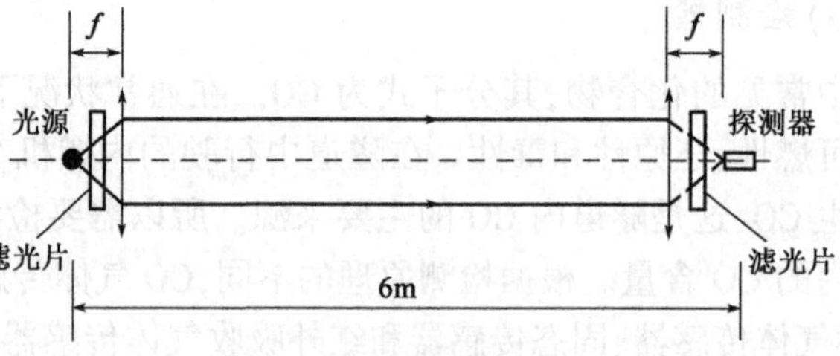

图3-1-2　系统光路

此外，一些高级的隧道能见度检测器还可能结合气体传感器，同时监测隧道内的空气质量（例如一氧化碳（CO）浓度），以确保隧道内环境的安全性，如图 3-1-1 的 LAQM101-T CO/VI/NO_2/CH_4 监测仪。

3. 风速风向检测器

隧道风速风向检测器（图 3-1-3）的原理基于超声波技术，即采用超声波时差法（Time Difference Method）来测量空气中的风速和风向。具体来说，该设备通过发射和接收超声波信号，利用信号传输时间差来计算风速和风向。

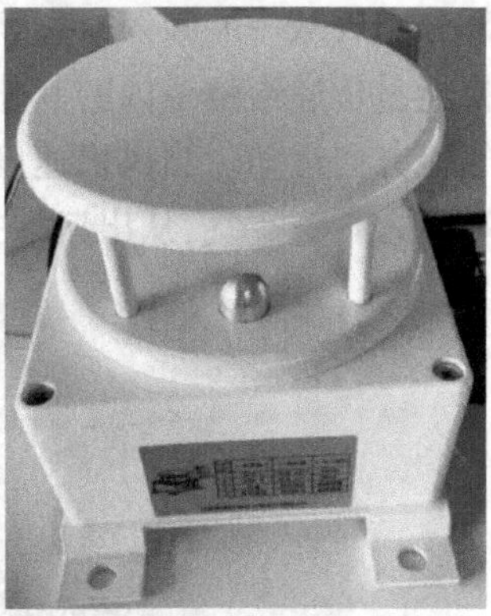
图 3-1-3　超声波风速风向传感器

在实际应用中，检测探头通常安装在隧道墙壁上，由一个单独的发射器和一列四个接收器组成。当风吹过时，超声波信号会从发射器发出并被接收器捕捉到。由于风的存在，这些超声波信号在传播过程中会有不同的时间延迟。通过测量这些时间差，可以准确地计算出风速和风向。

这种检测器具有非接触式检测的特点，内部没有活动部件，减少了故障率，并且不受环境温度的影响。这些特性使得隧道风速风向检测器能够在隧道内恶劣的环境中稳定运行，为隧道的通风和运营提供可靠的数据支持。

4. 二氧化氮（NO_2）检测器

在隧道中，NO_2（二氧化氮）是一种棕红色强烈刺激性的有毒气体，其毒性比一氧化氮（NO）高 4 ~ 5 倍，对人体健康具有较大的危害。NO_2 可以与人体组织中的碱物质作用生成硝酸盐或亚硝酸盐，导致血管扩张、血压降低，最终可能造成血液缺氧。隧道内 NO_2 的主要来源是机动车排放的尾气。隧道中主要采用的 NO_2 检测器的比较见表 3-1-2。

常用 NO_2 检测器的比较　　表 3-1-2

类型	原理	优缺点
电化学气体传感器	气体与专门研制的电极材料发生化学反应引起催化作用，反应产生的电流与气体浓度成正比	耗能少；对目标气体具有一定的选择性。容易受杂质气体干扰；需要定期标定；液态的易漏液
光学技术传感器	使用激光或 LED 光源测量被 NO_2 吸收的光线强度来计算其浓度。例如，DOAS（差分光谱吸收光谱法）利用特定波长下的气体吸收特性来进行测量	能够消除零点漂移；确保测量结果的稳定性和准确性
化学发光传感器	首先将 NO_2 转换成 NO，然后利用 NO 与臭氧（O_3）发生化学发光反应，通过测量发光光强来确定 NO_2 的浓度	通常需要一个高温的钼转换炉来实现 NO_2 到 NO 的转换

此外，一些高级的隧道 NO_2 检测器还能集成其他隧道环境的检测要素，如 CO、能见度、CH_4，如图 3-1-1 的 LAQM101-T CO/VI/NO_2/CH_4 监测仪。

（二）机械通风电机

隧道射流风机（图 3-1-4）是一种专门用于隧道通风的设备，其主要功能是通过高速气流将空气从一个地方输送到另一个地方,从而实现隧道内的空气循环和换气。这种设备广泛应用于公路、铁路及地铁等隧道的纵向通风系统中。

隧道射流风机的工作原理基于动量定理和射流原理。当风机运行时,它会将隧道内的一部分空气从一端吸入,经过叶轮加速后,由另一端高速喷出。这部分带有较高动能的高速气流将能量传递给隧道内的其他气体,产生克服空气流动阻力的压力,推动隧道内的空气顺着喷射气流方向运动。当风机速度衰减到某一值时,下一组风机继续工作。这样,实现了从隧道进口端吸入新鲜空气,从出口端排出污染空气。一般风机结构如图3-1-5所示。

图3-1-4 安装在隧道内的射流风机

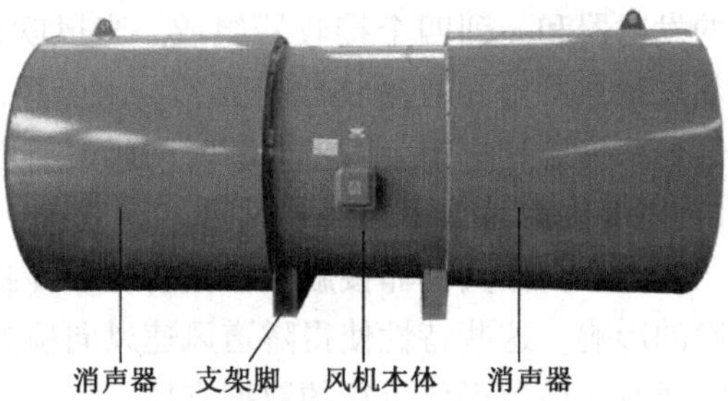

图3-1-5 射流风机结构

隧道通风机分单向射流风机(SDS)和双向射流风机[SDS(R)]两种,又分为带消声器和不带消声器两种规格。

风机外壳、消声器、支架脚采用钢板数控自动焊接和机制成型,外表采用油浸式冷脱脂、磷化、钝化等进行前处理,之后以水性油漆喷涂、烘烤,以保证风机强度、漆膜附着力、硬度和防腐蚀等性能。

为满足隧道通风的需要,SDS系列风机可改变叶片数量和叶片角度。

消声器长度通常为风机直径的一倍,当噪声要求高时,亦可取风机直径的两倍,消声器与风机本体采用螺栓固定。

在紧急状态下,射流风机正反转切换时间极为重要,SDS(R)型风机有电子式和机械式两种切换方法,可以在30s内正反转切换到风机额定转速。

项目2 高速公路隧道通风系统设计实施

高速公路隧道通风系统的设计实施是一个综合性的工程技术过程。首先,工程师深入分析隧道的具体条件,如长度、交通流量、地质构造和环境因素,以确定最合适的通风策略和设备配置;接着,运用流体动力学(CFD)模拟和通风模型,对空气流动、污染物扩散和热交换进行精确预测,确保设计方案的有效性;在施工阶段,专业人员安装大型通风机,布置风管系统,设置控制系统,并整合监测设备,同时确保所有组件的协同工作和系统的可靠性;最终,通过严格的测试和调试,制定详细的运营和维护计划,保障通风系统在各种工况下均能稳定运行,有效排除车辆尾气、控制空气质量、提供适宜的微气候环境,并在紧急情况下能够迅速响应,保障高速公路隧道的行车安全和乘客健康。

一、隧道通风系统控制技术

隧道通风系统的控制技术集成了先进的传感器、执行器和计算系统,以实时监测和自动调节隧道内的空气流动和质量。这些技术能够响应交通流量变化、空气质量指标和紧急情况,通过智能算法优化通风策略,减少能源消耗,并确保隧道环境符合安全标准。控制技术主要包含以下几部分。

(1)传感器网络:部署多种类型的传感器,监测隧道内的空气参数,如 CO、CO_2 浓度、温度、湿度以及烟雾等,为控制系统提供实时数据。

(2)中央控制系统:作为通风系统控制核心,集成控制软件和硬件,接收传感器数据,执行通风策略,并通过用户界面提供系统状态的实时监控。

(3)自动化调节:根据监测数据,自动调节通风机的运行速度和风门的开启程度,以适应隧道内不同区域的通风需求。

(4)远程监控与控制:通过互联网或专用网络,实现远程监控和控制,便于操作人员在控制中心对隧道通风系统进行集中管理。

(5)紧急响应机制:在火灾或其他紧急情况下,控制系统能够迅速切换到应急模式,启动排烟系统,引导烟雾排出隧道,为人员疏散提供安全通道。

二、隧道通风系统设计

(一) 隧道通风设施一般规定

隧道通风设施的设计和规定是确保隧道安全运行的重要部分。以下是一些基本的通风设施设计原则和规定。

(二) 通风目的

隧道通风的主要目的是稀释和排除隧道内的烟尘、一氧化碳和其他有害气体,减少异味,以保障隧道内部空气质量,确保行车安全。

(三) 设计因素

在设计通风系统时,需要考虑以下因素。

(1)公路等级:不同等级的公路对通风要求不同。

(2)隧道长度:长隧道可能需要更加复杂的通风系统。

(3)设计速度:高速行驶的车辆会产生更多的热量和污染物,需要更强的通风能力。

(4)设计交通量:交通量大的隧道需要更有效的通风系统来处理更多的废气。

(5)车道数:多车道隧道需要更大的通风量。

(6)平纵线形:隧道的平面和纵断面设计影响通风效果。

(7)地形地质:地形和地质条件影响通风设施的布局和选择。

(8)隧道海拔高程:海拔高度可能影响空气密度和通风效率。

(9)自然条件:温度、湿度、风向等因素都会影响通风设计。

(四) 通风方案

根据上述因素,进行技术经济综合分析,确定合理的通风方案,可能包括自然通风、机械通风或两者的结合。

(五) 系统设计

通风设计应包括正常交通工况和异常交通工况(如火灾、交通阻塞)的系统设计。这要求通风系统具备灵活性和应急处理能力。

(六) 运行方案

应制定详细的通风设施运行方案,包括启动条件、操作程序、维护和监控等。

(七) 隧道设备布设

通风环境检测设施的设置位置应按下列原则确定:

(1)能见度、CO、NO_2 检测器宜设置在隧道侧壁。

(2)采用全射流方式时,通风环境检测设施宜设置在两组风机的纵向中间部位。

(3)风速风向检测器的设置位置离洞口的距离不应小于隧道断面当量直径的10倍。

(八) 隧道设备技术要求

通风环境检测设施应能满足洞内外长期工作的需要。测量范围和精度不应低于表3-2-1的技术要求。

隧道设备技术要求 表3-2-1

设备	测量范围	最大允许误差
能见度检测器	25～1000m	±10%示值
CO 检测器	0～250cm^3/m^3	±2cm^3/m^3
风速风向检测器	0～30m/s	±0.2m/s
NO_2 检测器	0～10cm^3/m^3	±5%示值

(九) 自动控制要求

通风控制应满足下列要求:

(1)电机不应频繁启闭造成喘振。

(2)风机控制周期不宜小于10min。

(3)应首先启动累计运行时间最短的风机。

(4)每台风机应间隔启动,启动时间间隔不宜小于30s。

(十) 隧道通风标准

1. CO 设计浓度

根据交通运输部印发的《公路隧道设计规范　第二册　交通工程与附属设施》(JTG D70/2—2014)CO 设计浓度需要满足以下要求。

(1)正常交通时的 CO 设计浓度可按表 3-2-2 取值。

CO 设计浓度 δCO　　表 3-2-2

隧道长度(m)	≤1000	>3000
δCO(cm^3/m^3)	150	100

隧道长度小于或等于 1000m:CO 设计浓度可取 $150cm^3/m^3$。

隧道长度大于 3000m:CO 设计浓度可取 $100cm^3/m^3$。

隧道长度在 1000m 到 3000m 之间:CO 设计浓度可以通过线性内插法计算。这意味着浓度值会随着隧道长度的增加而逐渐从 $150cm^3/m^3$ 减少到 $100cm^3/m^3$。

如果隧道长度为 2000m,可以使用线性内插法计算得 CO 设计浓度为 $125cm^3/m^3$。

计算过程如下:

$$\text{CO 设计浓度} = 150 + \frac{(100-150)\times(2000-1000)}{3000-1000} = 125cm^3/m^3$$

(2)交通阻滞时的 CO 设计浓度。

阻滞段的平均 CO 设计浓度:可取 $150cm^3/m^3$。

经历时间:不宜超过 20min,以确保隧道内的空气质量和人员安全。

隧道长度大于 1000m:阻滞段宜按每车道长度为 1000m 计算 CO 浓度。

隧道长度不大于 1000m:可不考虑交通阻滞对 CO 浓度的影响。

(3)人车混合通行的隧道。

CO 设计浓度:不应大于 $70cm^3/m^3$。这些规定确保了在不同交通状况和隧道长度下,隧道内的 CO 浓度控制在安全范围内,从而保障隧道使用者的健康和安全。在实际设计和施工过程中,还应结合具体情况和相关规范进行详细规划和调整。

2. 隧道内烟尘设计浓度

隧道的烟尘设计浓度与照明光源和行驶速度息息相关。

不同的照明光源具有不同的显色指数和色温,这会影响驾驶员的视觉感知和舒适度。显色指数高的光源可以更清晰地显示隧道内的物体,减少因视觉疲劳引起的驾驶错误,从而间接影响烟尘的产生和扩散。隧道内的照明光源主要包括 LED 灯具、高压钠灯、荧光灯、白炽灯等。其中,LED 灯具因其高效节能、长寿命和环保特性,已成为主流选择。

车辆行驶速度会影响隧道内的空气流动模式。高速行驶会带动更多的空气流动,可能会使烟尘更加分散,但同时也可能增加烟尘的扬起。

根据交通运输部印发的《公路隧道设计规范　第二册　交通工程与附属设施》(JTG D70/2—2014)行业标准,隧道内烟尘设计浓度需要满足以下要求。

(1)钠光源下的烟尘设计浓度

当隧道内采用显色指数在33≤*Ra*≤60、相关色温在2000~3000K的钠光源时,烟尘设计浓度*K*应按表3-2-3取值。

钠光源下烟尘设计浓度 *K* 表3-2-3

设计速度 v(km/h)	≥90	$60\leq v<90$	$50\leq v<60$	$30<v<50$	$10\leq v\leq 30$
烟尘设计浓度 K(mg/m^3)	0.0065	0.0070	0.0075	0.0090	0.0120

(2)荧光灯、LED灯等光源下的烟尘设计浓度

当隧道内采用显色指数*Ra*≥65、相关色温在3300~6000K的荧光灯、LED灯等光源时,烟尘设计浓度*K*应按表3-2-4取值。

荧光灯、LED灯等光源下烟尘设计浓度 *K* 表3-2-4

设计速度 v(km/h)	≥90	$60\leq v<90$	$50\leq v<60$	$30<v<50$	$10\leq v\leq 30$
烟尘设计浓度 K(mg/m^3)	0.0050	0.0065	0.0070	0.0075	0.0120

不同的设计速度对应不同的烟尘设计浓度,设计速度越高,允许的烟尘浓度越低。不同类型的光源对烟尘浓度的要求也有所不同。钠光源的显色指数较低,相关色温较低,因此,其允许的烟尘浓度略高于荧光灯和LED灯。

这些规定确保了在不同设计速度和光源类型下,隧道内的烟尘浓度控制在安全范围内,从而保障隧道使用者的健康和安全。在实际设计和施工过程中,还应结合具体情况和相关规范进行详细规划和调整。

(3)隧道换气频率

根据交通运输部印发的《公路隧道设计规范》(JTG D70/2—2014)行业标准,隧道空间最小换气频率不应低于3次/h。对于交通量较小或特长隧道,可以采用3~4次/h的换气频率。

(十一)隧道设计风速

自然通风条件下,隧道内的风速通常较低,例如0.5m/s。然而,在长隧道中,一般会考虑机械通风,以满足不同条件下的通风要求。公路隧道风速设计需要综合考虑多种因素,包括交通方式、通风需求、通风井设计、自然与机械通风、经济性与合理性以及通风控制系统的联动等。根据交通运输部印发的《公路隧道设计规范》(JTG D70/2—2014)行业标准,隧道风速设计需要满足以下要求。

1.单向交通隧道

设计风速不宜大于10m/s。这是因为较高的风速可能会对驾驶员造成不适,影响行车安全。

特殊情况下,设计风速不应大于12m/s。特殊情况包括极端气候条件或者隧道内部有特殊的通风需求。

2.双向交通隧道

设计风速不应大于8m/s。双向交通隧道中车辆较多,较低的风速有助于减少车辆尾气和

烟尘对驾驶员和乘客的影响。

3. 行人与车辆混合通行的隧道

设计风速不应大于 7m/s。行人对风速的敏感度更高，较低的风速有助于保障行人的舒适度和安全。

4. 公路隧道通风系统的排风口

设计风速不宜大于 8m/s。这有助于确保通风效果，同时避免对隧道外部环境造成过大影响。

5. 排烟口

设计风速不宜大于 10m/s。在紧急情况下，如火灾，排烟口需要快速有效地排除烟雾，而过大的风速可能会影响排烟效果。

6. 纵向式通风的顶部送风口

设计风速宜取 25～30m/s。较高的送风速度有助于快速将新鲜空气输送到隧道内部，提高空气质量。此外，当通风井较长时，应取较低的风速；当通风井较短时，可取较高的风速。送风方向也应与隧道轴向一致，以确保空气流动的连续性和均匀性。

7. 排烟道内

设计风速不宜大于 15m/s。排烟道内的风速需要控制在一定范围内，以确保烟雾能够有效地被排出，同时避免因风速过大而影响排烟效果。

（十二）隧道排烟设计

1. 相关规定

长度 $L>1000$m 的高速公路和一级公路隧道，长度 $L>2000$m 的二、三、四级公路隧道应设置机械排烟系统。

隧道排烟宜按一座隧道全线同一时间内发生 1 次火灾设计。

隧道火灾排烟系统宜与日常运营通风系统合用。

2. 纵向排烟隧道

当发生火灾时，火灾区域会产生大量的热量并产生烟雾，因此，可以通过火灾的热释放速率来衡量火灾规模的大小。热释放速率是指单位时间内燃烧释放的热量，用兆瓦（MW）表示可以直观地反映火灾的严重程度。不同类型的车辆在隧道内发生火灾时，其热释放率也有所不同。例如，小轿车火灾的热释放率约为 5MW，而大型货车或装载一般货物的大货车火灾的热释放率则在 20MW 到 30MW 之间。

在某些特定情况下，如延崇高速公路隧道，在平时运营阶段，火灾规模设计为 25MW；而在冬奥会期间，火灾规模则会增加至 49.2MW。另外，国外一些隧道由于允许重型货车、拖车以及危险化学品运输车辆通行，火灾规模可能会更高，达到 100MW。

根据交通运输部印发的《公路隧道设计规范》（JTG D70/2—2014）行业标准，纵向排烟的公路隧道,排烟风速宜按表3-2-5所列火灾临界风速取值。

火灾临界风速　　表3-2-5

火灾规模(MW)	20	30
火灾临界风速(m/s)	2.0~3.0	3.0~4.0

3.排烟隧道长度要求

根据交通运输部印发的《公路隧道设计规范》(JTG D70/2—2014)行业标准,采用纵向排烟的单洞双向交通隧道,排烟设计的火灾烟雾最大行程在隧道内不宜大于3000m;采用纵向排烟的单向交通隧道,排烟设计的火灾烟雾最大行程在隧道内不宜大于5000m。

(十三) 隧道风机要求

隧道风机要求射流风机是隧道通风的主要设备之一。

1.消声

因风机运行中会产生大量噪声,为了保障隧道内车辆和行人的舒适度,一般会要求风机配备消声装置。

2.稳定性

发生火灾时风机也要能够正常运行,因此,根据交通运输部印发的《公路隧道设计规范》(JTG D70/2—2014)行业标准,隧道排烟风机在250℃环境条件下连续正常运行时间不应小于60min;排烟风机消声器应在250℃的烟气中保持性能稳定。

3.结构承载能力

支撑射流风机的结构承载能力也是确保风机安全运行的关键因素之一。根据相关标准,风机的支撑结构必须能够承受风机实际静荷载的15倍,这是为了确保在极端情况下,如强风、地震等情况下,风机的支撑结构依然稳定可靠。

【案例分析】

青藏高速公路特长隧道通风项目

青藏高速公路特长隧道位于海拔4000m的高原地区,全长15km,是连接青藏高原东西交通的重要通道。由于其特殊的地理位置和气候条件,隧道通风系统的设计和实施面临诸多挑战。

1.通风系统设计

(1)设计原则:考虑到高原地区的低氧环境和长隧道的通风需求,设计了一套结合自然通风和机械通风的综合通风系统。

(2)通风方案:在隧道两端设置大型通风井,利用自然风压差进行自然通风;同时,在隧道内部安装了多台大型射流风机,以实现机械通风。

(3)系统设计:通风系统能够适应正常和异常交通工况,如火灾时的紧急排烟。

(4)技术设备:安装了 CO、NO_2、能见度等多种气体和环境检测器以及超声波风速风向检测器,确保通风效果和隧道安全。

2. 通风系统实施

(1)施工挑战:在高海拔地区施工,面临低温、缺氧等自然条件的考验,施工团队采用了特殊的施工技术和材料。

(2)设备安装:所有通风设备均按照技术要求进行了精确安装和调试,确保了通风系统的有效运行。

(3)运行管理:建立了一套完整的运行管理体系,包括日常监控、定期维护和紧急响应机制。

3. 成效

隧道通风系统的成功实施,显著提高了隧道内部的空气质量,减少了有害气体的积聚,保障了行车安全,同时也为高原地区隧道通风提供了宝贵的经验。

思考与讨论

(1)高原地区隧道通风系统设计时需要考虑哪些特殊因素?

(2)在青藏高速公路特长隧道中,自然通风和机械通风是如何协同工作的?

(3)设想在隧道内发生火灾的情况下,通风系统应如何快速有效地进行排烟?

(4)通风控制系统的设计应如何确保在紧急情况下能够迅速启动并有效运作?

任务小结

本任务旨在深入理解和体验隧道通风子系统的设计、实施和运行,提升对隧道通风系统的认知。

主要内容包括:

(1)通风系统设计:包括理解设计原则、考虑公路等级、隧道长度、设计速度、交通量、车道数、平纵线形、地形地质、海拔高程和自然条件等因素,确定通风方案和系统设计,制定运行方案。

(2)通风设备:了解和识别隧道内常用的通风检测设备(如 CO 检测器、能见度检测器、风速风向检测器、NO_2 检测器)和机械通风设备(如隧道射流风机),并熟悉其工作原理和安装要求。

(3)设备布设与自动控制:熟悉隧道通风设备布设原则和自动控制方法,包括检测隧道内的能见度、NO_2 浓度、CO 浓度和风速风向,控制风机运转以及根据交通量数据实时控制风机。

(4)通风标准:理解隧道内 CO 设计浓度、烟尘设计浓度、换气频率和设计风速等标准,确保隧道空气质量和行车安全。

(5)排烟设计:了解隧道排烟的相关规定和设计要求,包括机械排烟系统的设置、火灾排烟系统的设计和排烟风机的要求。

任务实践

隧道通风系统实施过程

【任务描述】

动手实践,对隧道通风子系统设备进行安装和初步调试。

【任务目标】

掌握隧道通风子系统设备的安装与调试。

【任务实施】

(一) 设备清单

通风子系统实训设备清单见表3-2-6。

通风子系统实训设备 表3-2-6

序号	产品名称	数量	示意图	主要用途
1	PLC	1		用于控制和监控隧道内的自动化系统,如照明、通风、信号等
2	ECU-1251 网关	1	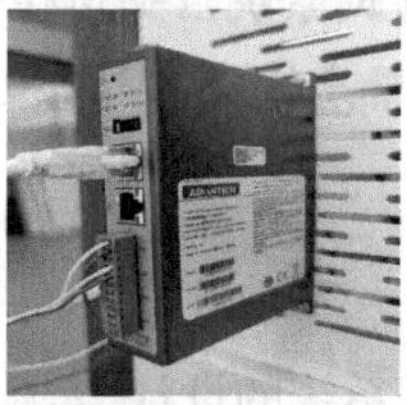	通常用于连接不同的通信协议,实现设备间的信息交换
3	风机	1		用于隧道内的通风,排除有害气体和湿气,保持空气流通
4	继电器	2		用于控制高功率设备,如照明和通风系统,或作为信号切换的中间设备
5	一氧化碳变送器	1	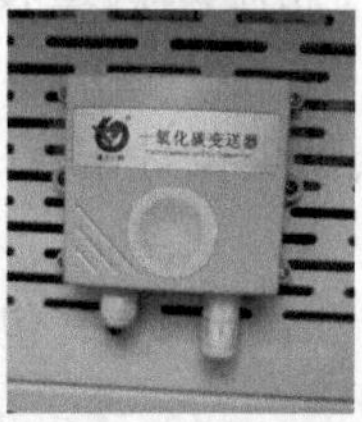	检测隧道内一氧化碳的浓度,确保空气质量安全

续上表

序号	产品名称	数量	示意图	主要用途
6	风速传感器	1		测量隧道内风速,用于控制通风系统
7	风向传感器	1		检测风向,帮助调整通风系统的运行,以优化空气质量

其中风机为220V强电设备,需注意用电安全。在安装设备和接线时一定要断电操作,确认设备接好,并用电胶带包裹好。

(二)设备安装与接线

以上设备都将搭建在实训工位上,接线图如图3-2-1所示。

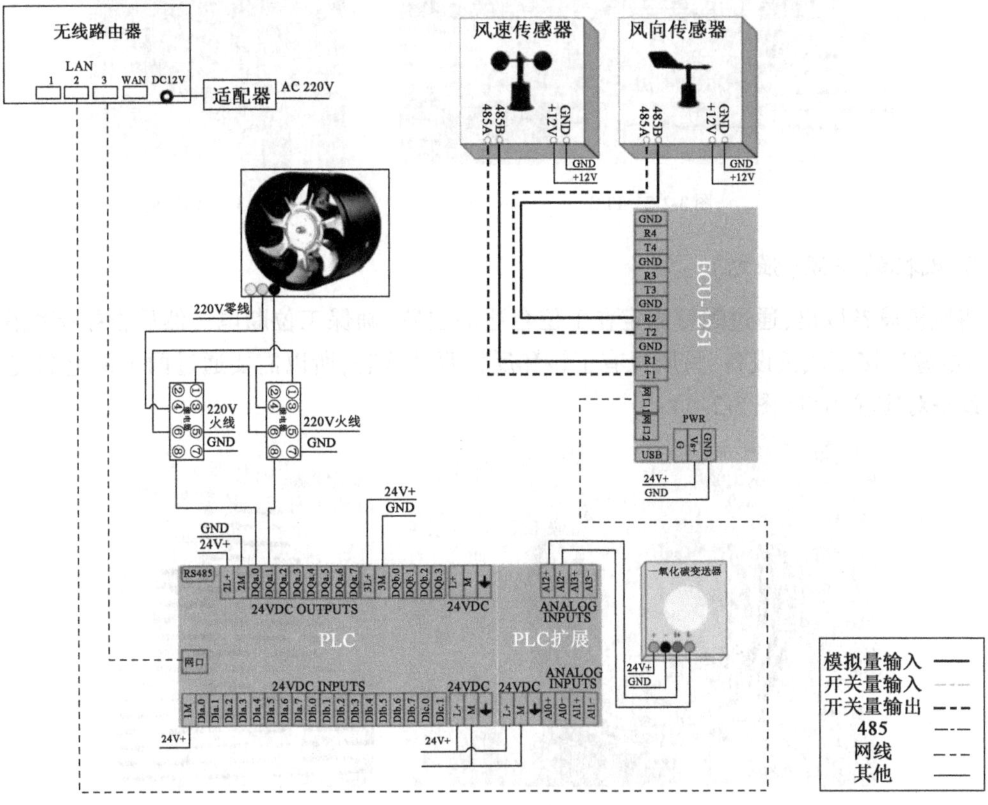

图3-2-1　隧道通风子系统接线图

安全提示:

每个设备在安装之前,都要反复确认实训平台处于断电状态:实训平台后面板下方的电源总开关处于"关闭"状态,或者先不要连接电源线。

1. PLC 的安装

将 PLC 设备取出,通过螺钉固定在工位合适的位置,然后根据接线图,将 PLC 的网口与路由器相连,同时连接好 PLC 所有位置的24V 电源(图3-2-2)。

2. ECU 网关的安装

将 ECU 网关设备取出,通过螺钉固定在工位合适的位置,然后根据接线图,将网关的网口与路由器相连,同时连接好网关的24V 电源(图3-2-3)。

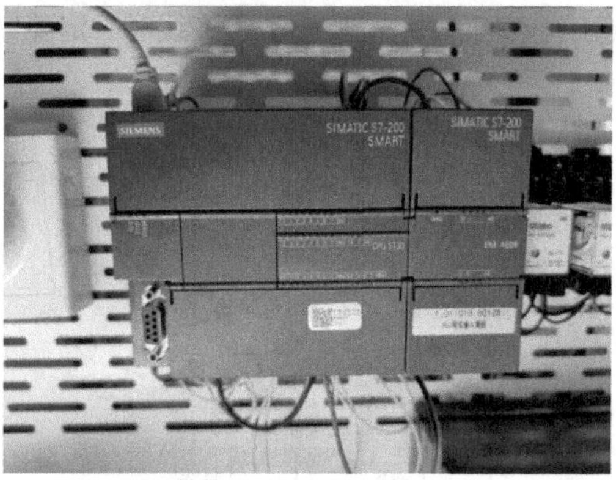

图3-2-2　PLC

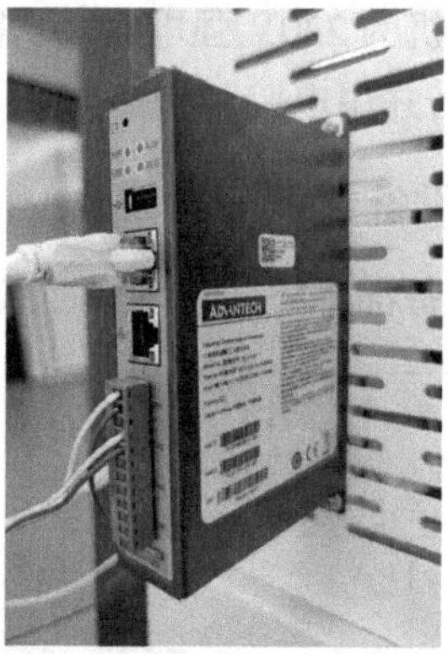

图3-2-3　ECU 网关

3. 风机的安装(强电)

将风机设备取出,通过螺钉固定在工位合适的位置,确保工位断电。然后根据接线图,将220 伏电源连接至风机设备,另风机有正转和反转两种状态,所以需要通过两个继电器连接到 PLC 设备对应输出口(图3-2-4)。

图3-2-4　风机

4. 风速风向传感器的安装

将风速风向传感器取出,通过螺钉固定在工位合适的位置,然后根据接线图,将风速风向传感器分别连接至12V电源,同时将风速和风向传感器分别连接至网关的485-1口和485-2口(图3-2-5)。

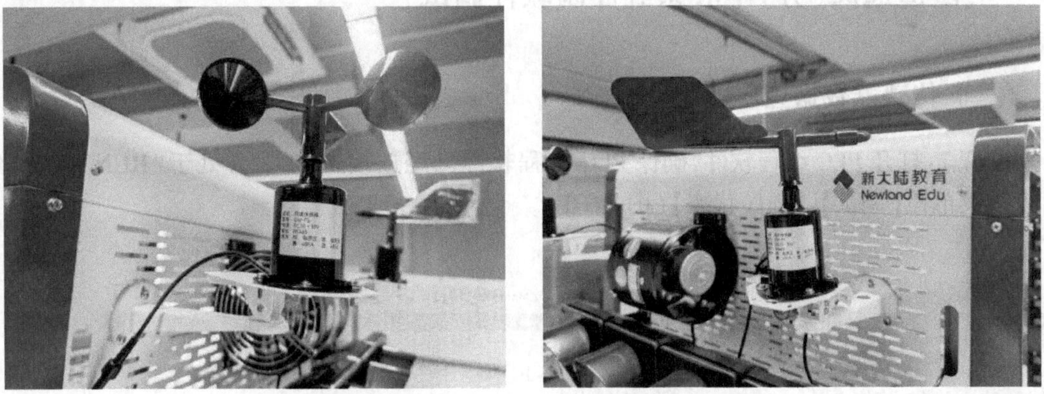

图3-2-5　风速传感器(左)与风向传感器(右)

5. CO传感器的安装

将CO传感器取出,通过螺钉固定在工位合适的位置,然后根据接线图,将CO传感器连接到24V电源,同时将CO传感器的信号线连至PLC扩展模块的AI2口(图3-2-6)。

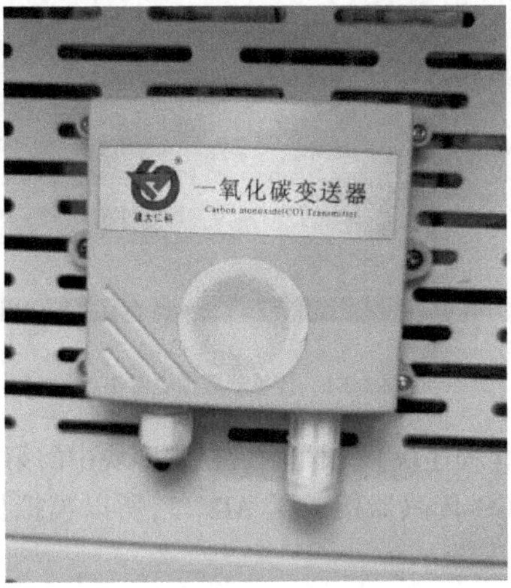

图3-2-6　CO传感器

立即行动:

根据接线图和安装参考,完成隧道通风子系统设备的安装和接线。

项目3 集成高速公路隧道通风(分)中心计算机系统

一、隧道通风(分)中心系统控制软件调试

(一)传感器数据查看

步骤1:打开PLC编程软件,确保PLC编程软件已经连接到PLC,并处于“RUN”模式,然后点击菜单栏【调试】-【程序状态】(图3-3-1)。

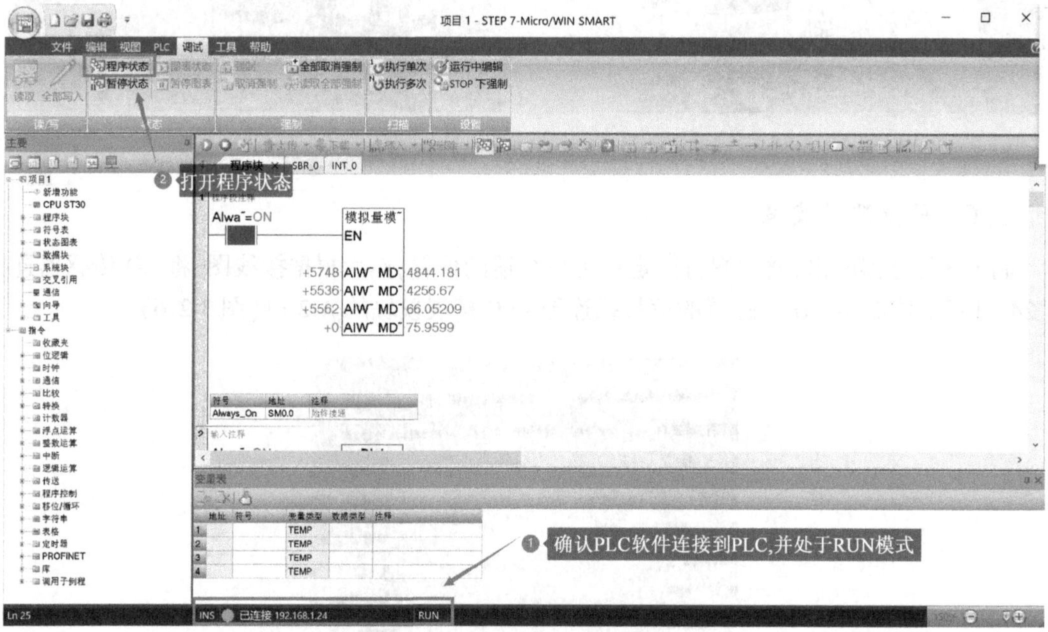

图3-3-1 传感器数据查看-1

步骤2:左侧菜单栏找到【程序块】双击,然后在程序块中的第一行梯形图中找到第3行数据(图3-3-2)。根据接线图CO传感器接入了AI2口,所以模拟量第3行数据当前CO值为66.05。

(二)PLC控制风机

步骤1:打开PLC编程软件,确保PLC编程软件已经连接到PLC,并处于“RUN”模式,然后点击菜单栏【调试】-【程序状态】(图3-3-3)。

步骤2:根据风机连接PLC的地址,找到对应的代码段(图3-3-4)。

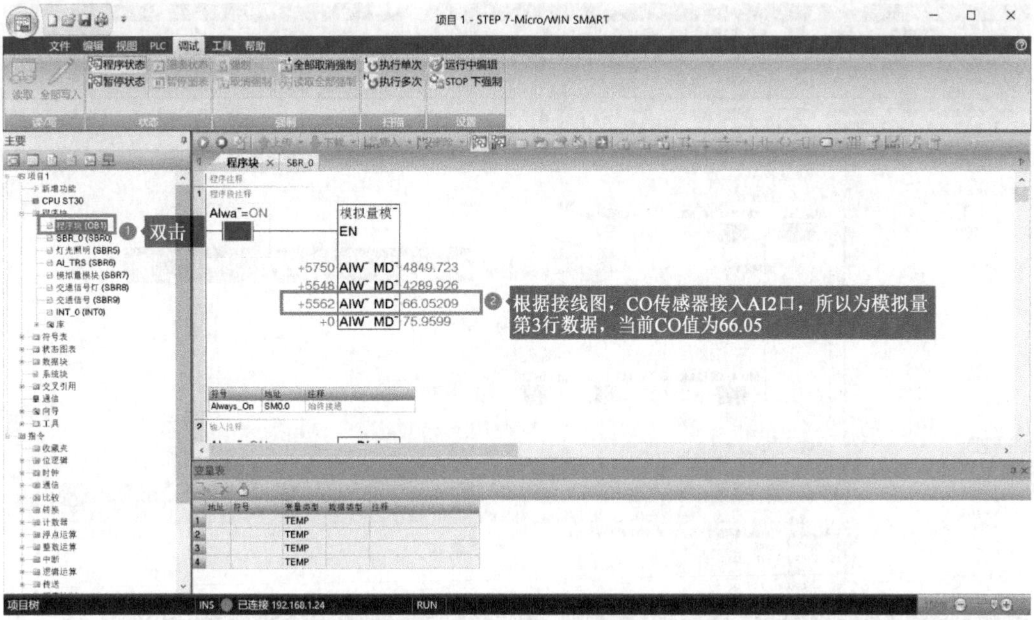

图 3-3-2 传感器数据查看-2

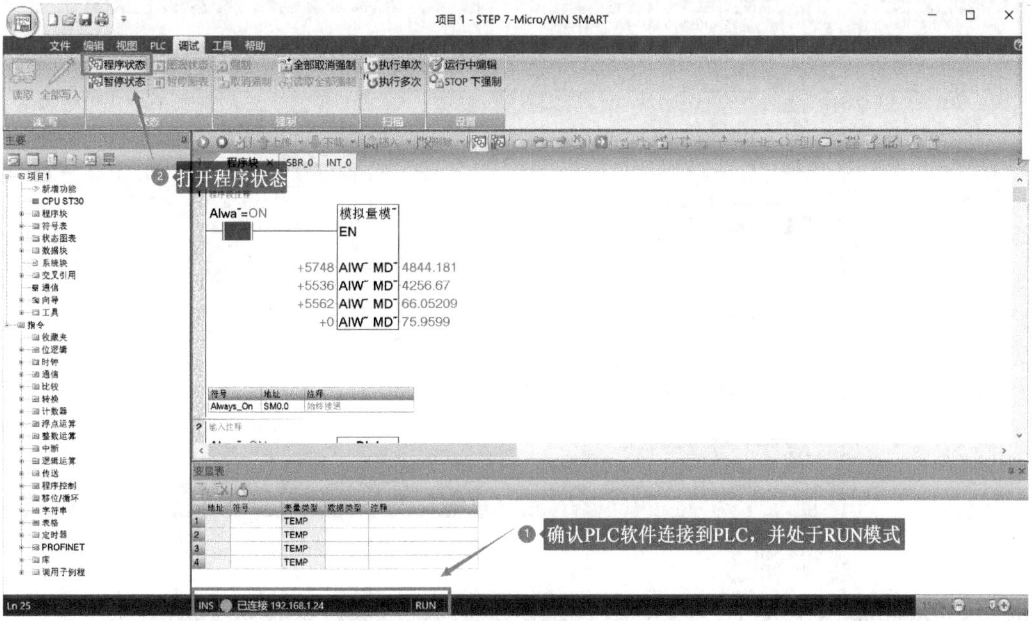

图 3-3-3 PLC 控制风机-1

步骤 3:将鼠标移动至 M0.3 = ON 处,鼠标右键选择【写入…】(图 3-3-5)。

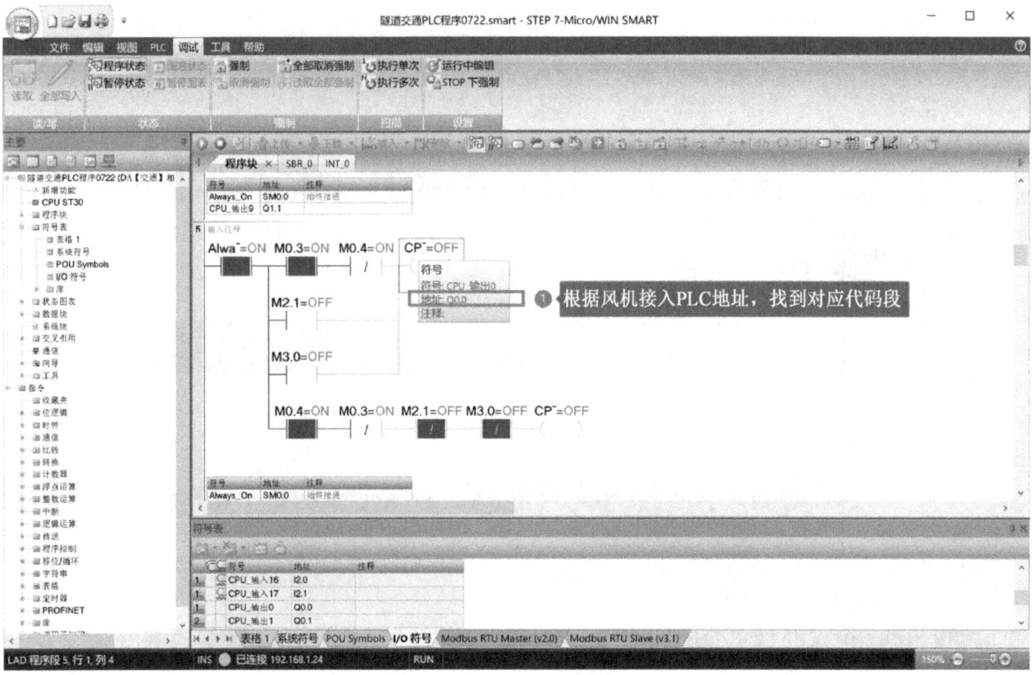

图 3-3-4 PLC 控制风机-2

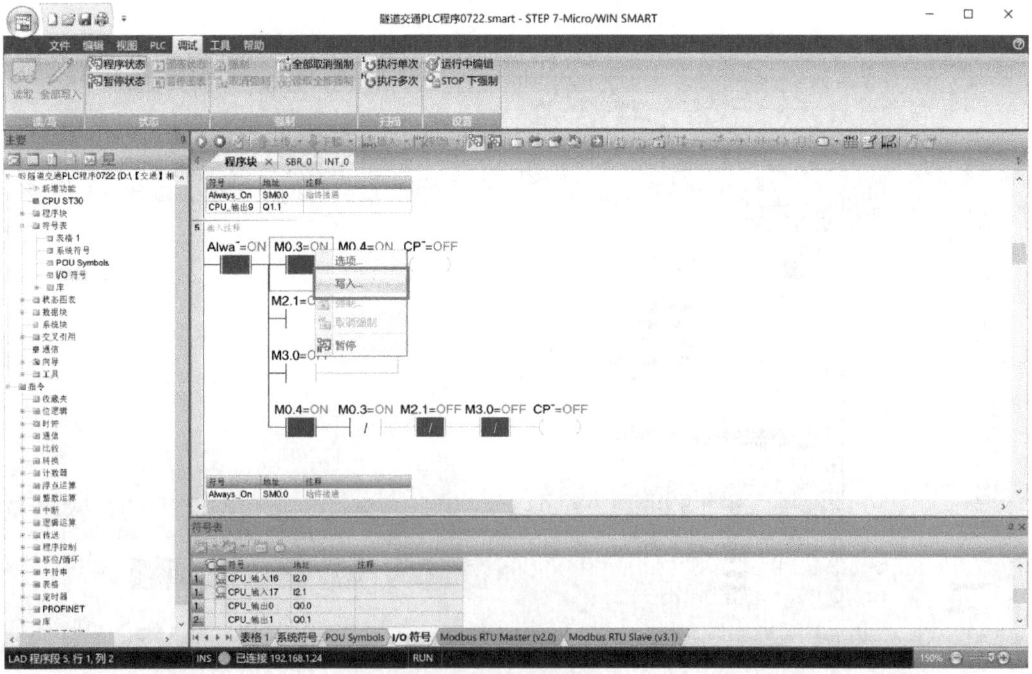

图 3-3-5 PLC 控制风机-3

步骤 4:写入的值为“OFF”,表示关闭的意思(图 3-3-6)。

步骤 5:梯形图第 14 空格处全部变为蓝色,表示风机反转(图 3-3-7)。

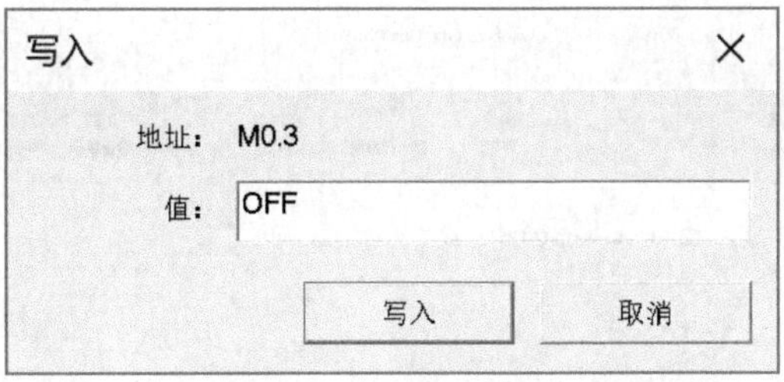

图 3-3-6　PLC 控制风机-4

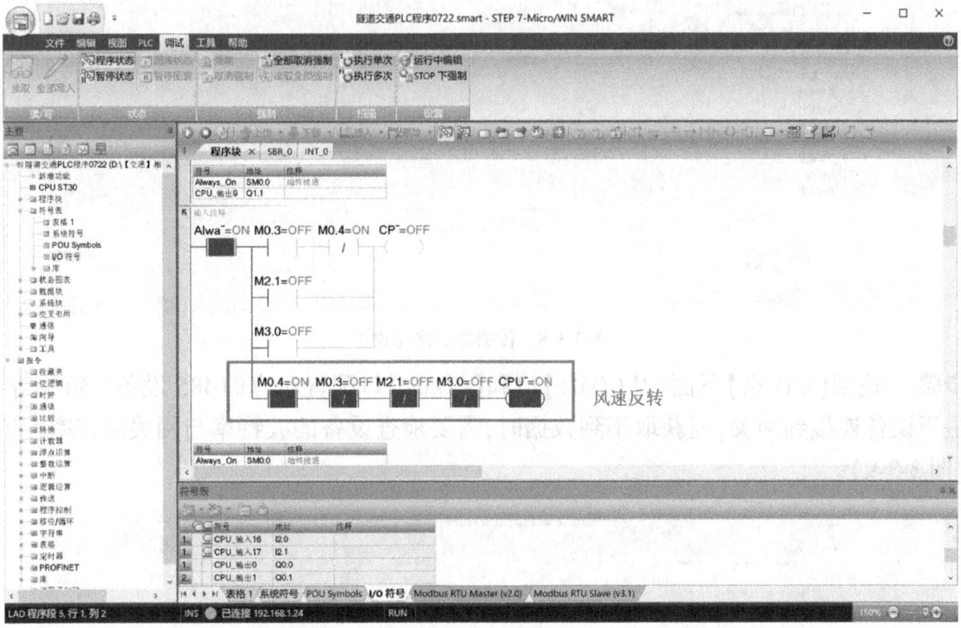

图 3-3-7　PLC 控制风机-5

步骤 6：用同样的方法，可以操控风机停止和正转。这里特别要注意风扇的正转和反转不能同时打开，否则会烧坏设备。所以程序中也做逻辑非的判断。

立即行动：

根据 PLC 编程软件调试说明，完成 PLC 程序的调试。

二、隧道通风（分）中心系统网关软件调试

（一）传感器数据配置

步骤 1：打开网关软件，同时打开项目工程。在左侧菜单栏【数据中心】中找到【I/O 点】，下拉找到【TCP】下的【PLC200Smart】，双击【PLC200Smart】进入配置该 PLC 的实际 IP 地址（图 3-3-8）。

图 3-3-8　传感器数据配置-1

步骤2:找到【I/O点】下面的【COM1】口和【COM2】口配置对应的485设备波特率等参数。特别是当设备连接到网关,但获取不到数据时,需要检查设备的波特率与网关波特率配置是否一致(图3-3-9)。

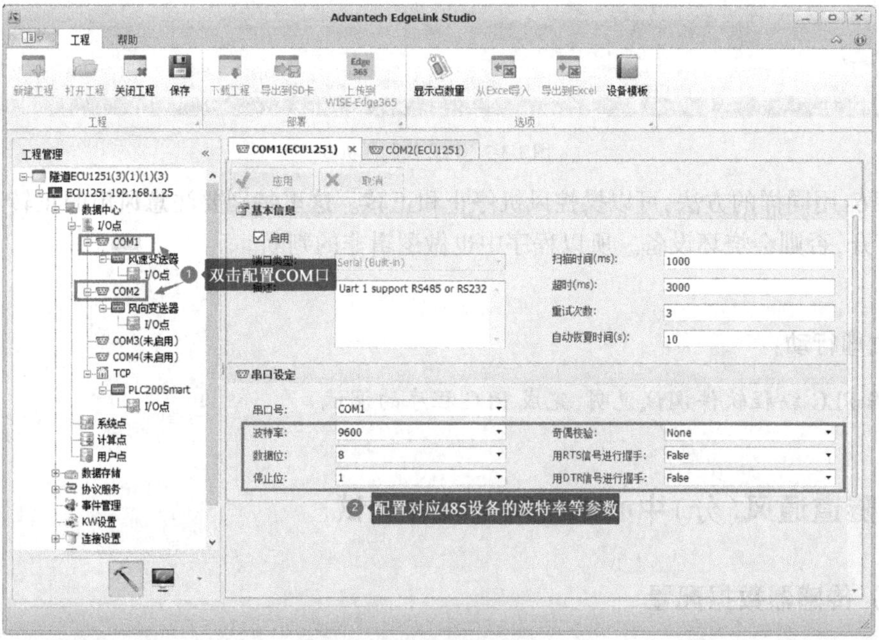

图 3-3-9　传感器数据配置-2

步骤3:选中对应的工程,点击下载。下载完成后设备重启(图3-3-10)。这样就将修改后的设置写入到设备中了。

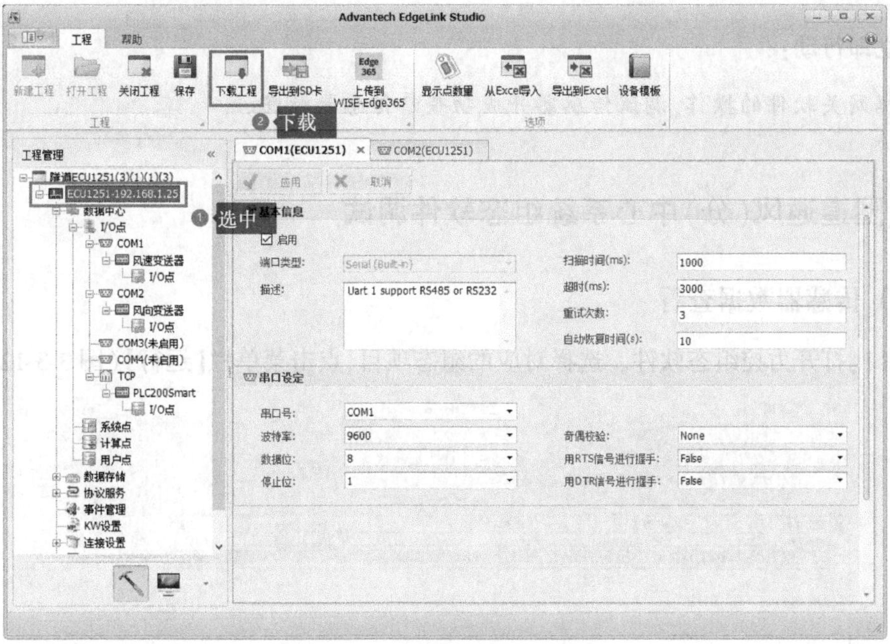

图 3-3-10　传感器数据配置-3

（二）传感器数据查看

步骤 1：浏览器中输入网关 IP 地址，使用用户名（admin）和密码（00000000）登录网关。

步骤 2：菜单栏选择【点】-【IO 点】，右侧页面查看传感器数据。通风子系统中需要找到风速风向传感器数据、CO 传感器数据以及风机数据。注意，如果设备连接良好，传感器质量会显示“Good”。如果传感器质量显示“Bad”，需要检查传感器的连线和传感器的波特率配置是否正确等（图 3-3-11）。

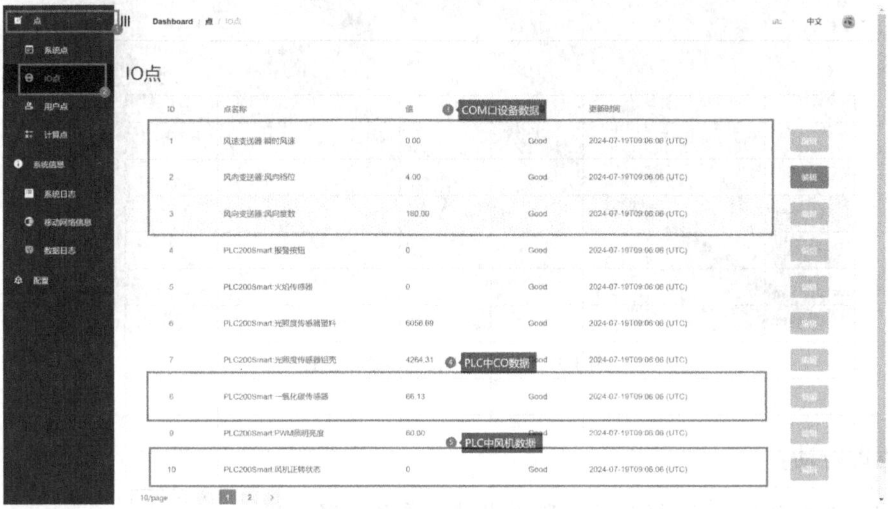

图 3-3-11　传感器数据查看

立即行动:

根据网关软件的操作,调试传感器并成功查看传感器数据。

三、隧道通风(分)中心系统组态软件调试

(一)传感器数据查看

步骤1:打开力控组态软件。选择对应的组态项目,点击菜单栏【运行】(图3-3-12)。

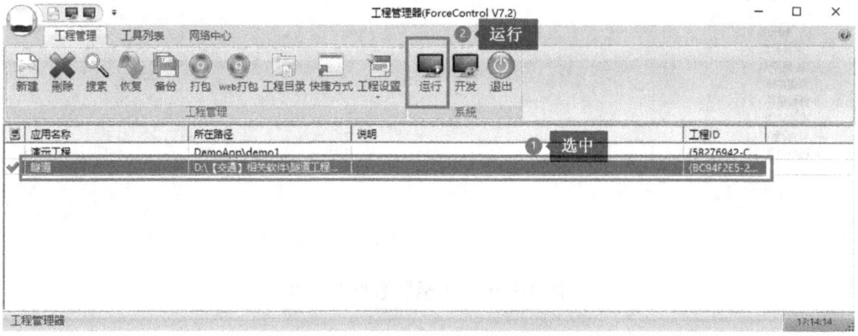

图3-3-12 组态中传感器数据查看-1

步骤2:运行组态软件后输入用户名(admin)和密码(123456),登录组态软件(图3-3-13)。

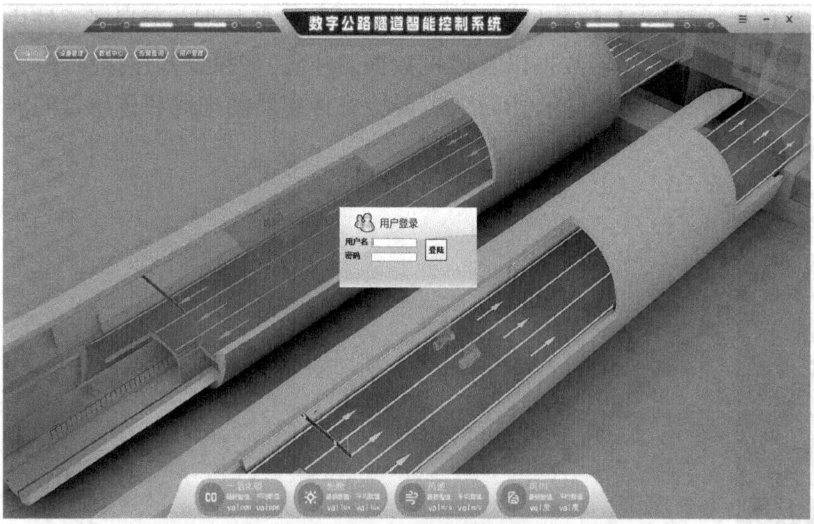

图3-3-13 组态中传感器数据查看-2

立即行动:

根据网关软件的操作,调试传感器并成功查看传感器数据。

步骤3:在组态软件的底部查询通风系统传感器的数据,包括CO传感器的数据,风速、风向传感器的数据(图3-3-14)。

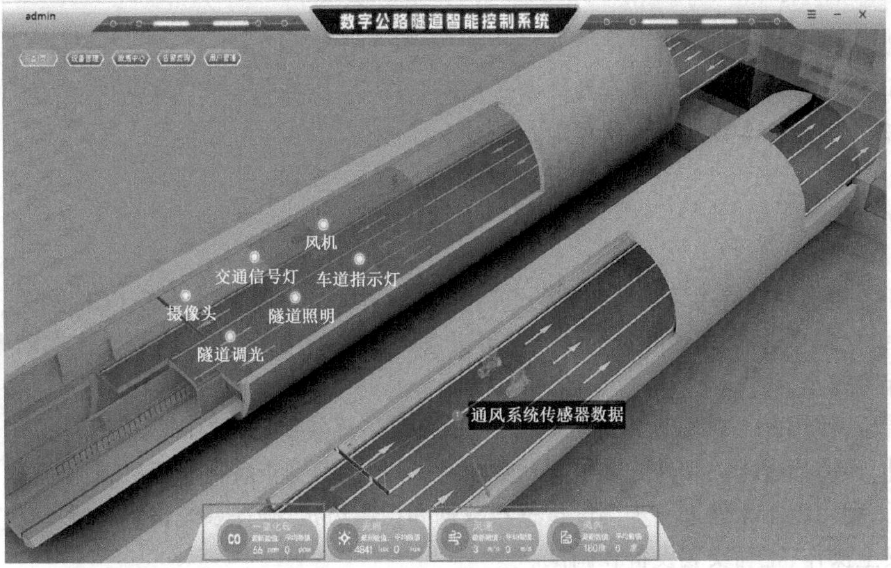

图3-3-14　组态中传感器数据查看-3

步骤4:手动触发风速、风向传感器,观察风速和风向数据的变化。

(二)组态控制风机

步骤1:在组态软件中找到风机按钮。点击【风机】,在弹出窗口中进行风机的控制,包括风机的正转、反转和停止(图3-3-15)。

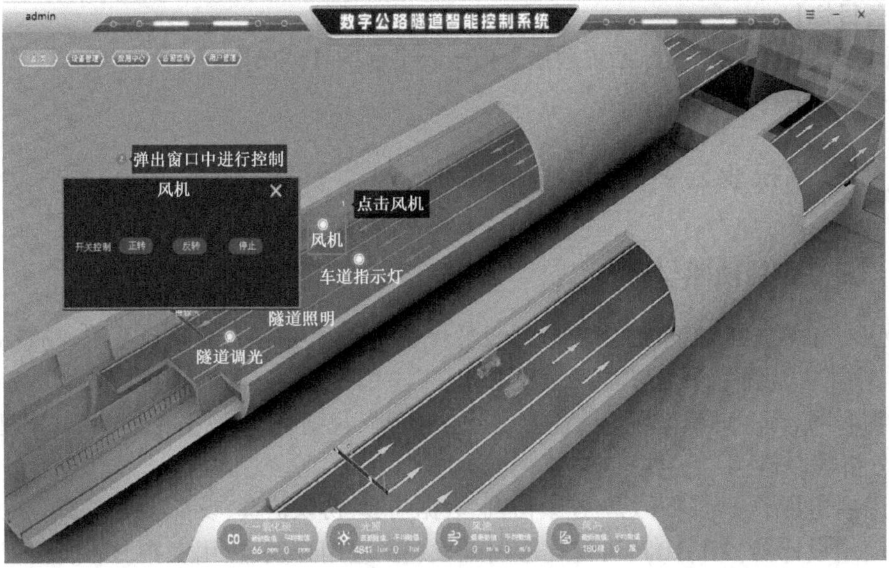

图3-3-15　组态控制风机

步骤2:停止风机。

立即行动:

根据组态软件操作说明:

调试传感器并成功查看传感器数据;

成功控制风机正转、反转、停止。

任务小结

本任务要求对隧道通风子系统设备进行安装和调试。这包括对PLC、ECU网关、风机、继电器、一氧化碳变送器、风速和风向传感器等设备的安装与接线,确保所有操作在断电状态下进行以保障安全。

安装后,使用PLC编程软件进行调试,包括查看传感器数据和控制风机运转。

此外,还需通过网关软件配置传感器数据,并通过浏览器查看传感器状态。

最后,利用组态软件进一步调试传感器数据和控制风机,确保系统正常运行。整个过程需要注意安全操作、正确安装设备和调试。

项目4 集成高速公路隧道通风云平台系统(应用实践)

【任务描述】

将高速公路隧道通风系统的本地数据上传至云平台,可做设备管理、项目管理、应用开发等用途。

【任务目标】

掌握将高速公路隧道通风系统数据上传至云平台的具体操作。

【任务实施】

一、物联网行业云平台简介

(一) 云平台的功能与组成

行业云平台(图3-4-1)集成了物联网云平台基础能力、虚拟仿真平台系统、场景应用设计器(2D、3D)等功能组件,具体功能模块如下。

(1)物联网云平台基础能力:设备管理、资产管理、规则引擎、数据流转、项目管理、策略管理、数据分析等。

(2)虚拟仿真平台:设备仿真、连续仿真、数据仿真、协议仿真、设备选型。

(3)应用设计器(2D、3D):可视化应用开发、3D应用开发、应用发布、3D模型管理、应用模板管理、数据源管理、低代码。

(4)基于平台提供的产品物模型,并结合边缘计算网,将网关设备、子设备通过物联网通用协议实现设备接入。

图 3-4-1　云平台首页

(二) 接入设备管理

进入物联网行业云平台(网址:https://thingscloud. nlecloud. com)环境后,点击开发者中心进入平台总览页面,在开发向导页面可以查看设备接入的流程,如图 3-4-2 所示。

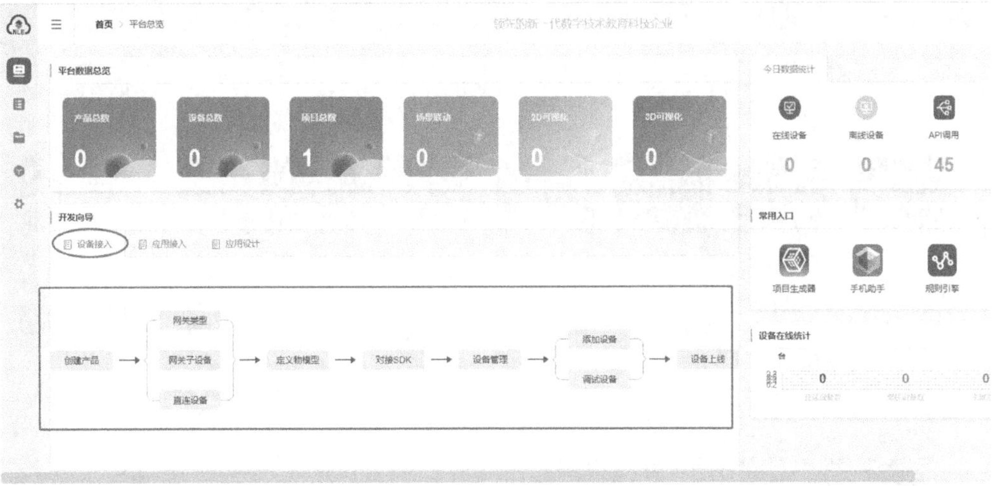

图 3-4-2　云平台设备接入流程

(1)创建产品(图 3-4-3)

(2)物模型

物模型可以定义一款产品的属性、事件、服务,需要在产品创建后对产品的物模型进行定义(图 3-4-4)。

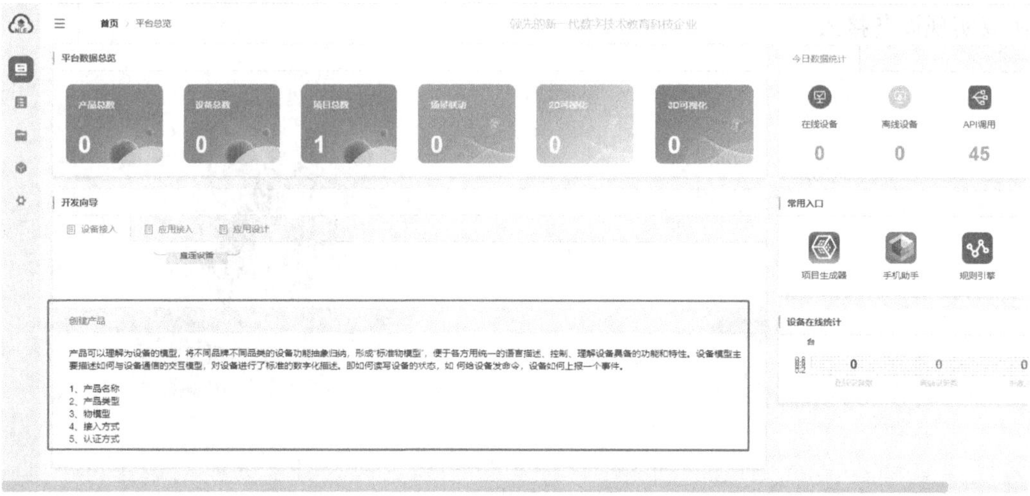

图 3-4-3　云平台创建产品说明

知识链接:什么是物模型?

物模型是对设备的数字化抽象描述,描述该型号设备是什么,能做什么,能对外提供哪些服务。

物模型将物理空间中的实体设备数字化,在云端构建该实体的数据模型,即将物理空间的实体在云端进行格式化表示。

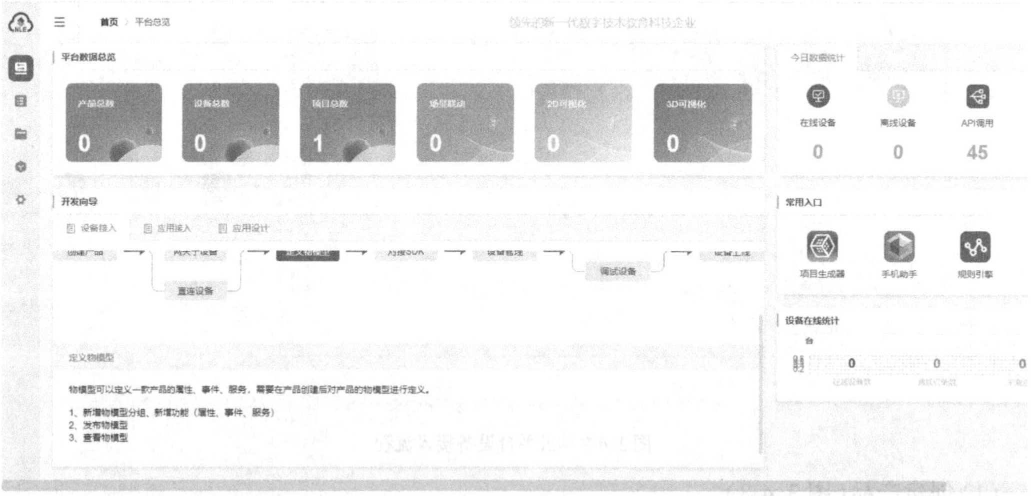

图 3-4-4　云平台物模型说明

(3)设备管理的功能

设备管理主要对设备进行新增、删除、修改、查询的操作(图 3-4-5)。

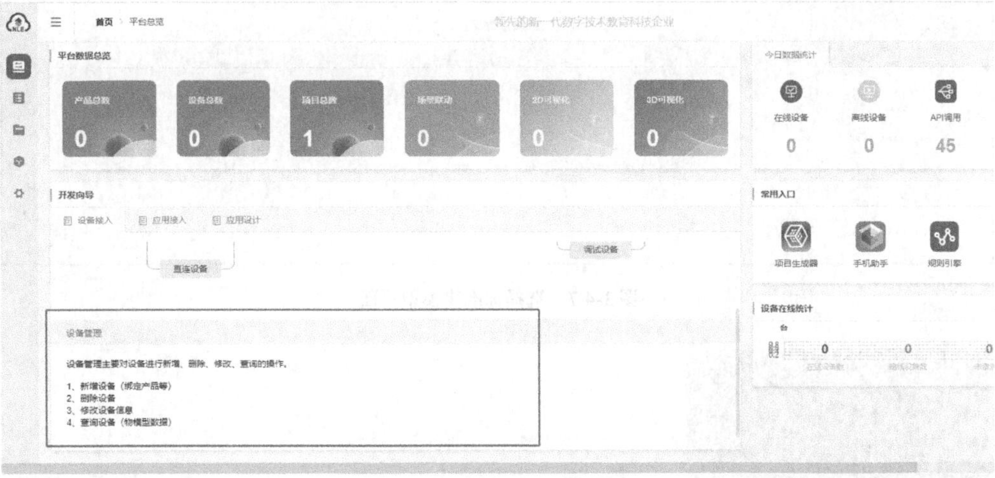

图 3-4-5　云平台设备管理说明

二、隧道通风云平台添加网关产品和设备

1. 创建交通网关产品

步骤 1：开发者中心-设备接入-产品管理页面，点击按钮【添加产品】（图 3-4-6）。

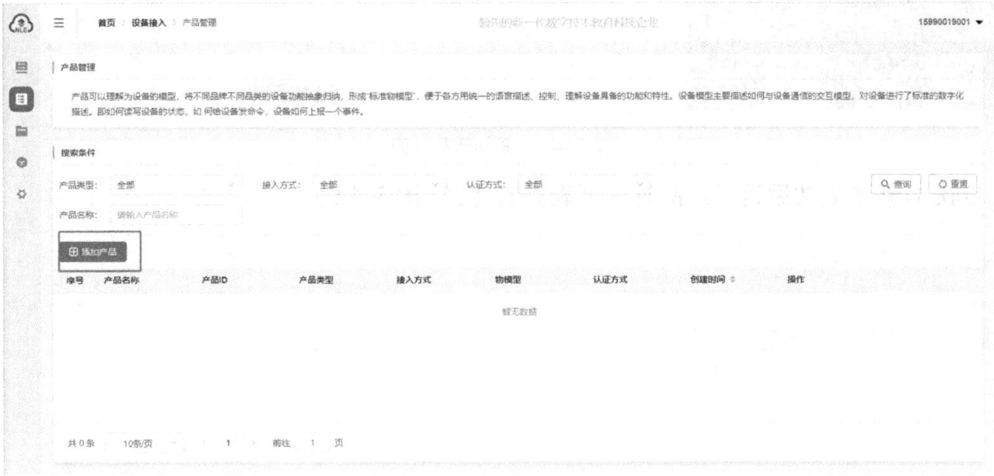

图 3-4-6　创建交通网关产品

步骤 2：添加产品页面。开发方案选择标准物模型（图 3-4-7）：标准物模型点击弹出选择标准物模型，搜索框输入中心网关，在搜索结果中找到“研华网关”的数据点击选择，其他字段会自动根据标准产品进行填写，点击【确定】。

开发方案选择自定义物模型：填写产品名称（自定义）、产品型号根据标准产品表格输入（ECU-1251）、产品类别选择“智慧交通”、节点类型选择“网关”，接入方式“透传”然后点击【确定】（图 3-4-8）。

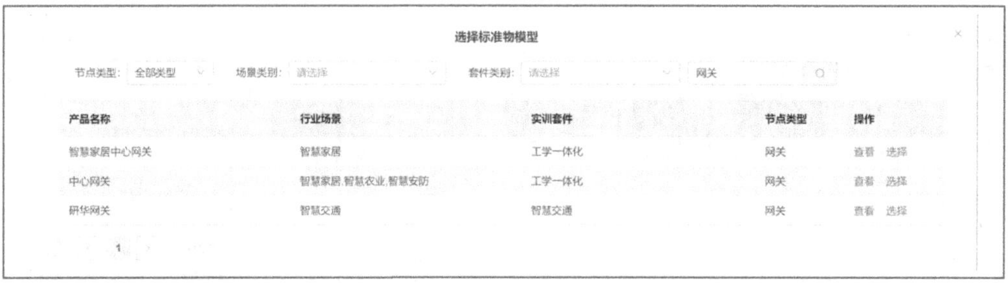

图3-4-7　选择标准物模型页面

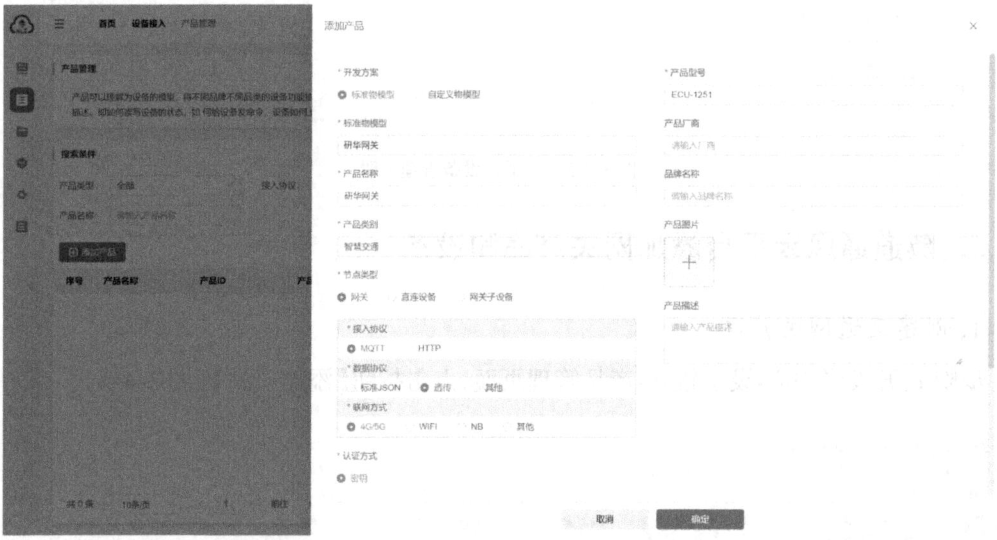

图3-4-8　添加产品页面

步骤3:新增成功后返回产品管理列表查看产品(图3-4-9)。

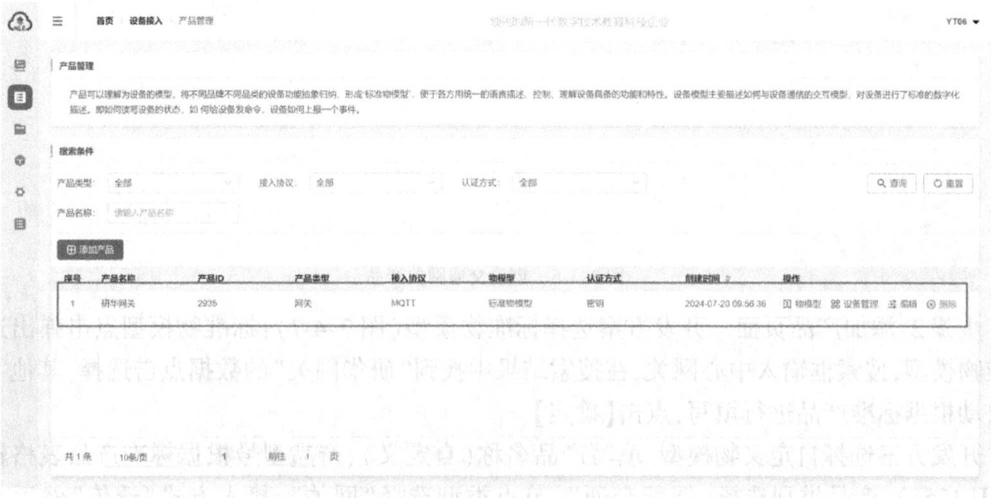

图3-4-9　产品管理列表查看产品

步骤4：点击操作列的物模型按钮，可以查看对应产品的物模型(图3-4-10)。

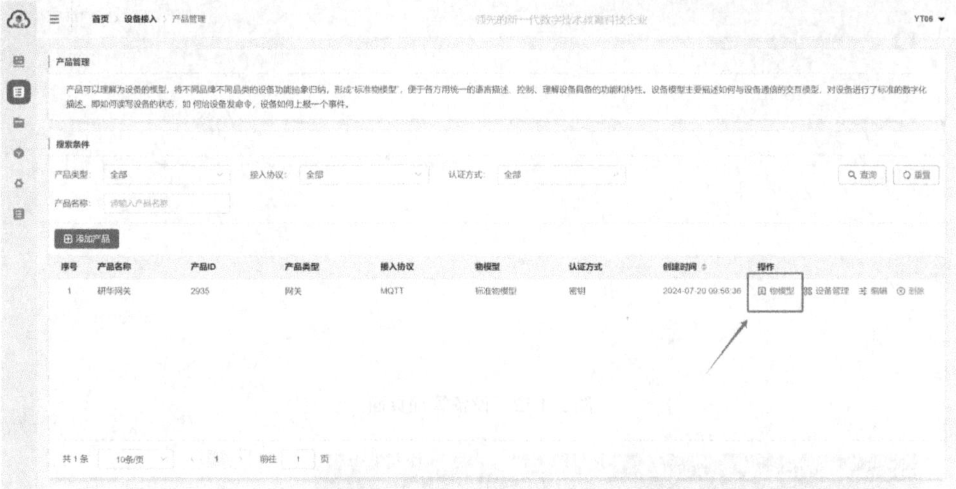

图3-4-10　查看对应产品的物模型

步骤5：发布产品版本。进入物模型页面，点击【发布版本】(图3-4-11)。版本发布后才能够在云平台中调用产品的相关的服务请求。

图3-4-11　发布产品版本

2. 创建交通网关设备

步骤1：开发者中心-设备接入-设备管理页面，点击按钮“新增设备”(图3-4-12)。

步骤2：添加设备页面归属产品下拉选择“研华网关”(产品页面创建的网关产品)、填写设备名称(自定义)、设备类型下拉选择“真实设备”(虚拟仿真下拉选择“虚拟设备”)、设备key可以点击输入框后的自动生成按钮(也可以手动输入 不能重复)，然后点击【确定】(图3-4-13)。

图3-4-12　设备管理页面

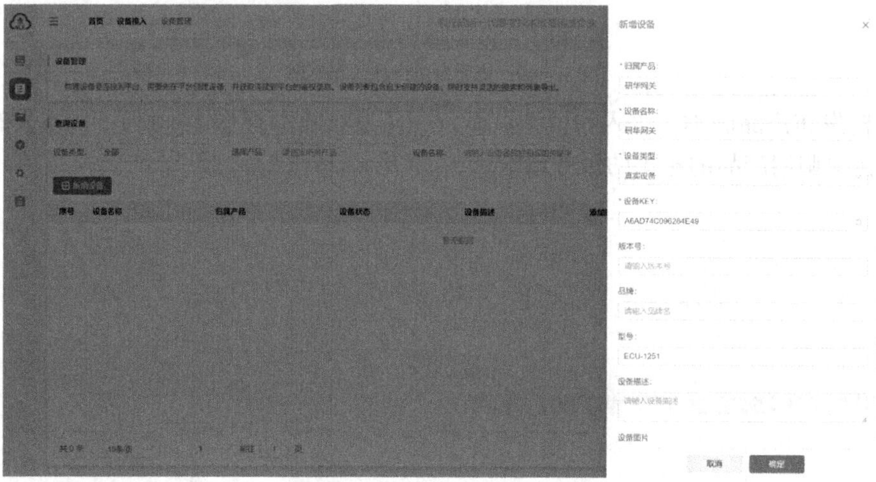

图3-4-13　新增设备

步骤3:新增成功后返回设备管理列表,查看设备(图3-4-14)。

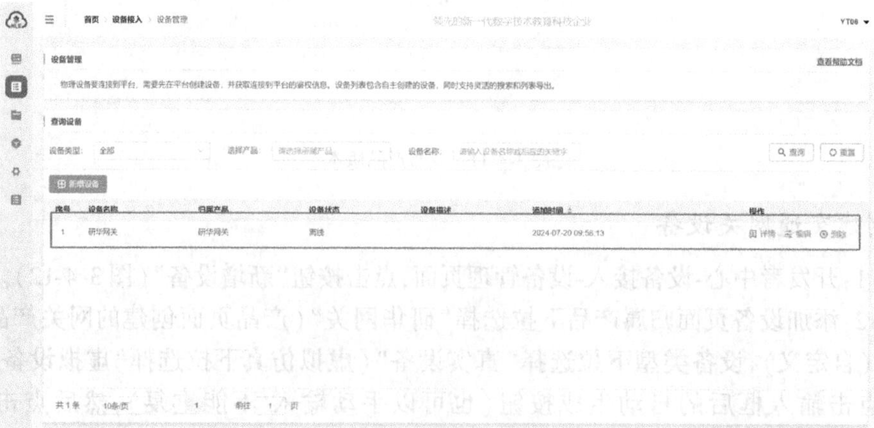

图3-4-14　新增设备成功

三、隧道通风云平台配置

(一) 配置 MQTT 主机和端口号

步骤1:打开研华网关管理软件(Advantech EdgeLink Studio)。选择"云服务",双击【SimplyMQTT】,打开配置界面(图3-4-15)。

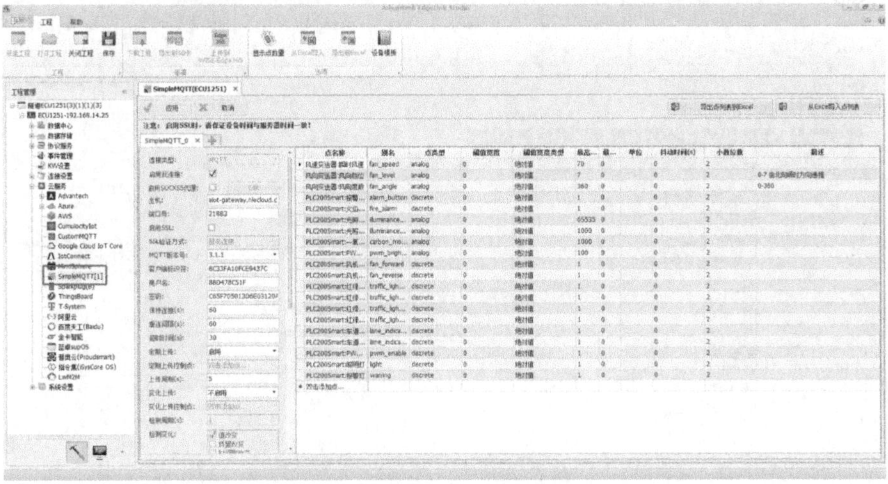

图3-4-15　配置 MQTT 主机和端口号-1

步骤2:配置 MQTT 主机地址为"aiot-gateway. nlecloud. com",端口号为"21883"。如果上面"启用此连接"未被勾选,也需要进行勾选(图3-4-16)。

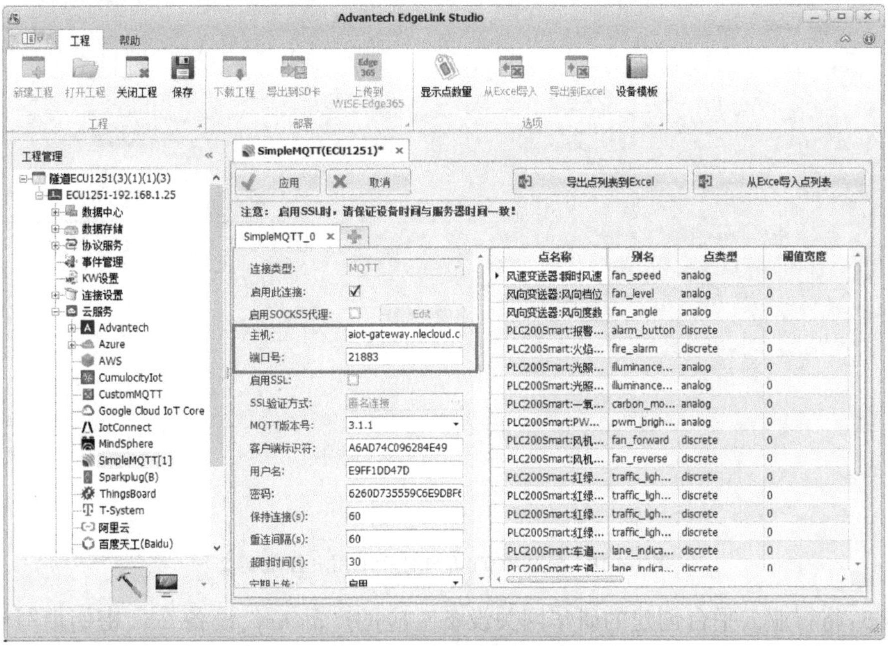

图3-4-16　配置 MQTT 主机和端口号-2

(二)配置MQTT客户端标识、用户名、密码

步骤1:云平台获取产品key。进入云平台产品管理,选中网关设备,点击【物模型】,进入页面后获取产品key(图3-4-17)。

图3-4-17　配置MQTT客户端标识、用户名、密码-1

步骤2:云平台获取设备key和设备密钥。进入云平台设备管理,选中网关设备,点击【详情】,进入页面后获取设备key和设备密钥(图3-4-18)。

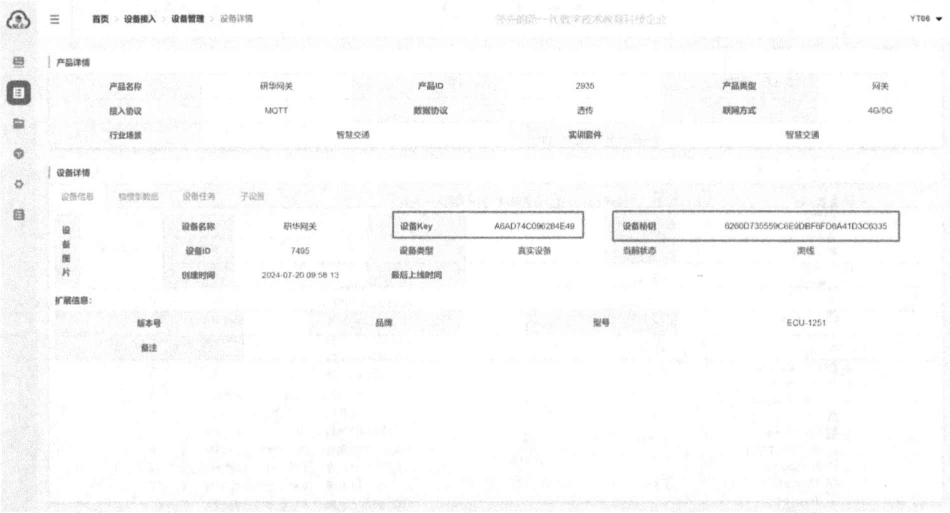

图3-4-18　配置MQTT客户端标识、用户名、密码-2

步骤3:将行业云平台创建的研华网关设备对应的产品key、设备key、密钥填写到对应位置。客户端标识符为设备key,用户名为产品key,密码为设备密钥(图3-4-19)。

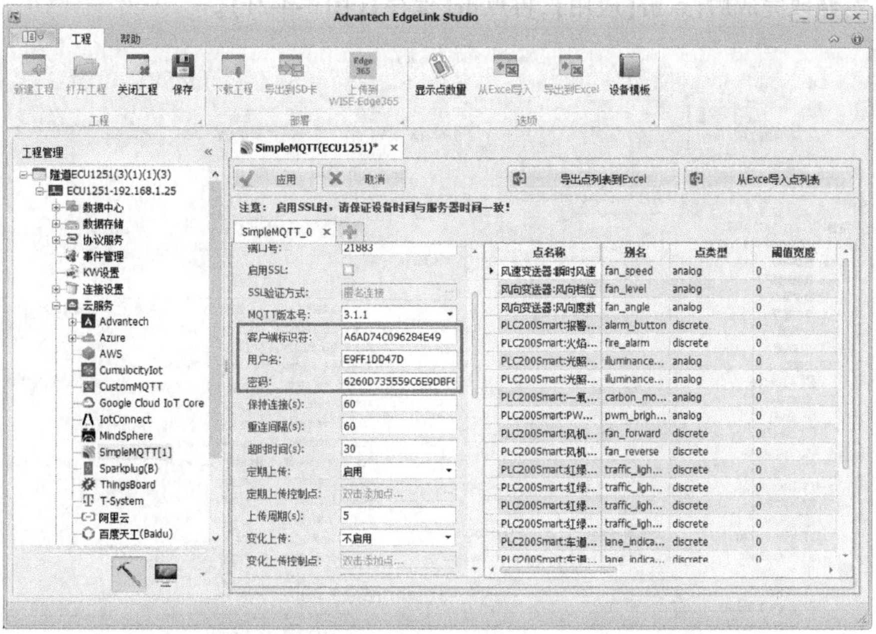

图 3-4-19　配置 MQTT 客户端标识、用户名、密码-3

(三) 配置 MQTT 订阅内容

步骤 1:修改 MQTT 订阅内容(图 3-4-20)。

Data Topic 为:/thing/raw/产品 key/设备 key/reply。

Command Topic 为:/thing/raw/产品 key/设备 key/send。

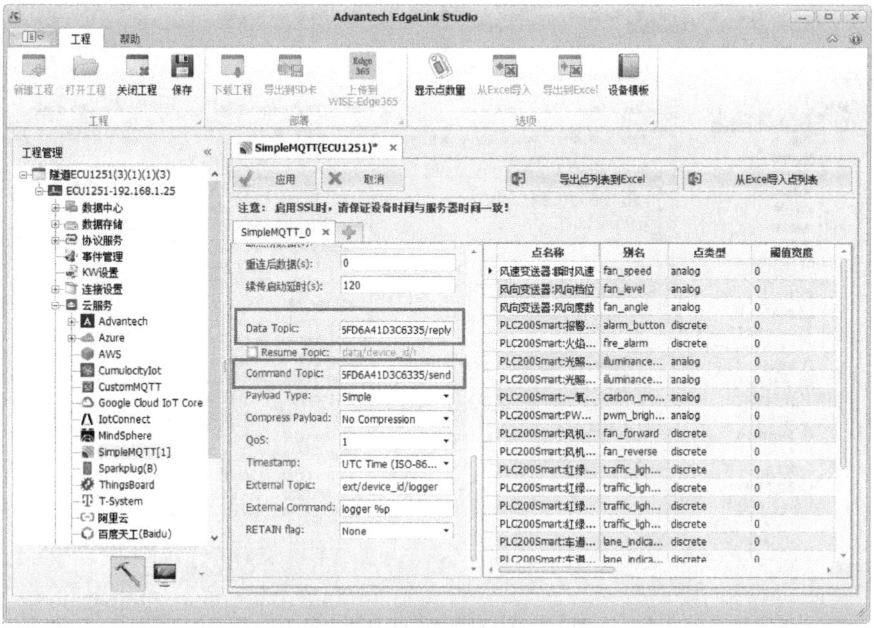

图 3-4-20　配置 MQTT 订阅内容-1

步骤2:修改完成后,点击【应用】,再点击【保存】(图3-4-21)。

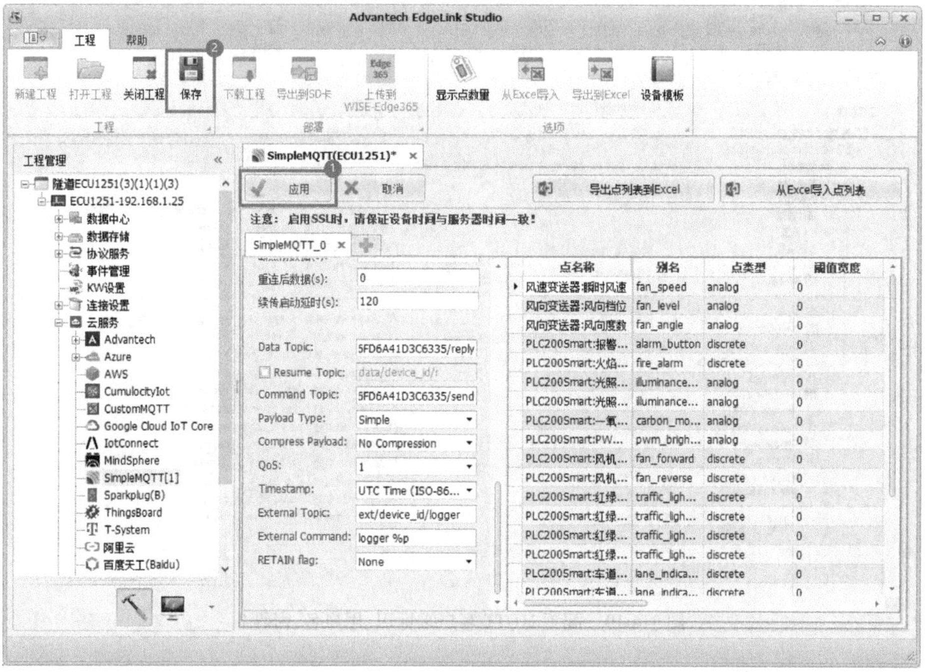

图3-4-21　配置MQTT订阅内容-2

步骤3:然后选中这个工程,点击【下载工程】(图3-4-22)。等待下载完成和设备重启。

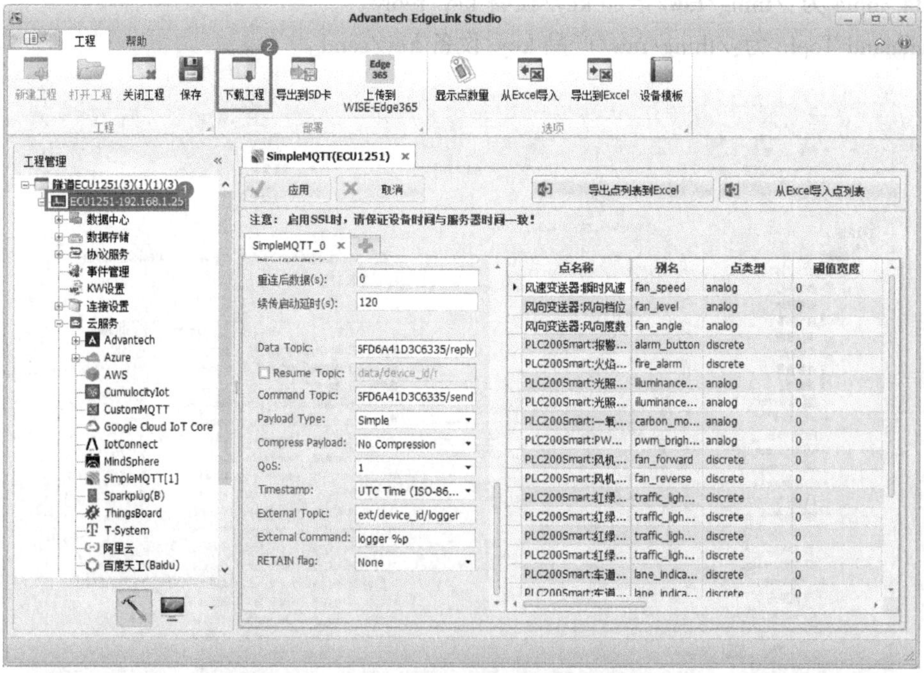

图3-4-22　配置MQTT订阅内容-3

步骤4:返回云平台查看网关设备状态。若设备处于在线状态,说明MQTT配置成功(图3-4-23)。

图3-4-23 配置MQTT订阅内容-4

四、隧道通风云平台调试

(一) 设备数据获取

步骤1:云平台进入【设备运维】-【设备调试】页面。选择对应的产品和设备。Tab页选择【属性】页面,功能选择【属性上报】,属性选择通风子系统相关属性。最后点击【获取最新数据】按钮(图3-4-24)。

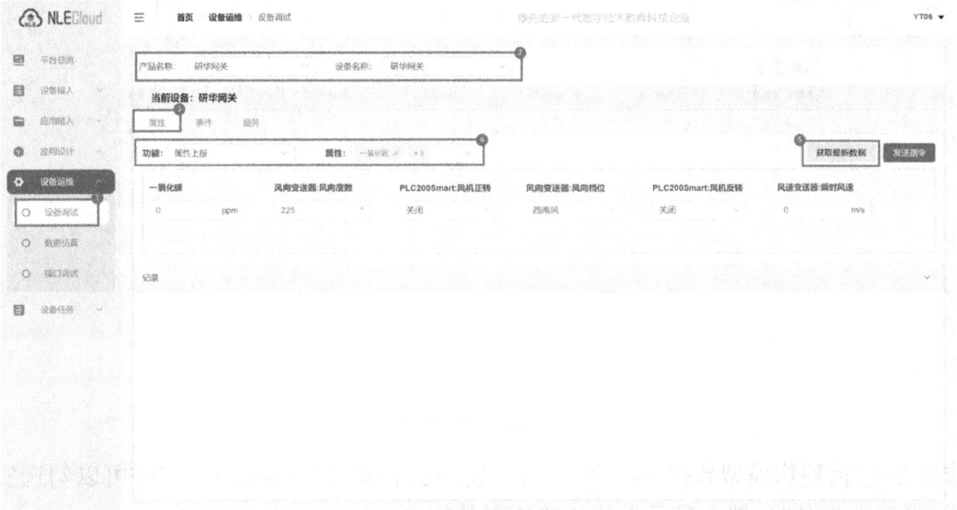

图3-4-24 设备数据获取

步骤2:查看设备最新数据(图3-4-25)。同时可以触发设备,如手动改变风速和风向,重新获取最新数据后查看风速和风向的变化。

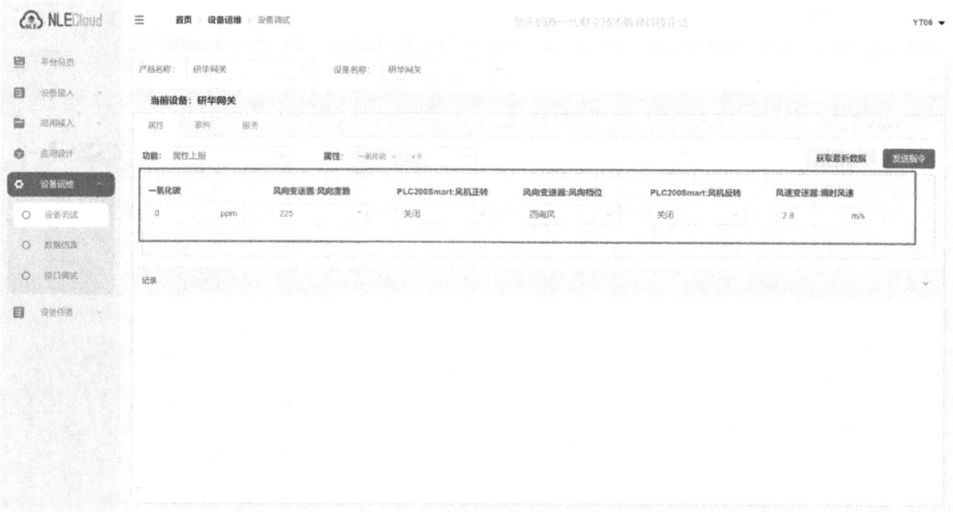

图3-4-25　查看设备最新数据

(二)数据查看

步骤1:进入设备详情页。云平台菜单栏点击【设备管理】,找到对应的网关设备,点击【详情】按钮(图3-4-26)。

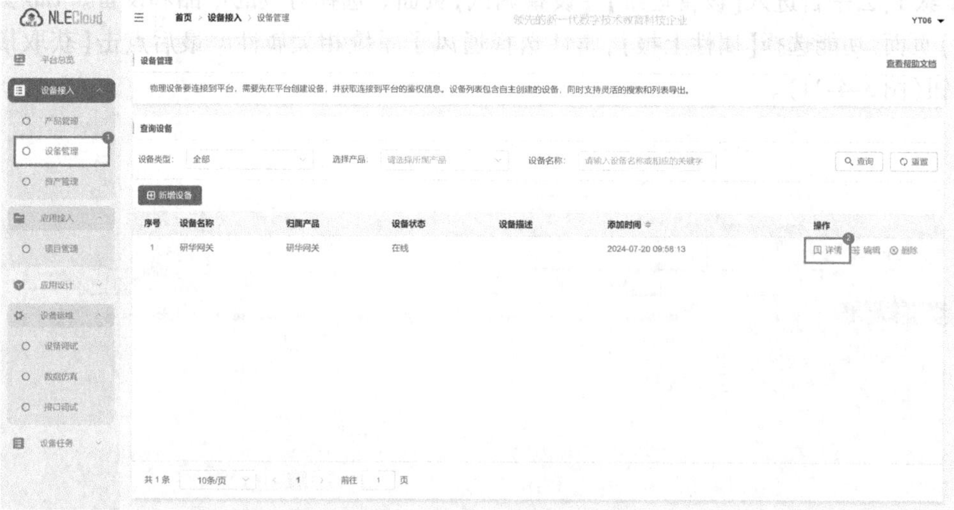

图3-4-26　设备详情页

步骤2:切换到物模型数据Tab页,进行设备数据查看(图3-4-27)。同时可以勾选实时刷新按钮,当触发设备时,就会显示最新的传感器数据。

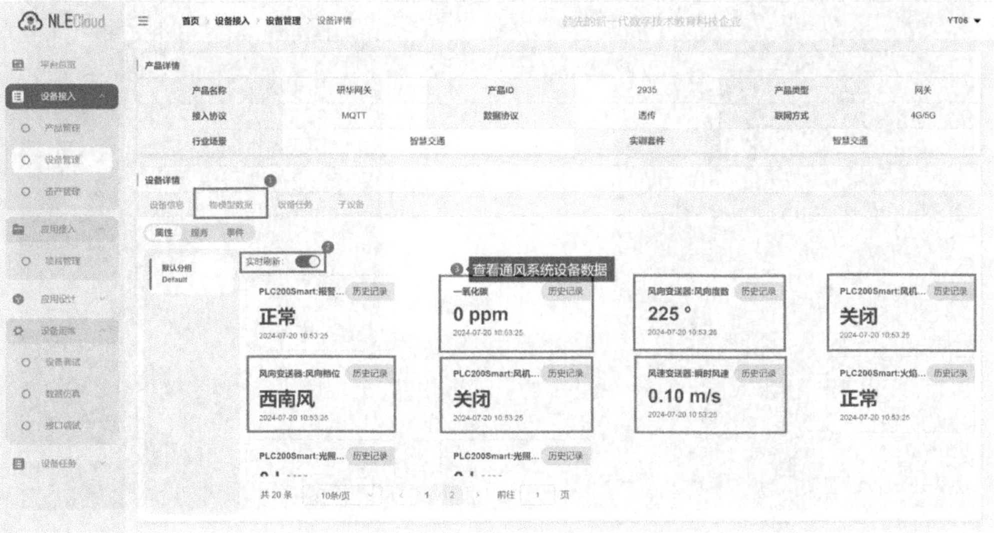

图 3-4-27　物模型数据 tab 页

步骤 3:历史数据查看。点击设备旁的【历史记录】按钮。可以查看该传感器的历史数据(图 3-4-28)。

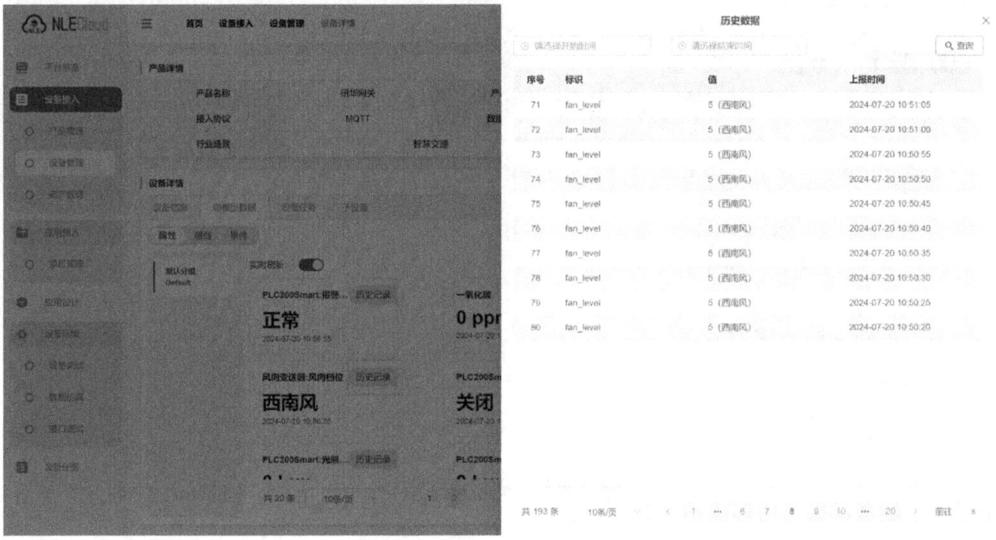

图 3-4-28　历史数据查看

五、隧道通风云平台项目管理

(一) 创建项目

步骤 1:创建新项目。云平台菜单栏点击【项目管理】,然后点击【新增项目】,在新增项目弹出窗口中输入项目名称,项目类别选择“智慧交通”,最后点击【确定】(图 3-4-29)。

图3-4-29　创建新项目

步骤2:项目创建完成。在项目列表中出现"隧道通风系统"这个项目(图3-4-30)。

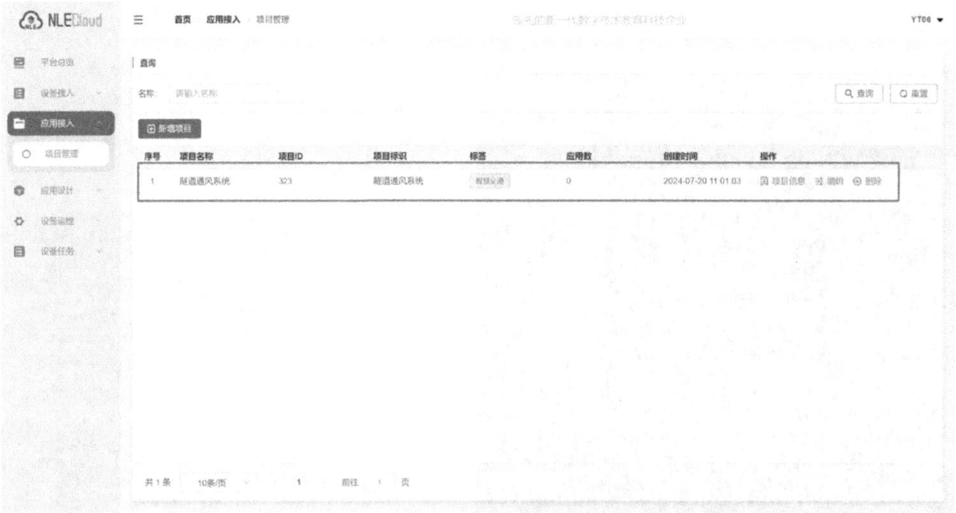

图3-4-30　项目创建完成

(二)添加设备

步骤1:进入项目信息。选择"隧道通风系统"项目,在操作列选择【项目信息】(图3-4-31)。

步骤2:添加设备。在菜单栏选择【设备管理】,然后选择【添加设备】,在添加设备弹出窗口中选择归属产品为【研华网关】。归属资产可以留空,选择设备【研发网关】,最后点击【确定】完成添加设备(图3-4-32)。

步骤3:添加设备完成。在设备列表中出现研华网关设备信息(图3-4-33)。

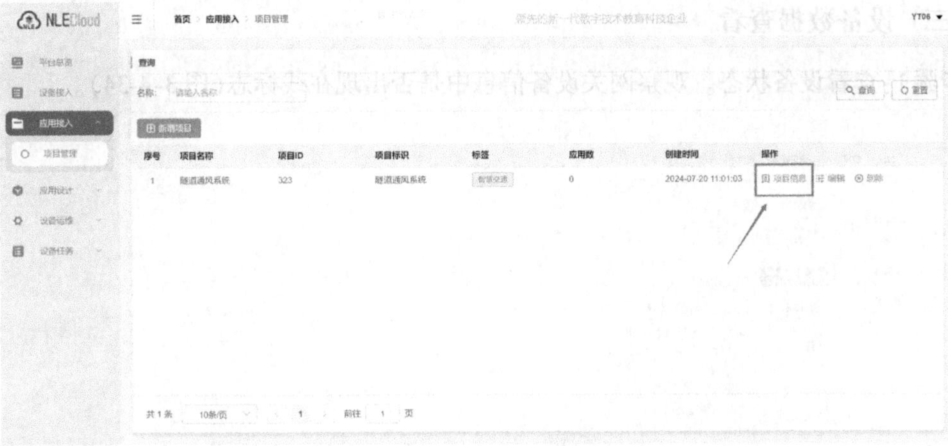

图 3-4-31　进入项目信息

图 3-4-32　添加设备

图 3-4-33　添加设备完成

(三)设备数据查看

步骤1:查看设备状态。观察网关设备信息中是否出现在线标志(图3-4-34)。

图3-4-34　查看设备状态

步骤2:查看设备传感器数据。将鼠标移动至设备窗口上,在弹出窗口中会有相关传感器数据(图3-4-35)。

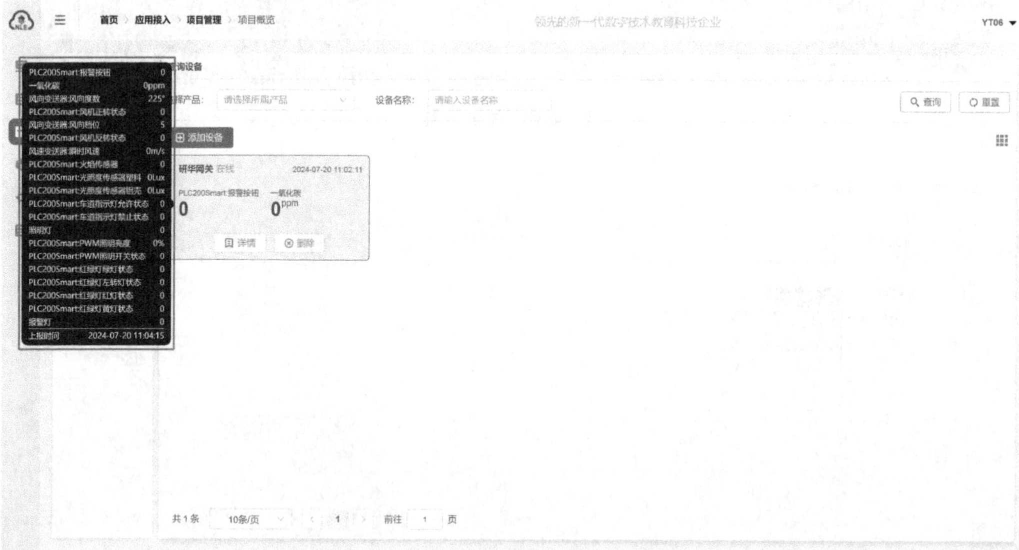

图3-4-35　查看设备传感器数据

立即行动：

根据云平台的操作完成：

网关产品和设备的创建。

在软件中配置研华网关的 MQTT 必要字段，让云平台设备上线。

从云平台设备调试中获取到数据。

创建云平台项目获取到设备数据。

任务小结

本任务旨在将通风子系统的本地数据上传至云平台以及如何使用云平台进行设备管理和项目管理。用户需要创建网关产品和设备，配置研华网关使其上线，查看设备调试和数据以及进行项目管理。

模块四

集成高速公路照明系统

本模块学习目标：高速公路照明系统是高速公路机电系统的重要组成部分，对改善夜间行车环境，降低交通事故的发生率具有非常重要的作用；通过学习了解高速公路照明系统的组成、技术原理、智能控制等知识，增强对高速公路照明系统在设计和实施方面的认知和操作能力。

高速公路照明系统是一种旨在提高夜间及恶劣天气条件下行车安全的智能照明解决方案。它通过在关键路段布设高亮度、低能耗的照明设备，确保驾驶员在任何时候都能拥有清晰的视野。系统通过提供均匀的照明覆盖、自动调节亮度功能以适应环境光变化，并通过传感器检测交通流量，智能控制开关和调节亮度，以优化能源使用。

高速公路照明系统的特点在于其高效节能的LED技术、智能化的控制策略以及对环境的适应性。它能够根据实时交通和天气数据自动调整照明强度，减少能源浪费。此外，系统还具备远程监控和维护功能，便于管理人员及时发现并解决问题，保证照明设施的稳定运行。

高速公路照明系统的优势在于显著提高了道路的可见度和行车安全，同时降低了长期运营成本。它广泛应用于各种高速公路场景，也适用于城市周边的高速公路、穿越山区和农村的等级公路以及需要特别照明支持的隧道和复杂互通区域。这些照明系统不仅提升了驾驶员的夜间行车体验，也为道路管理和维护部门提供了有力的技术支持。

项目1 认识高速公路照明系统的功能

一、高速公路照明系统概述

高速公路照明系统是保障夜间及低能见度条件下道路交通安全的重要基础设施。该系统通过科学合理的布局和先进的技术手段，为驾驶员提供充足的照明，确保行车安全，提升道路通行效率。系统通常包含主车道照明、隧道照明、立交照明、高杆和广场照明等组成部分，通过其智能控制系统集成的先进控制算法和网络通信技术，实现照明的智能化管理；可以根据车流量、车速、天气状况等多种因素，自动调节照明的亮度和智能控制开关，这优化了照明资源的使用，为高速公路的安全高效运行提供了高效、节能的运营解决方案。

（一）系统组成

高速公路照明系统主要由以下几个部分组成。

(1)路灯系统:这是高速公路照明系统的核心部分,包括照明灯具、灯杆及安装支架等。灯具多采用LED技术,因其高效节能、寿命长、亮度可调等优点而备受青睐。

(2)输电系统:为整个照明系统提供电力,包括输电电缆、变压器、电线等。这一系统确保电能稳定传输至各照明设备,满足其正常工作需求。

(3)控制系统:实现对整个照明系统的智能控制,包括灯具的开关、亮度的调节等。通过预设的照明策略或根据实时环境数据(如车流量、光照强度等)进行动态调整,以达到最优的照明效果。

(二) 技术原理

高速公路照明系统的技术原理主要基于光电转换和智能控制技术。

(1)光电转换:LED灯具通过光电效应将电能转换为光能,实现照明功能。LED光源具有高效、环保、长寿命等特点,是高速公路照明系统的理想选择。

(2)智能控制:通过安装在高速公路沿线的各种传感器(如车流量传感器、光照强度传感器等),实时采集环境数据,并传输至控制系统。控制系统根据预设的算法或策略,对照明设备进行智能控制,实现按需照明、节能降耗的目的。

(三) 智能控制

智能控制是高速公路照明系统的重要特征之一。它通过以下几个方面实现对照明设备的智能管理。

(1)远程监控:利用物联网技术,实现对照明设备的远程监控和管理。管理人员可以通过网络平台实时查看设备状态、照明效果等信息,并进行远程控制和调节。

(2)自动调光:根据环境光照强度、车流量等实时数据,自动调整照明设备的亮度。在光照较强或车流量较小时,适当降低亮度以节省能源;在光照较弱或车流量较大时,提高亮度以确保行车安全。

(3)故障报警:当照明设备出现故障或异常情况时,系统能够自动检测并发出报警信号。管理人员可以及时收到报警信息并采取相应的处理措施,确保照明系统的正常运行。

(4)数据分析与优化:通过对采集到的环境数据和照明效果数据进行分析和处理,可以不断优化照明策略和控制算法。例如,根据历史车流量数据和光照强度数据预测未来照明需求,提前调整照明设备的工作状态;或者根据照明效果数据评估不同照明策略的效果并进行优化选择等。

【案例分析】

云茂高速“跟随式照明智能调光节能技术”和“基于多功能蓄能发光材料的公路隧道低碳安全照明技术”案例

2024年的5月,中国公路学会交通低碳化工作委员会公布《关于公布中国公路学会2024年度公路领域重点节能低碳技术入库项目的通知》,全国共有33项技术入选,广东5项在列,云茂高速“跟随式照明智能调光节能技术”“基于多功能蓄能发光材料的公路隧道低碳安全照明技术”占其二。

云茂高速是广东省“十三五”规划的重要项目,始于云浮罗定市围底镇,途经茂名信宜市,终于茂名高州市荷花镇,全长约130km,于2021年6月11日建成通车。为响应国家节能降耗战略,云茂高速在建设过程中积极引入、推广和应用节能低碳四新技术,在资源节约、生态环保、节能减排、服务提升方面成效突出,被评为广东省第一批绿色公路建设示范项目,被授予广东省第一条、全国第二条“最美绿色高速”。

1. 云茂高速“跟随式照明智能调光节能技术”

隧道跟随式照明智能调光节能系统通过在隧道洞口和隧道内洞壁布设固定激光雷达车辆检测器和移动激光雷达车辆检测器,对进入隧道的车辆进行实时监测,根据车辆动态自动调节隧道照明灯亮度。当隧道无车辆通行时,照明灯具亮度降低至预设低限水平,处于节能模式,如图4-1-1所示;当有车辆接近隧道入口以及在隧道内行驶时,跟随式照明智能调光系统实现跟随车辆行驶轨迹分段调光,隧道内灯具分段增加至设定的功率范围,如图4-1-2所示;如此实现“车来灯亮、车过灯暗”,降低照明能耗。

图4-1-1 无车辆通行时,照明灯处于节能模式

图4-1-2 有车辆通行时,恢复照明模式

该技术配套专门开发的管理平台使用，可实现远程在线监测和管理，通过安装智能能耗计量装置，可实现节能效果量化可视。管理平台界面如图 4-1-3 所示。

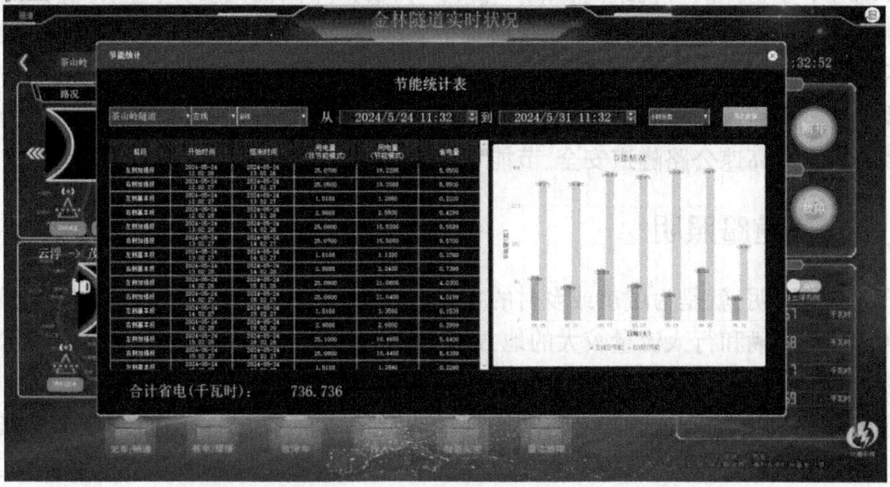

图 4-1-3　管理平台节能统计界面

云茂高速在全线 8 座隧道应用该系统，经测算，综合节电率约 30%，年节电量约 225 万度，相当于减排二氧化碳 2243t。

2. 云茂高速“基于多功能蓄能发光材料的公路隧道低碳安全照明技术”

隧道出入口常见“黑洞”“白洞”效应，由于出入口亮度变化太快，洞内外两个视觉参照系强弱程度在短时间迅速变化，且因隧道中间段空间封闭、亮度低、光环境单调，视觉参照物少，容易造成驾驶员视距不足、视区受限、对速度和距离等感知变弱等不舒服的驾驶体验，存在一定的安全风险。

为改善隧道安全行车环境，云茂高速在全线 8 座隧道道路轮廓标、反光环、拱顶诱导标等交安诱导设施应用多功能蓄能发光材料（图 4-1-4），并在竹瓦岭隧道、新屋隧道试点应用了延时发光的面光源 DFLED 灯具。

图 4-1-4　隧道内部反光环、拱顶诱导标应用多功能蓄能发光材料

多功能蓄能发光涂料由稀土及纳米材料制备而成,具有防火阻燃、增光增亮、延时发光、抗菌防霉、耐酸碱、耐污渍、易清洗等功能;且所释放的光谱波长属于人眼敏感波长,可提高人眼在照明环境对中小物体的可视距离,减少"盲视"现象和降低视觉疲劳,有效提高隧道内行驶的安全性和光环境的舒适性,降低道路交通安全事故发生的频率,在隧道突然停电情况下发挥应急指示和引导逃生照明的作用。

该技术在云茂高速8座隧道的成功应用,验证了该技术的可行性、实用性和节能先进性,是改善多雨雾山区高速公路隧道安全、节能、绿色、环保措施的有效探索。

二、主车道道路照明

主干道道路照明,就是为城市或乡村的主要交通干道提供夜间或光线不足时的照明服务。这些道路通常是车辆和行人流量较大的地方,比如城市的主街道、高速公路、快速路等。主干道照明的主要目的是确保行人和驾驶员在夜间或恶劣天气条件下能够清晰地看到前方和周围的道路情况,提高行车的安全性和舒适度。这包括照亮路面、交通标志、行人过街设施等,让驾驶员能够准确判断路况,避免事故的发生。主干道照明通常会采用高效、节能的LED照明设备,不仅亮度高、寿命长,而且节能环保,能够大大降低照明能耗和运行成本。

在设计主干道照明时,需要考虑多个因素,如道路宽度、交通流量、周围环境、灯杆的位置布置等。通过科学合理的设计和布局,可以确保主干道照明既满足照明需求,又不造成光污染和眩光问题。主车道道路照明灯具布置如图4-1-5所示。

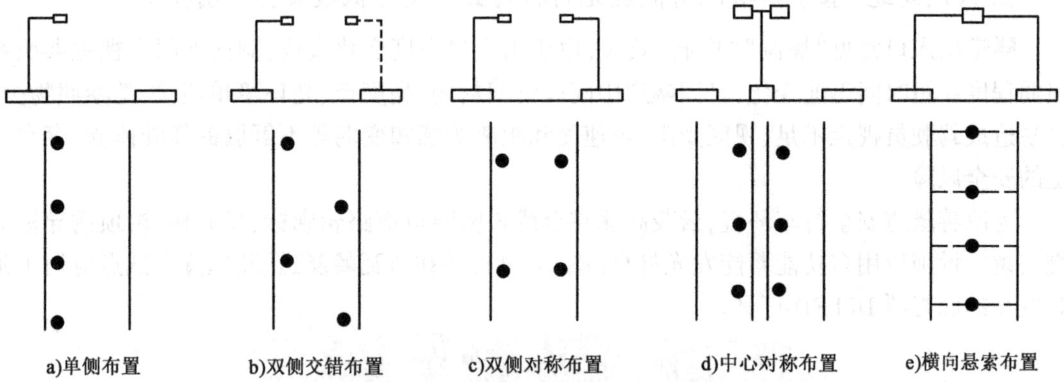

图4-1-5 常规照明灯具布置的5种基本方式

三、隧道照明

隧道照明系统是确保隧道内行车安全的重要设施,它不仅影响隧道交通的安全性,也是降低高速公路隧道建设和运营成本的关键。隧道照明系统包括多种控制方式,如人工控制、自动控制和智能控制。人工控制依赖于隧道管理人员根据外部亮度、交通量等参数来选择控制方案。自动控制方式则通过实时采集的洞外亮度、交通量等参数自动调控照明亮度。智能控制方式在自动控制的基础上,采用短时交通流预测理论,结合人工智能等技术进行动态调光控制,以达到节能和照明效果的优化。

随着技术的发展，隧道照明系统也在不断引入节能技术。例如，通过优化布灯参数和采用智能控制技术，可以实现隧道照明的自动控制，达到节能最大化的目的 。智能照明管理系统可以根据隧道内的亮度值、车流量等信息自动调节 LED 灯的输出功率，实现节能。此外，系统还包括监测告警、报表功能、运行数据分析等，以提升管理性能和确保照明效果。

通过这些措施，可以在保证隧道交通安全的前提下，有效降低隧道照明系统的能耗，实现节能减排的目标。通常，隧道是一个半封闭空间，需要 24h 不间断照明，且白天照明要比夜间照明更为复杂。隧道通常被分为几个不同的照明区段：入口段、过渡段、中间段和出口段。各区段均有其不同的照明要求（图 4-1-6）。

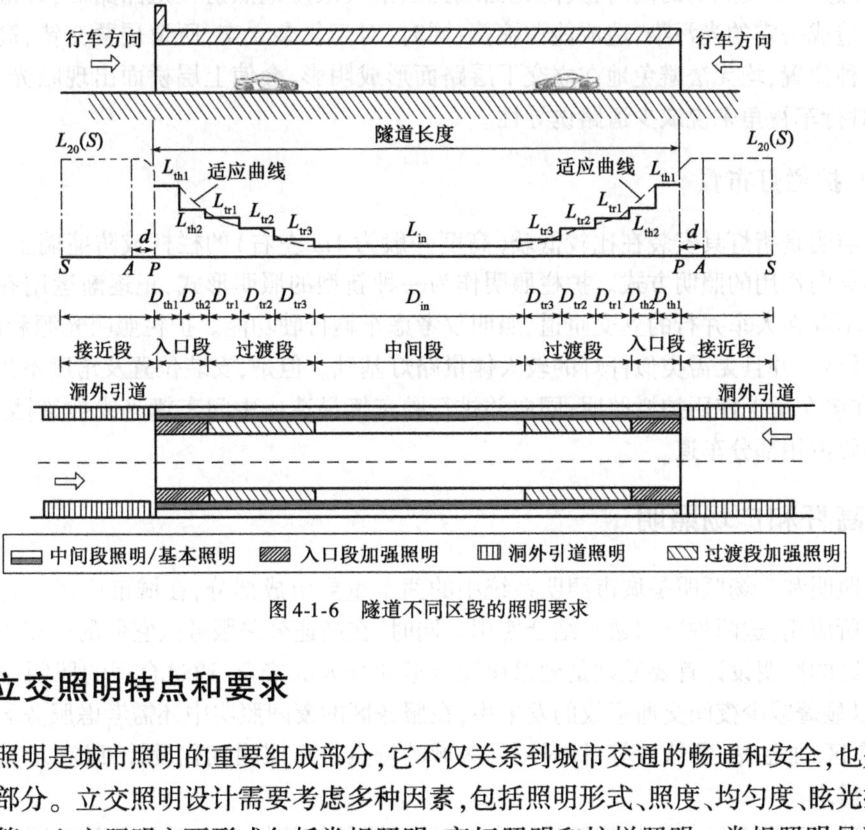

图 4-1-6　隧道不同区段的照明要求

四、立交照明特点和要求

立交照明是城市照明的重要组成部分，它不仅关系到城市交通的畅通和安全，也是城市风景线的一部分。立交照明设计需要考虑多种因素，包括照明形式、照度、均匀度、眩光控制以及节能环保等。立交照明主要形式包括常规照明、高杆照明和护栏照明。常规照明是道路照明中最主要的形式，但可能在复杂立交环境下产生眩光和影响景观效果。高杆照明具有照射范围广、均匀度好的优点，但可能产生光污染和在立交下层路面形成阴影。护栏照明作为一种新型照明形式，具有光源利用率高、道路诱导性好的特点，但安装位置不当可能产生眩光。

（一）常规照明布置

常规照明是指灯具安装在通常高度为 15m 以下的灯杆上，按一定间距有规律地连续设置在道路的一侧、两侧或中间分隔带上进行照明的一种方式，是道路照明中最主要的形式，也是技术成熟稳定和实施最广的一种照明形式。这种照明形式在平均照度和均匀度等方面具有一定优势，行车诱导性也良好，但在复杂立交环境下，匝道众多且层叠交错，过多的采用杆灯会使得立交区域灯杆林立,上下匝道、跨梁之间的灯光相互交错干扰产生眩光,降低驾驶员视野视线舒适性,并影响行车诱导性,景观效果也不佳;另外,后期维护需要专用工程车占道维修,维护成本高,影响通行能力。

(二) 高杆灯布置

高杆照明通常是指一组灯具安装在高度不小于20m的灯杆上进行大面积照明的一种照明方式,可布设在较为空旷的绿地或广场,其优点是布设位置相对灵活,灯杆数量较少且光源集中,照射范围广、均匀度好、运行维护对交通影响较小,常用于两层及以下的立交照明。但是,高杆在进行立交照明的同时,其配光曲线无法最大限度地照射在道路路面,外溢光线会对周边环境造成一定的光污染,造成能源浪费;同时,对于复杂立交,匝道层叠交错,高杆照明无论处于何种位置,均无法避免地在立交下层路面形成阴影,会使上层桥面出现眩光,干扰驾驶员视线,对行车视角来说缺少道路诱导性。

(三) 护栏灯布置

护栏照明是指灯具安装在比较低矮(高度一般为1m左右)的栏杆或防撞墙上,用于照明路面或起导向作用的照明方式。护栏照明作为一种新型的照明形式,正逐渐运用在立交照明中。对于不存在人车并行的立交匝道,照明仅考虑车辆行驶功能。护栏照明光源利用率高、道路诱导性能好,并且无需类似杆灯的较大体量路灯基础。但是,安装位置及角度不当时容易产生眩光,在多车道上使用护栏照明,同向并排行驶车辆易造成中间车辆光线被遮挡问题,运行维护时需要占用部分车道。

五、高杆和广场照明

高杆照明和广场照明是城市照明系统中的两个重要组成部分,在城市广场、商业区、大型场馆都有所应用,这两种照明通常结合使用。同时,在高速公路服务区它们的应用中也非常广泛。服务区的照明设计首要原则是确保夜间行车和行人的安全,通过合理的照明布局和亮度设计,可以显著减少夜间交通事故的发生率;在服务区的夜间照明中还需考虑服务区的功能分区,如停车区、加油站、餐饮区等,针对不同区域的特点进行照明细化设计,以满足其特定的安全和使用需求。

在高速公路服务区的广场照明设计中,确保照明的均匀性与广泛的覆盖范围是至关重要的。这不仅关系到夜间行车与行人的安全,还影响着服务区的整体功能性和舒适度。覆盖范围则涉及到照明设施的布局,需要确保整个广场区域无死角照明。这通常需要通过合理设置高杆灯、中杆灯以及庭院灯等不同高度的照明设备来实现。高杆灯由于其高度优势,可以提供较大的照明覆盖面,适用于广场中央及开阔区域;中杆灯和庭院灯则可以用于补充照明,特别是在绿化带、人行道等需要局部照明的区域。

高速公路服务区广场照明在实际的应用中常常需要照顾不同的应用需求,特别在中大型的服务区,由于车多人多,常常需要对其他方面来进行监控,比如现有的高杆照明无法根据服务区的车流、人流的情况,去调整每一盏灯的合理开闭时间以及亮度,从而达到最优的能源使用效率。因此高速公路广场照明需要结合高杆照明开发一套智能控制系统,它应能集照明控制、能耗监测、故障预警、远程管理等功能于一体。该系统通过集成物联网、云计算、大数据等先进技术,实现对高速公路广场内高杆灯的智能化管理和控制,有效提升照明管理水平和节能效率。其系统组成如下。

(1)灯具与控制器

系统采用高效、节能的LED高杆灯作为照明设备,搭配智能控制器实现对照明灯具的精准控制。智能控制器具备调光、开关、故障检测等多种功能,可根据实际需求灵活调整照明亮度和开关状态。

(2)传感器与检测装置

系统配置多种传感器和检测装置,如光照度传感器、人体感应传感器、车辆检测雷达等,用于实时监测环境光照强度、人员活动情况及车辆通行状况,为智能控制提供数据支持。

(3)通信网络

系统采用有线与无线相结合的通信方式,构建稳定可靠的通信网络。有线通信通过光纤环网实现高可靠性的数据传输;无线通信则利用Zigbee、LoRa等低功耗广域网技术,实现远程监控和控制指令的实时传输。

(4)控制平台

系统配备智能控制平台,作为整个系统的核心,负责数据处理、策略制定、指令下发等功能。控制平台通过图形化界面展示照明设备的运行状态和实时数据,支持远程控制和故障诊断,方便管理人员的操作和维护。图4-1-7为一套高杆照明-广场照明的系统架构图。

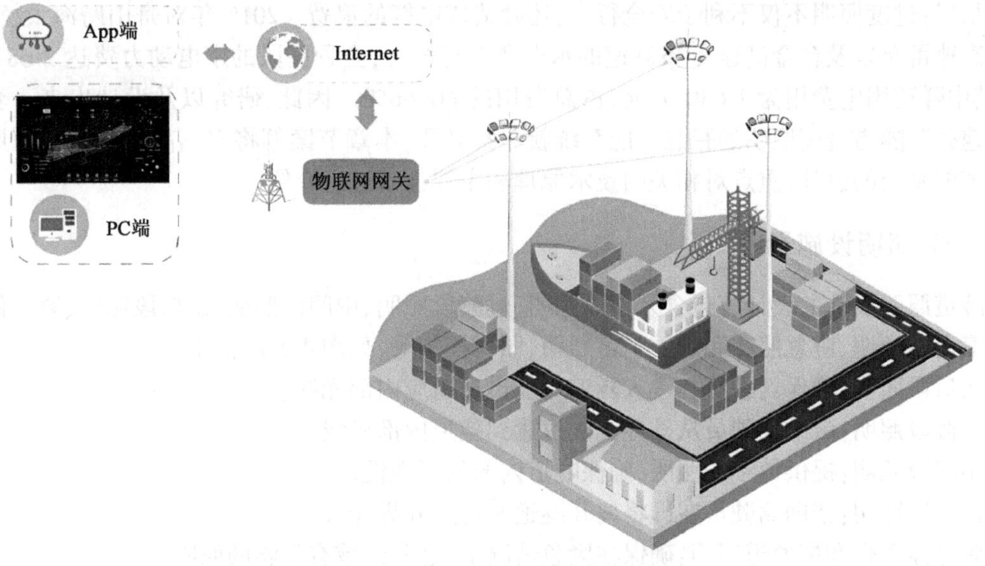

图4-1-7　高杆照明-广场照明系统架构图

项目2　高速公路隧道照明系统设计实施

高速公路照明系统的设计是一个系统性的工程,它需要确保在夜间、黄昏、黎明或低光照条件下,为驾驶员提供清晰、均匀且安全的视觉环境,为此,需要深入分析高速公路的路段特性,包括道路长度、曲率变化、交通流量以及潜在的驾驶风险点,以此为基础确定所需的照明等级和覆盖范围。

高速公路照明系统根据不同的功能和应用场景,提供多样化的照明解决方案,以确保道路安全和提高能效。隧道照明系统通过洞内外的照明设备,为驾驶员提供清晰的视线;尤其在进入和离开隧道时,帮助他们适应光线变化,保证行车安全。立交照明则针对复杂的交通结构,提供充足的光线,帮助驾驶员识别路线和交通状况,避免事故。服务区照明关注行人和车辆的夜间活动安全,为停车、加油和休息提供明亮的环境。收费广场照明确保夜间或恶劣天气条件下,收费员能够清楚地识别车辆信息,同时保障交易的安全进行。道路照明则覆盖主线路段,提供均匀的照明,减少夜间行车的视觉疲劳。标志照明增强了交通标志的可见性,帮助驾驶员及时获取道路信息。应急照明系统在紧急情况下迅速响应,为救援和疏散提供必要的照明支持。节能照明系统通过使用LED灯具和智能控制系统,减少能源消耗,同时保持照明效果。智能照明控制系统则根据实时的交通和环境条件自动调节亮度,进一步提升照明效率和节约能源。这些照明系统的设计和应用,共同构成一个综合、高效、安全的高速公路照明网络,而在这些不同的系统组成过程中,最复杂的要数高速公路隧道照明系统,本章接下来的内容将详细讲述高速公路隧道照明系统的各部分组成设计以及实施过程。

一、高速公路隧道照明系统设计

高速公路隧道照明耗电占高速公路运营成本的绝大部分,在实际运营中,隧道存在过度照明的情况;过度照明不仅不利于安全行车,还会造成电能的浪费。2015年对舟山跨海大桥、甬台温高速甬台段及台金高速4条高速的水电费进行统计,全程路段的水电动力费达2 687万元,其中隧道用电费用为1 630万元,占总费用的60.66%。因此,研究以及设计出来一套解决高速公路隧道过度照明的智慧节能系统就非常必要,本章节案例将聚焦高速公路隧道照明智慧节能系统的设计,重点对相关的技术原理和主要设备进行介绍。

(一) 照明设施组成

隧道照明设施的设计应包含入口段照明、过渡段照明、中间段照明、出口段照明、紧急停车带和横通道照明、应急照明和洞外引道照明、照明控制等,如图4-2-1所示。

入口段照明:确保驾驶员在进入隧道时能迅速适应内部光线。

过渡段照明:帮助驾驶员从外界光线过渡到隧道内部光线。

中间段照明:提供持续的照明,确保隧道内部的可视性。

出口段照明:帮助驾驶员在即将离开隧道时适应外界光线。

紧急停车带和横通道照明:确保在紧急情况下,这些区域有足够的照明。

应急照明:在主照明系统失效时提供备用照明。

洞外引道照明:在隧道入口和出口的外部提供照明,帮助驾驶员识别隧道位置。

(二) 照明设计要求

公路隧道照明设计应满足路面平均亮度、路面亮度总均匀度、路面中线亮度纵向均匀度、闪烁和诱导性要求。

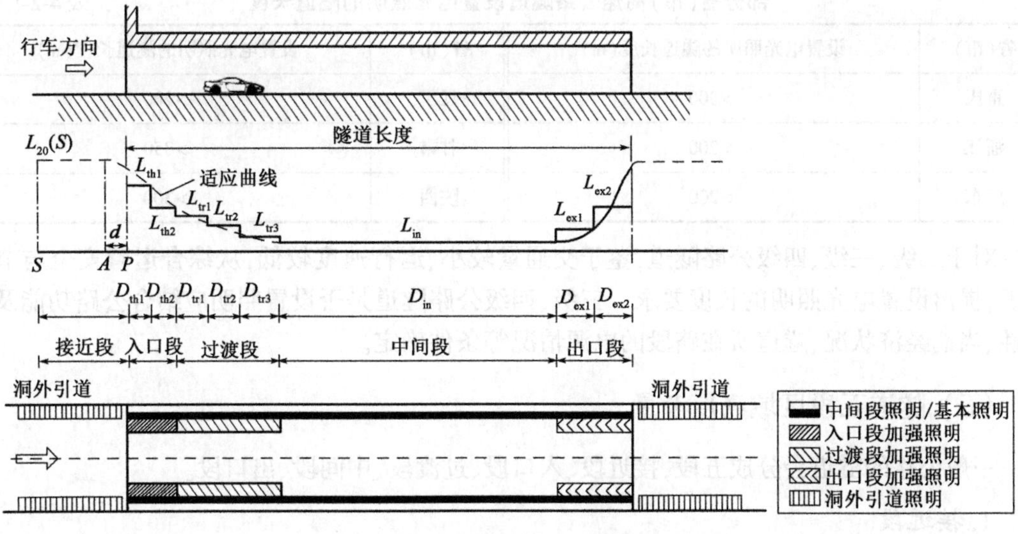

图 4-2-1　单向交通隧道照明系统分段图

P-洞口；*S*-接近段起点；*A*-适应点；*d*-适应距离；$L_{20}(S)$-洞外亮度；L_{th1}、L_{th2}-入口段亮度；L_{tr1}、L_{tr2}、L_{tr3}-过渡段亮度；L_{in}-中间段亮度；L_{ex1}、L_{ex2}-出口段亮度；D_{th1}、D_{th2}-入口段 TH_1、TH_2 分段长度；D_{tr1}、D_{tr2}、D_{tr3}-过渡段 TR_1、TR_2、TR_3 分段长度；D_{in}-中间段长度；D_{ex1}、D_{ex2}-出口段 EX_1、EX_2 分段长度

机动车驾驶员行车时，视觉感受到的是路面亮度，因此，以路面亮度作为照明指标较为科学合理。目前国际照明委员会（CIE）和世界上多数国家均以亮度指标为依据制定隧道照明标准。

照明系统闪烁频率与照明亮度、灯具布置和行车速度等因素有关，合理确定闪烁频率可避免视觉上的不舒适与心理干扰，以达到行车安全的目的。

诱导性是指照明设施的诱导性，即给机动车驾驶员提供有关道路前方走向、线形、坡度等视觉诱导。

（三）照明组成

公路隧道入口段、过渡段、出口段照明应由基本照明和加强照明组成。

基本照明：提供基本的照明需求，与中间段照明一致。

加强照明：在入口段、过渡段和出口段提供额外的照明，以适应光线变化。

（四）设置条件

各等级公路隧道照明设置条件应符合下列要求：

（1）长度 $L>200$m 的高速公路隧道、一级公路隧道应设置照明。

（2）长度 $100\text{m}<L\leq200$m 的高速公路光学长隧道、一级公路光学长隧道应设置照明。

（3）长度 $L>1000$m 的二级公路隧道应设置照明；长度 $500\text{m}<L\leq1000$m 的二级公路隧道宜设置照明；三级、四级公路隧道应根据实际情况确定。

（4）有人行需求的隧道，应根据隧道长度和环境条件设置满足行人通行需求的照明设施。我国部分省（市）的隧道管理单位、设计单位结合已建成隧道的运营现状，对高速公路隧道设置电光照明的长度进行了规定，见表 4-2-1。

部分省(市)高速公路隧道设置电光照明的隧道长度 表4-2-1

省(市)	设置电光照明的隧道长度(m)	省(市)	设置电光照明的隧道长度(m)
重庆	>300	辽宁	>200
浙江	>200	甘肃	>350
广东	>200	陕西	>300

对于二级、三级、四级公路隧道,鉴于交通量较小、运行速度较低,从综合运营安全与节能考虑,提出设置电光照明的长度要求。三级、四级公路隧道是否设置照明应结合公路功能及重要性、当地经济状况、隧道所在路段的电源情况等条件确定。

(五) 隧道五段区域亮度考量

一般公路的隧道会分成五段,接近段、入口段、过渡段、中间段、出口段。

1. 接近段

接近段指隧道口外的一段道路(图4-2-2),此处的驾驶员必须能看清楚隧道内物体。这也是驾驶员视觉调节的阶段,决定了隧道口和隧道入口段的亮度要求。在白天,由于入口外环境的高亮度和隧道内低亮度的强烈对比,也由于驾驶员的眼睛对明亮环境的视觉暂留影响,在长隧道口会看到一个黑洞,在短隧道口会看到一个黑框而看不见洞内任何细节,这称之为"适应的滞后现象",是人眼存在不能迅速适应的结果。

图4-2-2 隧道接近段

2. 入口段

入口段是隧道内四个区段的第一段(图4-2-3),在接近段行驶的驾驶员进入隧道前必须能看见入口处的路面情况,消除"黑洞"现象。

入口段的长度取决于隧道设计的最高时速,至少与最高速度时的安全制动距离相等。这是因为在此段最远端的路面,应当为在安全制动距离外准备进入隧道的驾驶员能看清障碍物作为背景。

3. 过渡段

经过照明水平相对高的阈值段，隧道内的照明可以逐步降低到很低的水平，这段渐降的区域就是过渡段（图4-2-4）。

图4-2-3　隧道入口段

图4-2-4　隧道过渡段

过渡段的长度取决于设计最高时速和入口段尾部与内部段的照明水平的差别。过渡段可能根据不同照明水平分成1~3段。

4. 中间段

中间段是隧道内远离外部自然光照影响的区域（图4-2-5），驾驶员的视觉只受隧道内照明的影响。中间段的特点是全段具有均匀的照明水平。因为不需变化，该段只需提供合适的亮度水平，具体数值由交通流量和车辆时速决定。不过，该区段与一般道路不同，总要比行驶在一般开敞的道路上的危险要多一些。隧道内汽车排放的废气无法及时消散，形成前方白烟，由灯光漫射成光幕，降低了能见度。所以要求照明水平要比一般道路高一些。在这一低水平条件下，不可能使用一个连续的光带，所以在使用上必须防止干扰性频闪。

5. 出口段

在这一区内，视觉适应是从低亮度过渡到高亮度，在接近隧道出口时，总有天然光射进来，外部亮度极高，容易造成强的眩光效应（图4-2-6）；夜间情况相反，隧道出口变成黑洞，这样不易看清路线和障碍物，这些都是必须考虑的问题。

图4-2-5　隧道中间段

图4-2-6　隧道出口段

二、高速公路隧道照明系统关键设施设备

(一) 亮度检测设备

在公路隧道中,亮度检测设备主要包括洞外亮度检测器与洞内亮度检测器。

1. 隧道洞外亮度检测器

隧道洞外亮度检测器(图4-2-7)主要用于监测隧道出口处的光亮度变化,为隧道照明系统的调整提供准确的数据支持。

该设备一般采用光学传感技术,能够感知外界的光线强度,无论是在白天还是夜晚都能正常工作。设备外壳通常为高级铝合金材料,防护等级达到IP68或IP65,确保在恶劣环境下也能稳定工作。部分型号还配备了LCD屏,可以显示状态运行情况、故障告警和数据存储功能。

2. 隧道洞内亮度检测器

隧道洞内亮度检测器(图4-2-8)主要用于监测隧道内部的照度强度,确保整个隧道内的照明符合设计要求。

图4-2-7 隧道洞外亮度检测器

图4-2-8 隧道洞内亮度检测器

该设备同样采用光学传感技术,外壳通常为高级铝合金材料,具有良好的防水性能和稳定性。部分型号采用超大规模集成电路技术和专有数字模拟混合通信技术,设计完全智能化。

(二) 照明设备

隧道内的照明光源主要包括LED灯具、高压钠灯、荧光灯、无极灯等。

LED灯具(图4-2-9)有较高的显色指数,能够真实地还原物体的颜色,提高视觉舒适度。此外,LED灯因为亮度高、能耗低、寿命长、环保等特点,在隧道内被广泛应用。

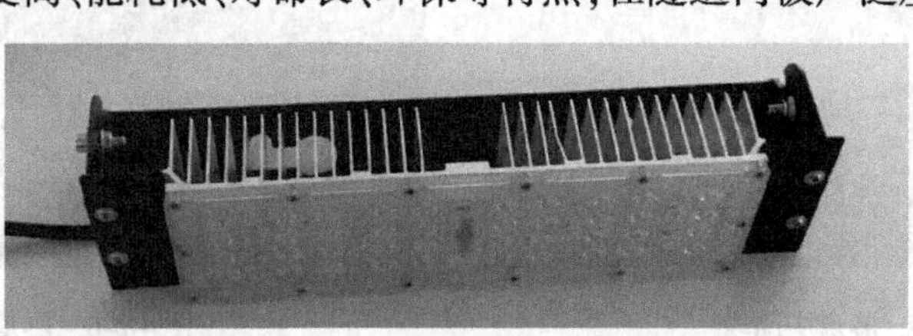

图4-2-9 隧道内的可调LED灯

钠灯(图 4-2-10)的亮度非常高,适合用于需要高亮度照明的场合。但是钠灯的显色指数较低,颜色还原度不如 LED 灯。此外,钠灯的能耗较高,寿命较短,相比 LED 灯,运行成本更高。

荧光灯(图 4-2-11)也常用于隧道照明,通常安装在对显色性要求较高的隧道和一些特殊地段,如紧急停车带和横通道等区域。

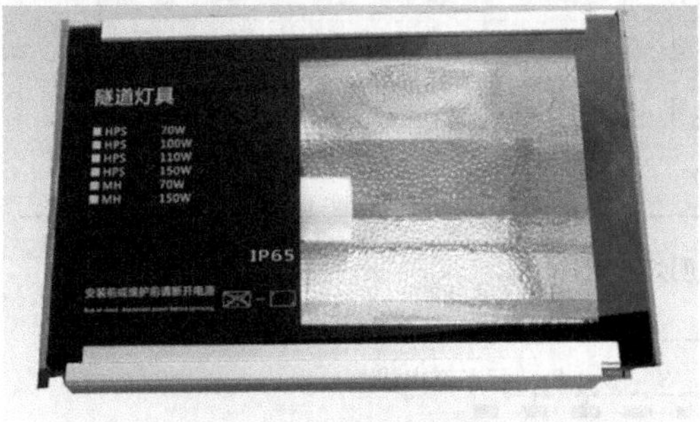

图 4-2-10　隧道内的高压钠灯

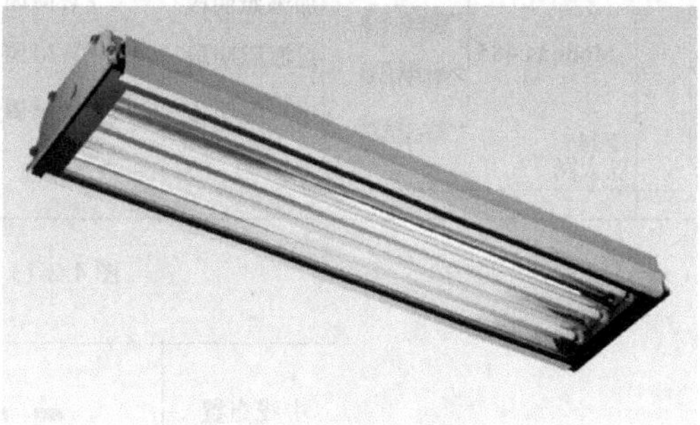

图 4-2-11　隧道内的荧光灯

(三) 隧道设备布设

1. 洞外亮度检测器

洞外亮度检测器示意图如图 4-2-12 所示,通常安装在离入洞口 100m 位置,高度为 3m 左右,俯角 0 ~ 20°。

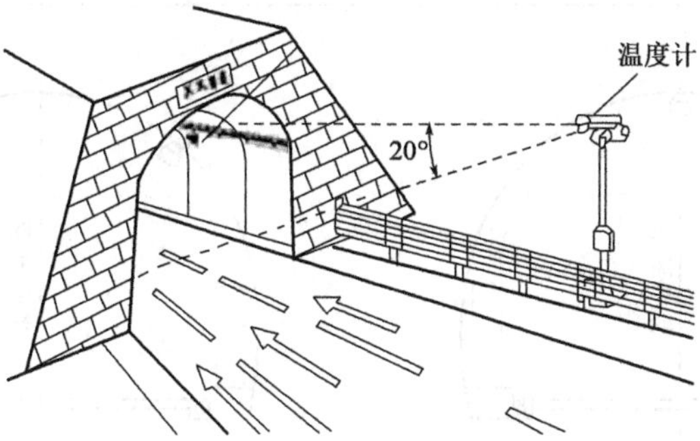

图 4-2-12　隧道洞外亮度检测仪安装示意图

2. 隧道洞内亮度检测器

隧道洞内亮度检测器通常安装在隧道入口内 20m 左右,高度约 2.5m,俯角 0 ~ 20°。

3. 照明灯

照明灯需按基本照明段、加强照明段、过渡照明段、出口照明段来进行分段布设,如图 4-2-13 所示。

照明灯具的布置宜采用中线形式、中线侧偏形式,也可采用两侧交错和两侧对称等形式。照明灯具的布置形式影响照明系统的效率,中线布置、中线侧偏布置比两侧布置效率高,两侧交错布置比两侧对称布置效率高。通常的照明灯具布置形式如图 4-2-14 所示。

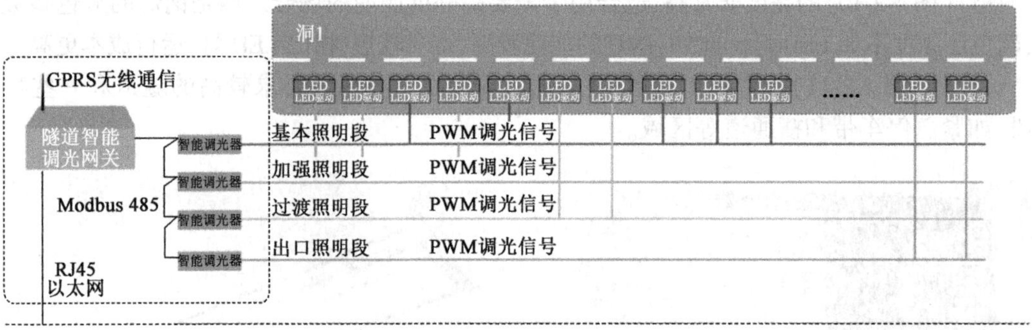

图 4-2-13 照明灯布设

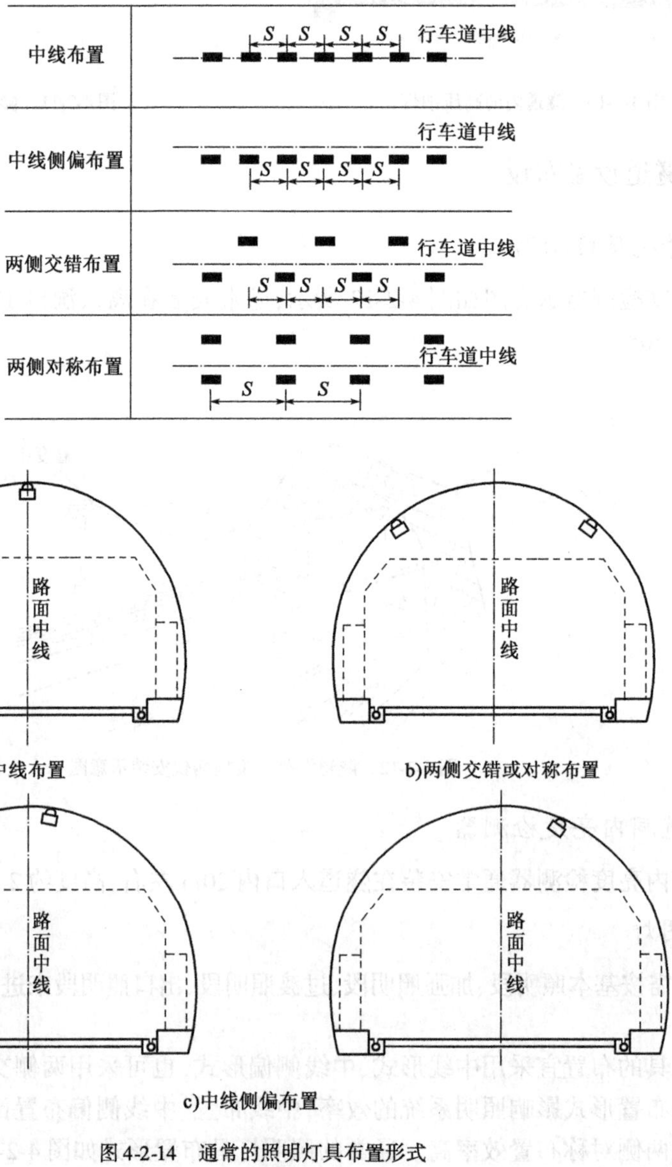

图 4-2-14 通常的照明灯具布置形式

(四) 隧道设备技术要求

亮度检测器应能满足隧道洞内外长期工作条件,且应符合下列规定。

(1)亮度检测器探头镜头立体视角应为20°。

(2)洞外型亮度检测器测量范围应为1～7000cd/m²,最大允许误差应为±5%示值;洞内型亮度检测器测量范围应为1～500cd/m²,最大允许误差应为±5%示值。

(3)亮度检测器的防护等级不应低于IP65。

(4)洞外型检测器宜配备带雨刷的防护罩。

照明区域控制单元应满足下列技术要求。

(1)应采用模块化结构,具有良好的扩展性。

(2)应具有现场照明工况手动控制和编程控制功能。

(3)当设置了亮度检测器时,照明区域控制单元还应具备亮度数据采集处理的功能。

(4)应具有故障自诊断功能。

(五) 自动控制方法

照明控制应具备手动控制功能,宜采用以自动控制为主,手动控制为辅的控制方式。

1. 手动模式

手动模式下可以对软件界面各参数(包括时间参数、亮度参数回路开关等)进行设置,其他模式切换至手动模式应能实现无缝切换,使隧道内在保持之前照明状态的情况下可进行手动设置,可对回路进行调光,也可做集群控制及编辑。

2. 智能模式

智能模式是指能根据洞外亮度值调节洞内加强照明亮度等级;根据洞外亮度阀值,白天和夜间自动开启和关闭加强照明回路灯具,若洞外亮度信号值有异常,系统会自动调整到时序模式开启和关闭所有加强照明回路灯具。

3. 时序模式

时序模式是指系统会按照预设的时间段和亮度级别调节加强照明灯具亮度,在智能模式不能正常工作的情况下,各控制器将按本地照程序进行时序运行。时序运行模式根据车流量信息和白昼规律进行设置。

4. 故障应急模式

在故障应急模式下,加强照明和基本照明灯具都将达到100%输出,同时所有的加强照明回路和基本照明回路全部开启,同时在软件界面上能手动开启和关闭各照明回路,该模式用于检修或其他紧急情况下使用。

5. 随车调光模式

隧道跟随式照明智能调光系统能够实现跟随车辆行驶轨迹分段调光,洞内亮度分段增加至设定的亮度范围,实现“车来灯亮、车过灯暗”,在保证交通安全的基础上,达到节能的最大化。

任务实践

高速公路隧道照明系统实施过程

【任务描述】

动手实践,对隧道照明子系统设备进行安装和初步调试。

【任务目标】

掌握隧道照明子系统设备的安装与调试。

【任务实施】

(一)设备清单

照明子系统实训设备清单见表4-2-2。

照明子系统实训设备清单 表4-2-2

序号	产品名称	数量	示意图	主要用途
1	PLC	1		用于控制和监控隧道内的自动化系统,如照明、通风、信号等
2	ECU-1251网关	1		通常用于连接不同的通信协议,实现设备间的信息交换
3	洞外光照度传感器	1	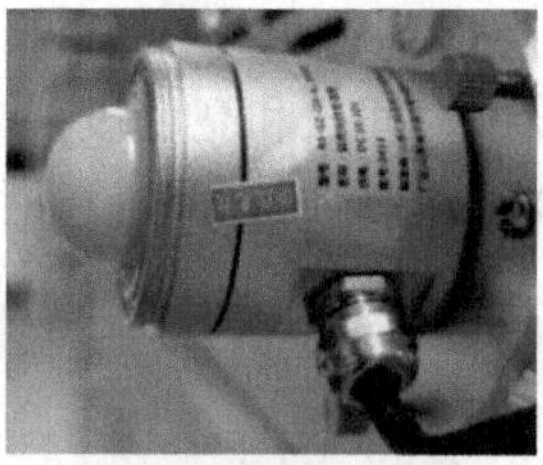	检测外部光照强度,用于自动调节隧道入口处的照明
4	洞内光照度传感器	1		监测隧道内部的光照强度,以自动调节照明亮度

续上表

序号	产品名称	数量	示意图	主要用途
5	照明 LED 灯和灯座	1		提供隧道内部的照明
6	继电器	1		用于控制高功率设备,如照明和通风系统,或作为信号切换的中间设备
7	可调 LED 灯和调光控制器	1	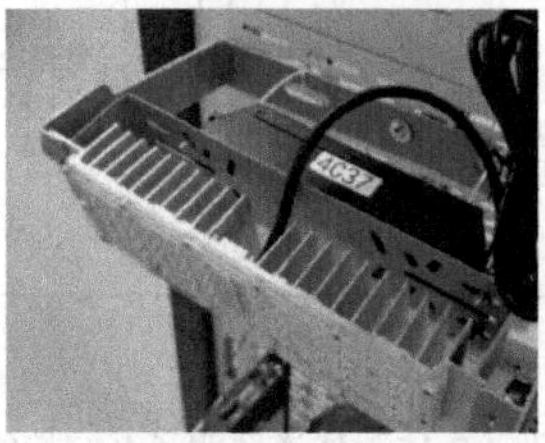	允许根据需要调整照明强度

其中可调 LED 灯和控制器为 220V 强电设备,需注意用电安全。在安装设备和接线时一定要断电操作,确认设备接好,并用电胶带包裹好。

(二) 设备安装与接线

以上设备都将搭建在实训工位上,接线图如图 4-2-15 所示。

安全提示:

每个设备在安装之前,都要反复确认实训平台处于断电状态:实训平台后面板下方的电源总开关处于“关闭”状态,或者先不要连接电源线。

1. PLC 的安装

参照项目 3 中 PLC 的安装步骤。

2. ECU 网关的安装

参照项目 3 中 ECU 网关的安装步骤。

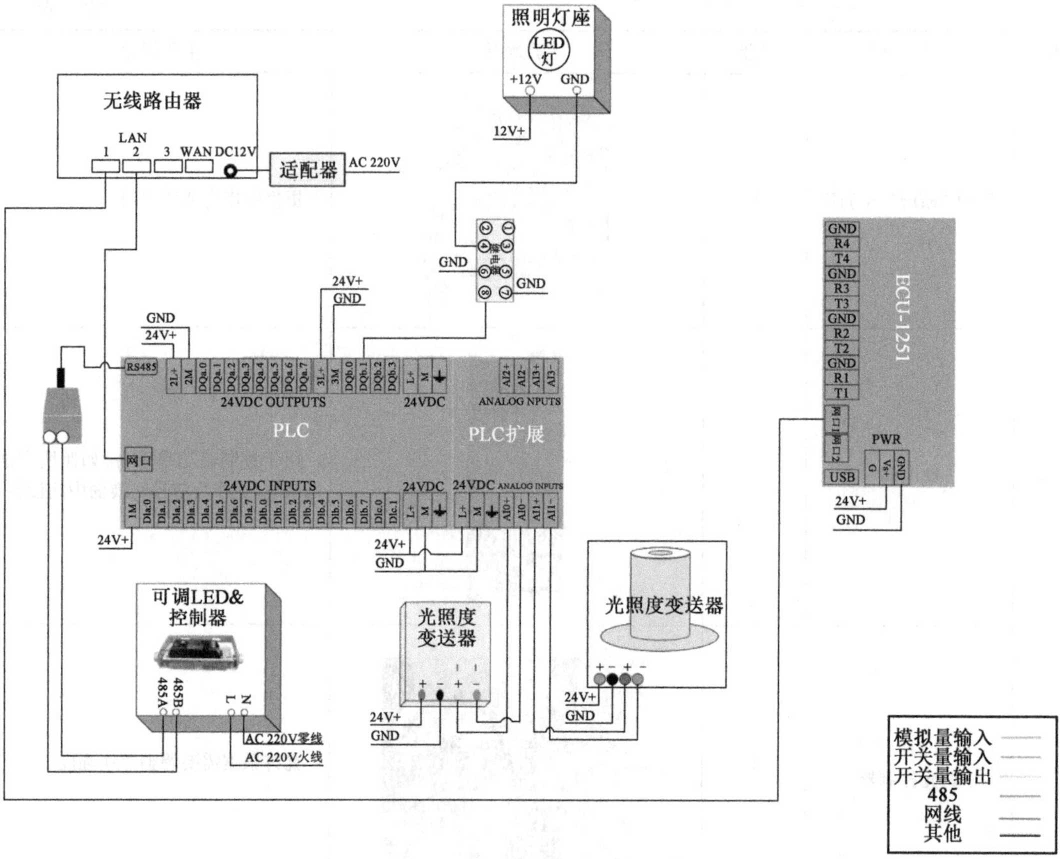

图4-2-15　隧道照明子系统接线图

3. 光照度传感器的安装

光照度传感器分为洞内光照度传感器与洞外光照度传感器。将两个光照度传感器取出,通过螺钉固定在工位合适的位置(图4-2-16),然后根据接线图,将24V电源连接至两个光照度传感器。另外,洞内光照度传感器连接至PLC扩展的AI0口,洞外光照度传感器连接至PLC扩展的AI1口。

图4-2-16　洞内挂光照度传感器(左)与洞外光照度传感器(右)

4. 照明灯的安装

取出照明灯的灯座,LED 灯以及 1 个继电器。首先将照明灯座通过螺钉固定在工位合适的位置,然后将 LED 灯旋在照明灯座上(图 4-2-17),接着根据接线图,将 12 伏电源连接到照明灯座。另外,照明灯座接地的一端通过继电器连接至 PLC 的输出口 DOb.1。

5. 可调 LED 灯的安装

取出 LED 可调灯和调光控制器。首先将调光控制器通过螺钉固定在工位合适的位置,然后将可调 LED 灯固定在调光控制器灯座上(图 4-2-18),接着根据接线图,确保工位断电,将 220V 电源连接至调光控制器。另外,调光控制器的 485 接口,通过 485 转 232 接线头连接至 PLC 的 RS485 口。

图 4-2-17 照明灯

图 4-2-18 可调 LED 灯

项目 3 集成高速公路隧道照明(分)中心计算机系统

一、隧道照明(分)中心系统控制软件调试

(一) 传感器数据查看

步骤 1:打开 PLC 编程软件,确保 PLC 编程软件已经连接到 PLC,并处于“RUN”模式,然后点击菜单栏【调试】-【程序状态】,如图 4-3-1 所示。

步骤 2:左侧菜单栏找到【程序块】,双击,然后在程序块中的第一行梯形图中找到第 1 行和第 2 行数据(图 4-3-2)。根据接线图,洞内光照度传感器接入了 AI0 口,所以模拟量第 1 行数据当前光照值为 4755.5。洞外光照度传感器接入了 AI1 口,所以模拟量第 2 行数据当前光照值为 4228.9。

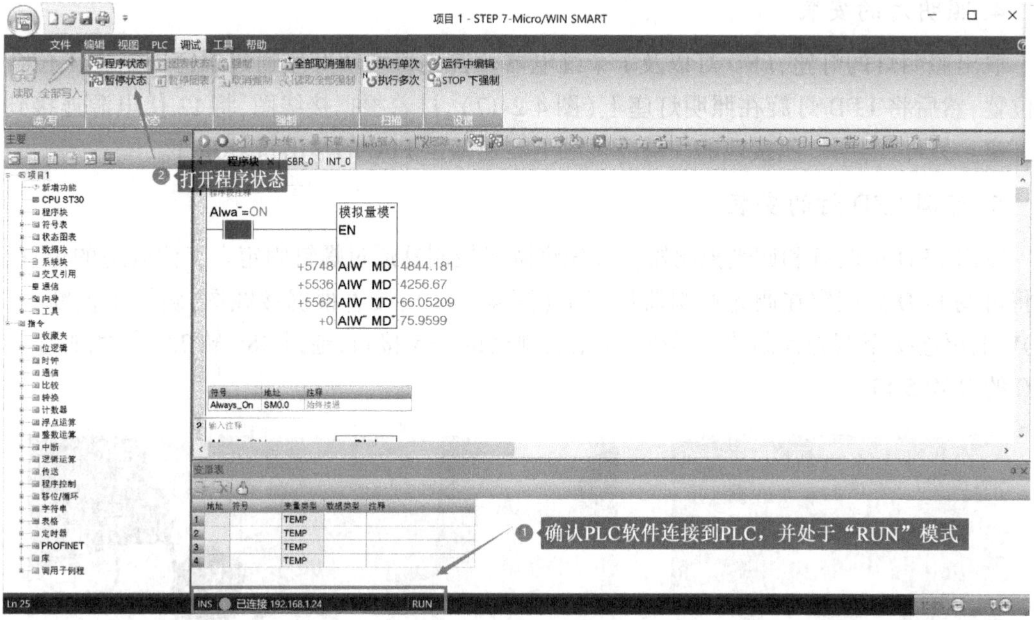

图 4-3-1　PLC 传感器数据查看-1

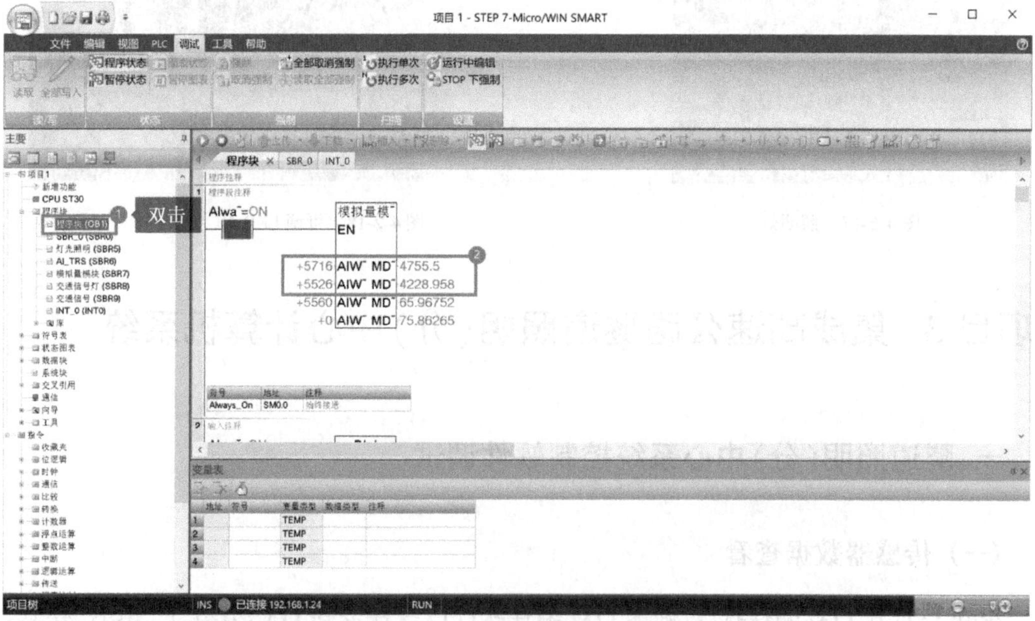

图 4-3-2　PLC 传感器数据查看-2

(二) PLC 控制照明灯

步骤 1:打开 PLC 编程软件,确保 PLC 编程软件已经连接到 PLC,并处于“RUN”模式,然后点击菜单栏【调试】-【程序状态】,如图 4-3-3 所示。

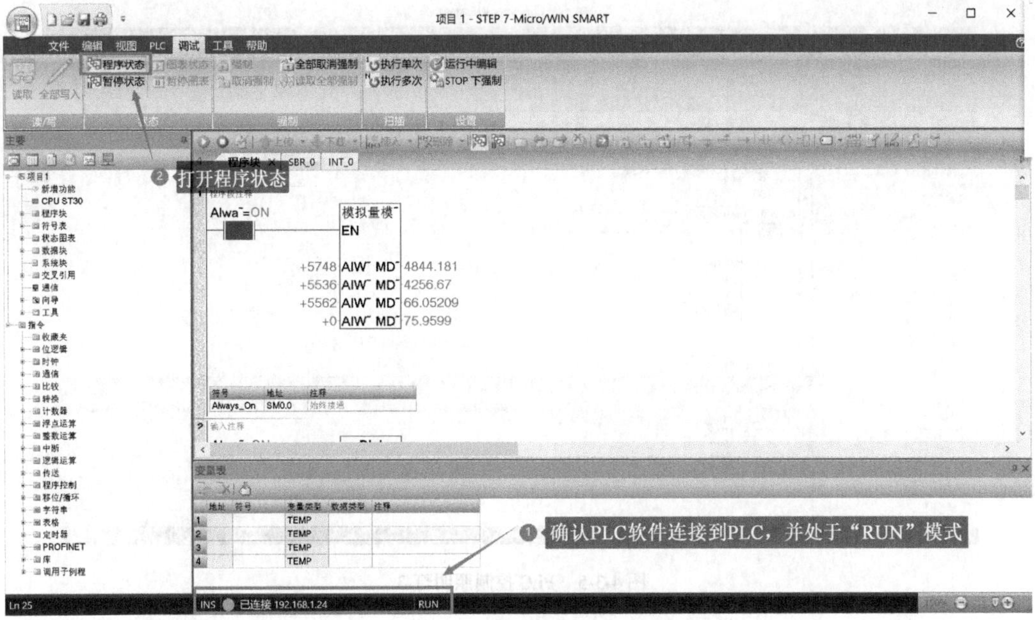

图 4-3-3　PLC 控制照明灯-1

步骤 2:根据照明灯连接 PLC 的地址,找到对应的代码段(图 4-3-4)。

图 4-3-4　PLC 控制照明灯-2

步骤 3:将鼠标移动至“M0.2 = OFF”处,鼠标右键选择【写入…】,如图 4-3-5 所示。

步骤 4:写入的值为“ON”,表示打开的意思(图 4-3-6)。

步骤 5:梯形图第 1 行空格处全部变为蓝色,表示照明灯打开(图 4-3-7)。

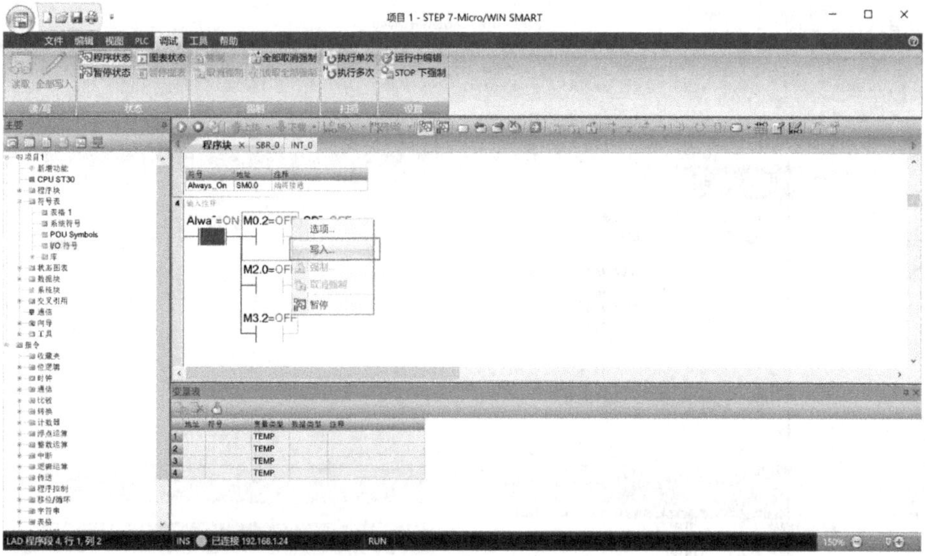

图 4-3-5　PLC 控制照明灯-3

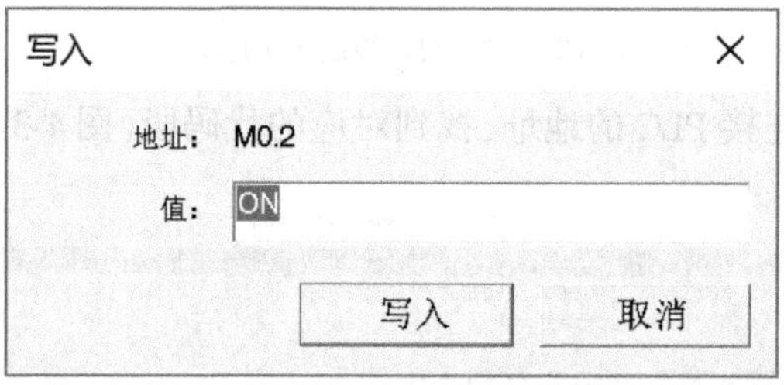

图 4-3-6　PLC 控制照明灯-4

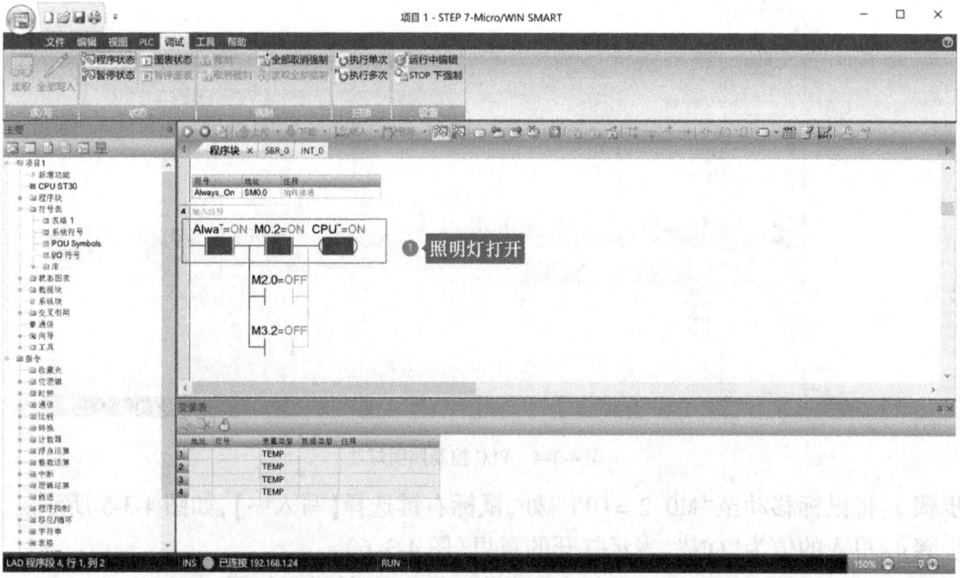

图 4-3-7　PLC 控制照明灯-5

步骤 6:用同样的方法,可以操控照明灯关闭。

(三) PLC 控制可调 LED

步骤 1:打开 PLC 编程软件,确保 PLC 编程软件已经连接到 PLC,并处于“RUN”模式,然后点击菜单栏【调试】-【程序状态】,如图 4-3-8 所示。

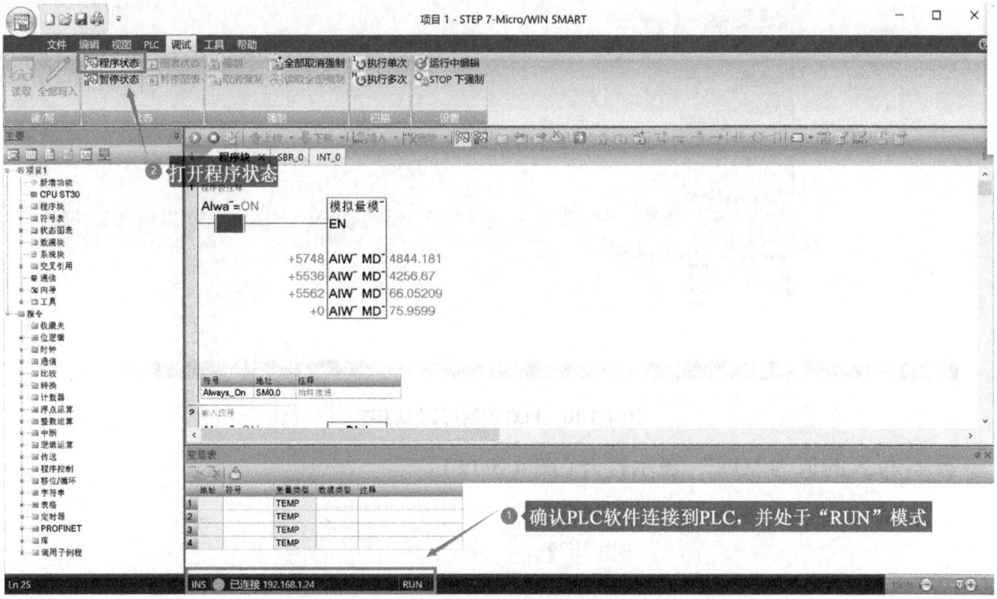

图 4-3-8　PLC 控制可调 LED-1

步骤 2:根据代码注释,找到可调 LED 对应的代码段(图 4-3-9)。

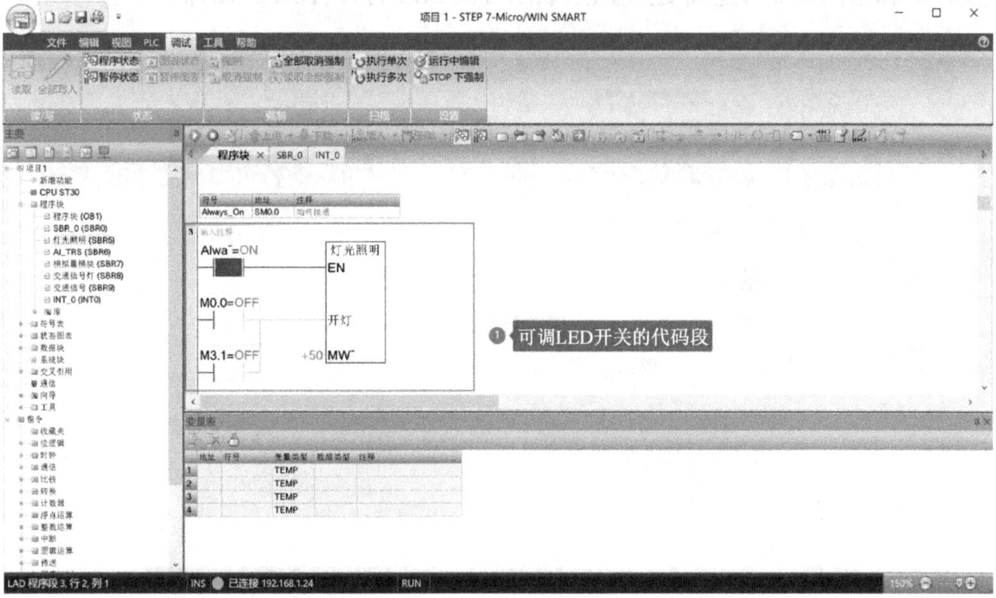

图 4-3-9　PLC 控制可调 LED-2

步骤3:将鼠标移动至“M0.0 = OFF”处,鼠标右键选择【写入…】,如图4-3-10所示。

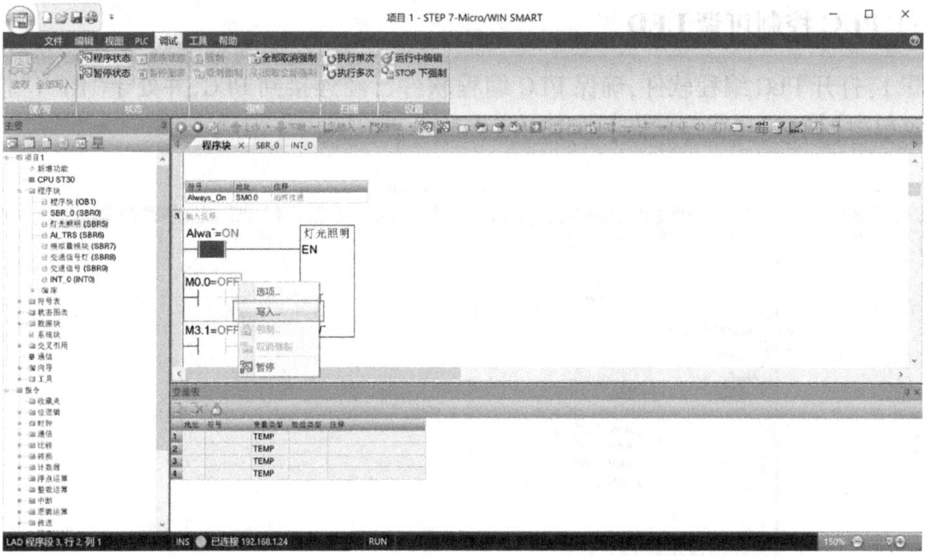

图4-3-10 PLC控制可调LED-3

步骤4:写入的值为“ON”,表示打开(图4-3-11)。

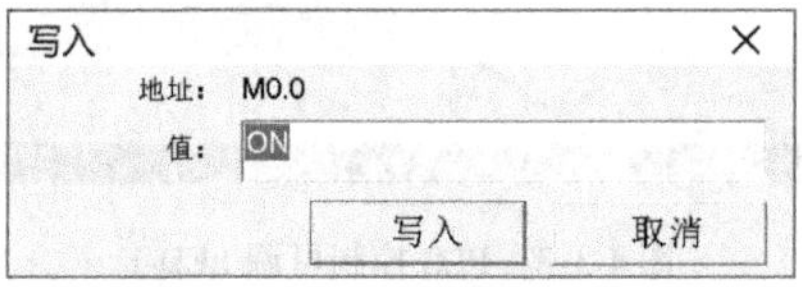

图4-3-11 PLC控制可调LED-4

步骤5:梯形图第2行连线变为蓝色,表示可调LED打开(图4-3-12)。

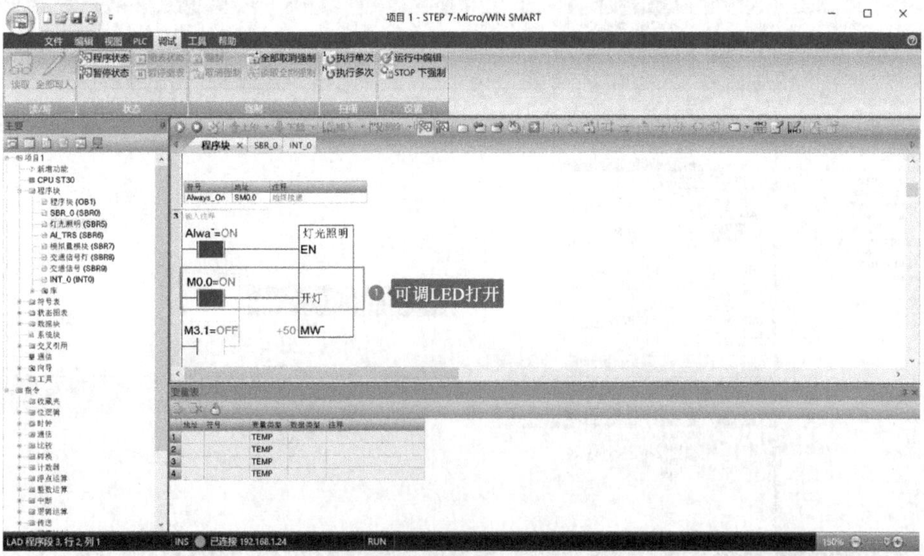

图4-3-12 PLC控制可调LED-5

步骤6:用同样的方法,可以操控可调LED灯关闭。

步骤7:代码往上一点,根据对应调光参数,找到可调LED调光控制代码(图4-3-13)。

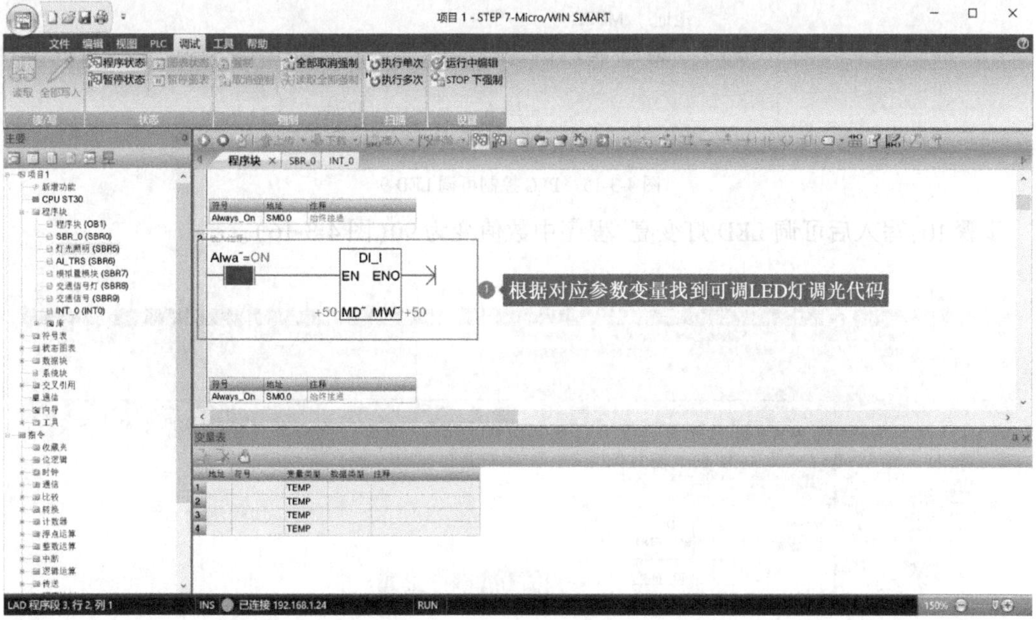

图4-3-13　PLC控制可调LED-7

步骤8:将鼠标移动至+50数值处,鼠标右键选择【写入…】,如图4-3-14所示。

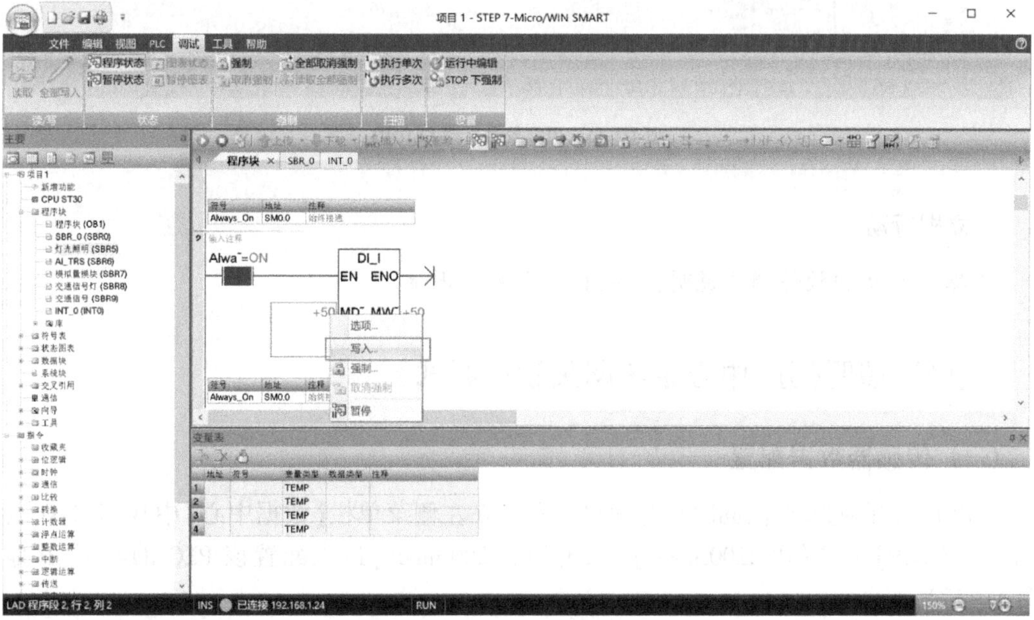

图4-3-14　PLC控制可调LED-8

步骤9:写入的值为+90,表示90%的亮度。调光范围为0~100(图4-3-15)。

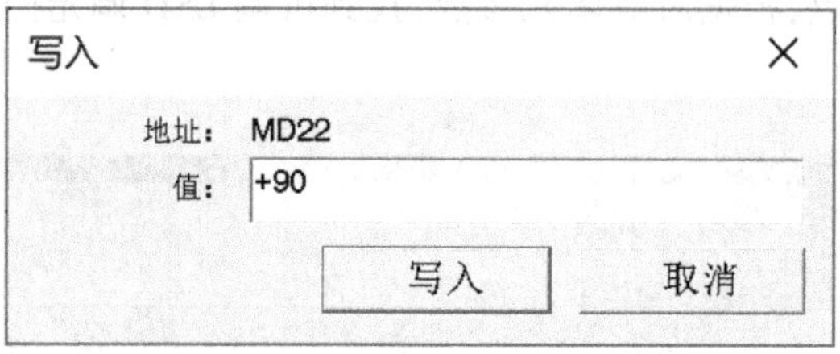

图4-3-15 PLC控制可调LED-9

步骤10:写入后可调LED灯变亮,程序中数值变为90(图4-3-16)。

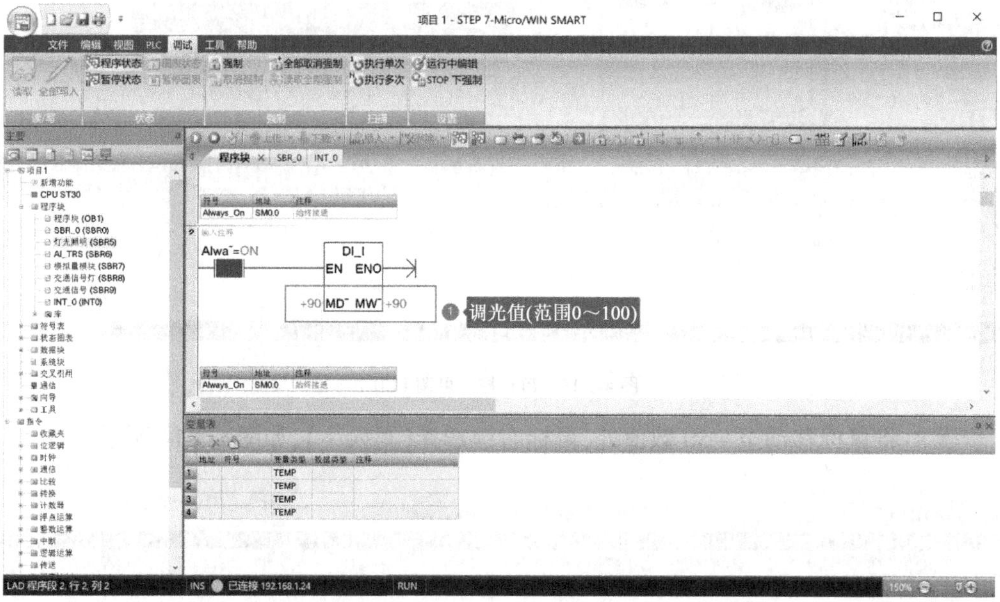

图4-3-16 PLC控制可调LED-10

立即行动:

根据PLC编程软件调试说明,完成PLC程序的调试。

二、隧道照明(分)中心系统网关软件调试

(一)传感器数据配置

步骤1:打开网关软件,同时打开项目工程。在左侧菜单栏【数据中心】中找到【I/O点】,下拉找到【TCP】下的【PLC200Smart】,双击【PLC200Smart】进入配置该PLC的实际IP地址(图4-3-17)。

步骤2:选中对应的工程,点击下载。下载完成后设备重启(图4-3-18)。这样就将修改后的设置写入到设备中了。

图 4-3-17　网关传感器数据配置-1

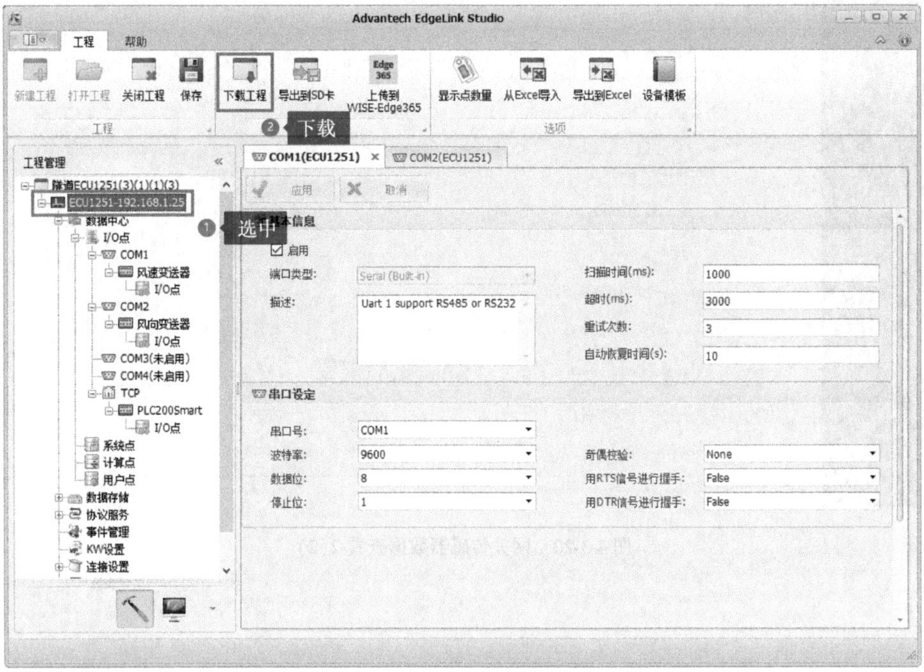

图 4-3-18　网关传感器数据配置-2

（二）传感器数据查看

步骤 1：浏览器中输入网关 IP 地址，使用用户名（admin）和密码（00000000）登录网关。

步骤2:菜单栏选择【点】-【IO点】,右侧页面查看传感器数据。照明子系统中需要找到两个光照度传感器、照明灯和可调LED灯的数据。注意,如果设备连接良好,传感器质量会显示“Good”。如果传感器质量显示“Bad”,需要检查传感器的连线(图4-3-19、图4-3-20)。

图4-3-19 网关传感器数据查看-2(1)

图4-3-20 网关传感器数据查看-2(2)

立即行动:

根据网关软件的操作,调试传感器并成功查看传感器数据。

三、隧道照明(分)中心系统组态软件调试

(一) 传感器数据查看

步骤1:打开力控组态软件。选择对应的组态项目,点击菜单栏【运行】,如图4-3-21所示。

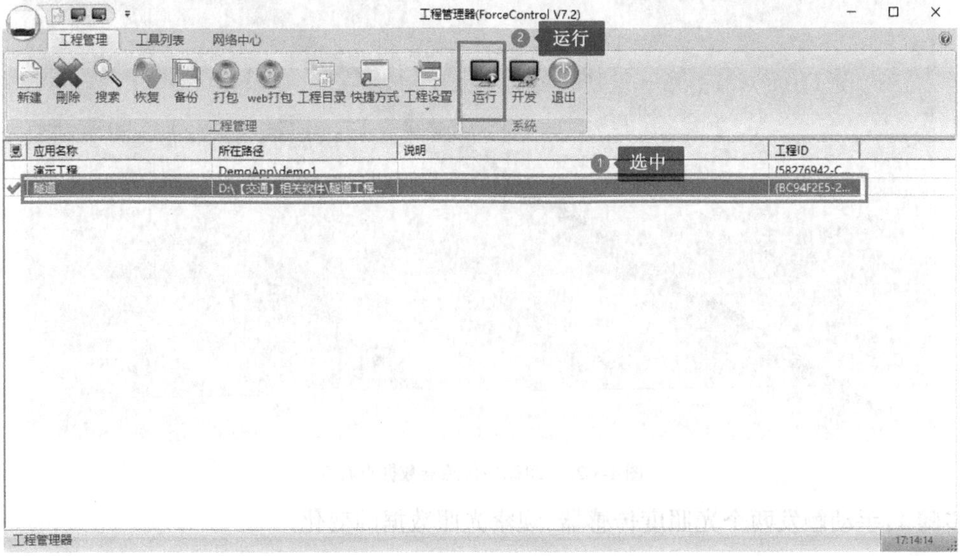

图4-3-21　组态中传感器数据查看-1

步骤2:运行组态软件后输入用户名(admin)和密码(123456),登录组态软件(图4-3-22)。

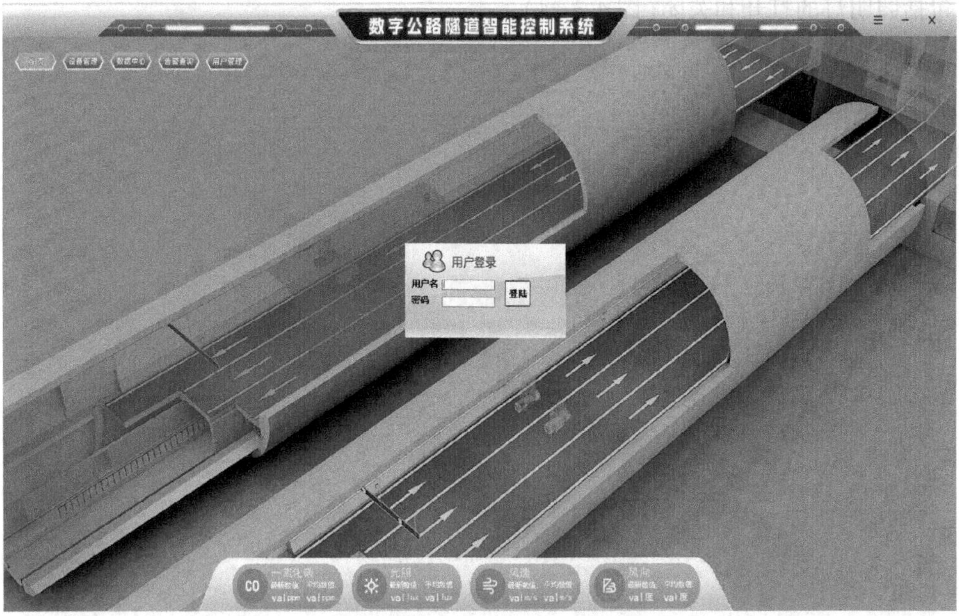

图4-3-22　组态中传感器数据查看-2

步骤3:在组态软件的底部查询照明系统传感器的数据,包括洞内与洞外的光照值数据(图4-3-23)。

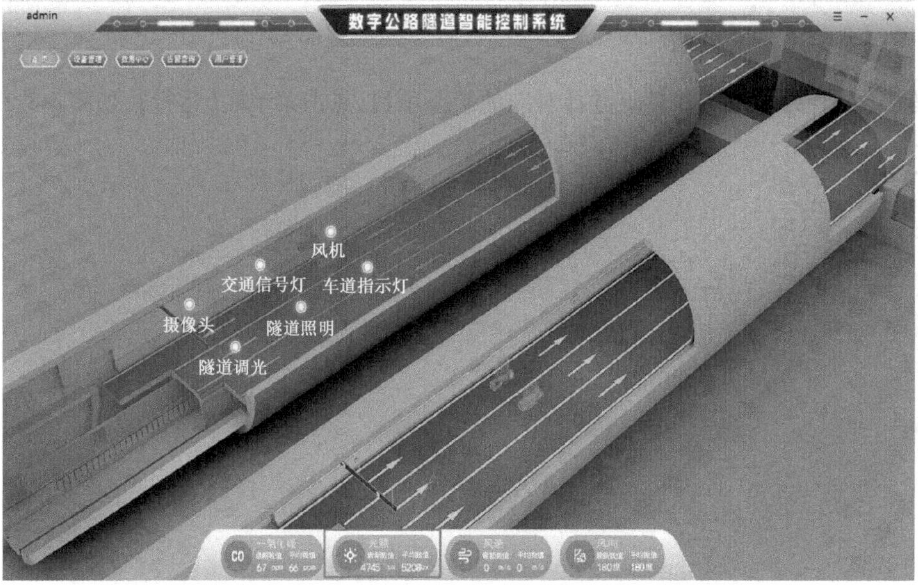

图4-3-23　组态中传感器数据查看-3

步骤4:手动触发两个光照度传感器,观察光照数据的变化。

(二)组态控制照明灯

步骤1:在组态软件中找到隧道照明按钮。点击【隧道照明】,在弹出窗口中进行照明灯的控制,包括照明灯的打开和关闭(图4-3-24)。

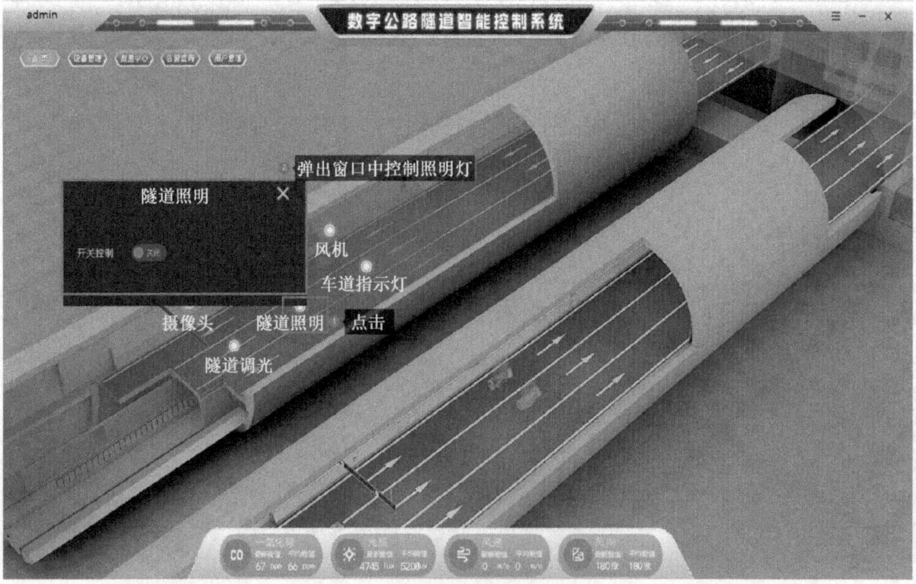

图4-3-24　组态控制照明灯

步骤 2:关闭照明灯。

(三) 组态控制可调 LED 灯

步骤 1:在组态软件中找到隧道调光按钮。点击【隧道调光】,在弹出窗口中进行可调 LED 灯的控制,包括可调 LED 灯的打开、关闭以及亮度调节(图 4-3-25)。

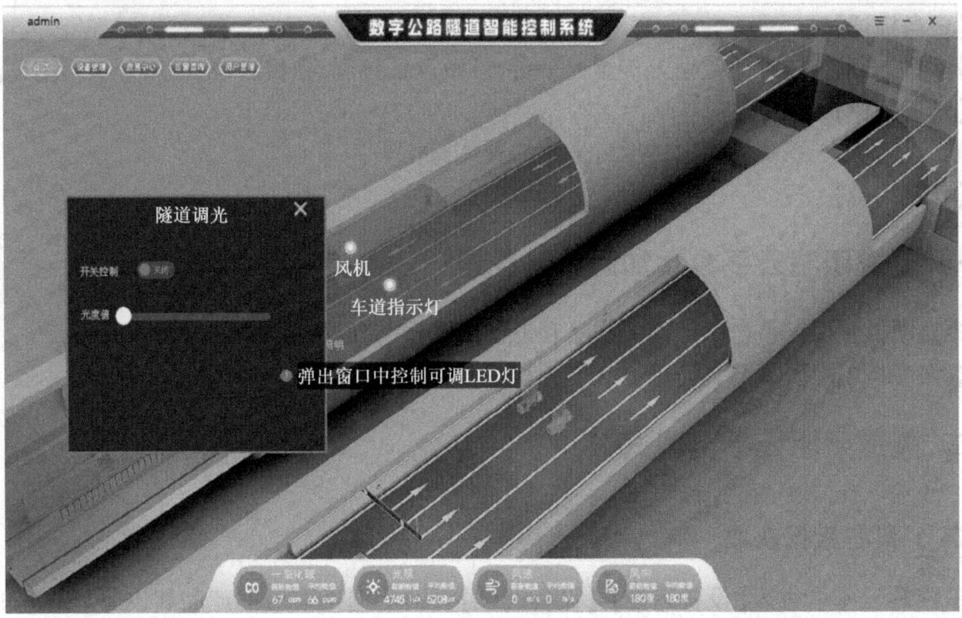

图 4-3-25　组态控制可调 LED 灯

步骤 2:关闭可调 LED 灯。

立即行动:

根据组态软件操作说明:

调试传感器并成功查看传感器数据;

成功控制照明灯打开和关闭;

成功控制可调 LED 灯打开、调光和关闭。

任务小结

本任务要求对隧道照明子系统设备进行安装和调试。这包括对 PLC、ECU 网关、光照度传感器、照明灯、继电器、可调 LED 灯等设备的安装与接线。应确保所有操作在断电状态下进行以保障安全。

安装后,使用 PLC 编程软件进行调试,包括查看传感器数据和控制照明灯、可调 LED 灯。此外,还需通过网关软件配置传感器数据,并通过浏览器查看传感器状态。

最后,利用组态软件进一步调试传感器数据和控制照明灯、可调 LED 灯,确保系统正常运行。整个过程需要注意安全操作、正确安装设备和调试。

项目4 集成高速公路隧道照明云平台系统(应用实践)

【任务描述】

将照明子系统的本地数据上传至云平台,可做设备管理、项目管理、应用开发等用途。

【任务目标】

掌握将照明子系统数据上传至云平台的具体操作。

【任务实施】

一、隧道照明云平台添加网关并在线

参照项目3中云平台添加网关产品和设备的操作,完成网关的添加。

参照项目3中研华网关配置 MQTT 的方法,让网关设备在云平台上线。

二、隧道照明云平台调试

(一) 设备数据获取

步骤1:云平台进入【设备运维】-【设备调试】页面。选择对应的产品和设备。Tab 页选择【属性】页面,功能选择【属性上报】,最后点击【获取最新数据】按钮(图4-4-1)。

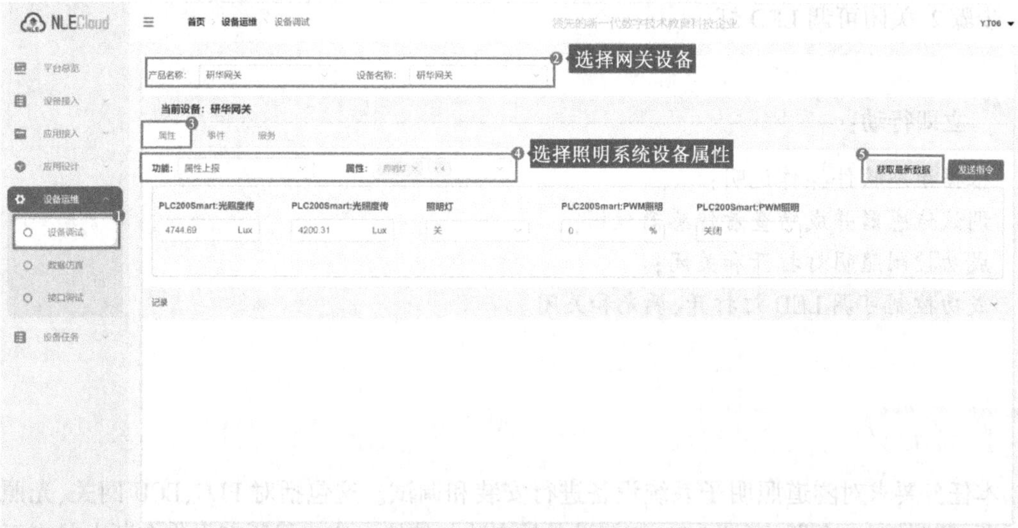

图4-4-1 云设备数据获取

步骤2:查看设备最新数据。同时可以触发设备,如手动改变光照度,重新获取最新数据后查看光照数据的变化(图4-4-2)。

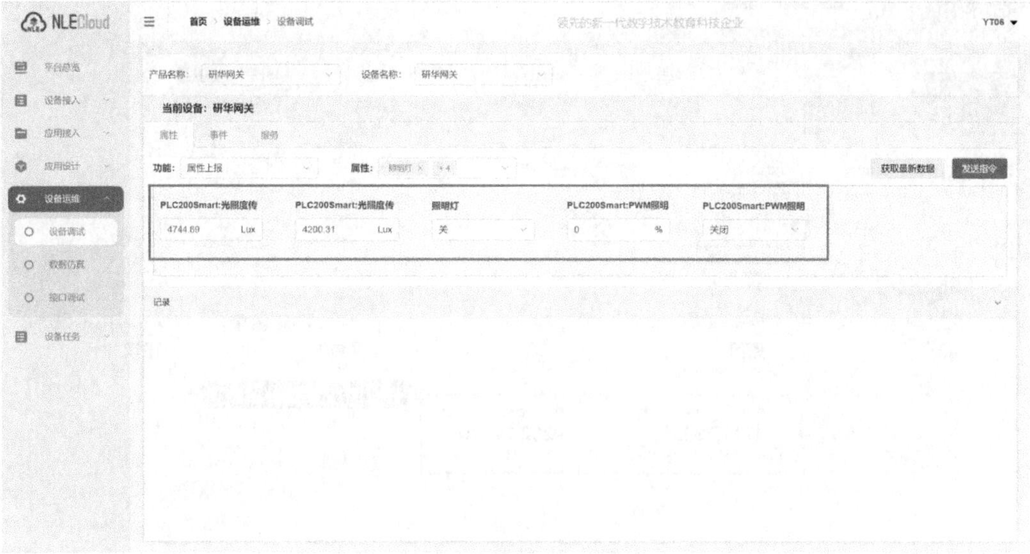

图 4-4-2　查看设备最新数据

（二）数据查看

步骤 1：进入设备详情页。云平台菜单栏点击【设备管理】，找到对应的网关设备，点击【详情】按钮（图 4-4-3）。

图 4-4-3　设备详情页

步骤 2：切换到物模型数据 Tab 页，进行设备数据查看。同时可以勾选实时刷新按钮，当触发设备时，就会显示最新的传感器数据（图 4-4-4）。

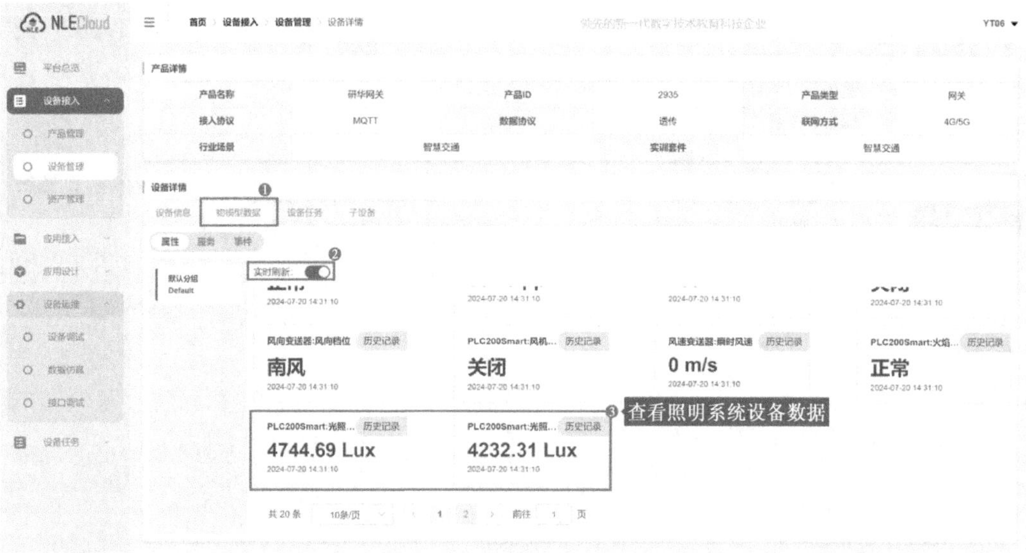

图4-4-4　物模型数据Tab页

步骤3:历史数据查看。点击设备旁的【历史记录】按钮(图4-4-5)。可以查看该传感器的历史数据。

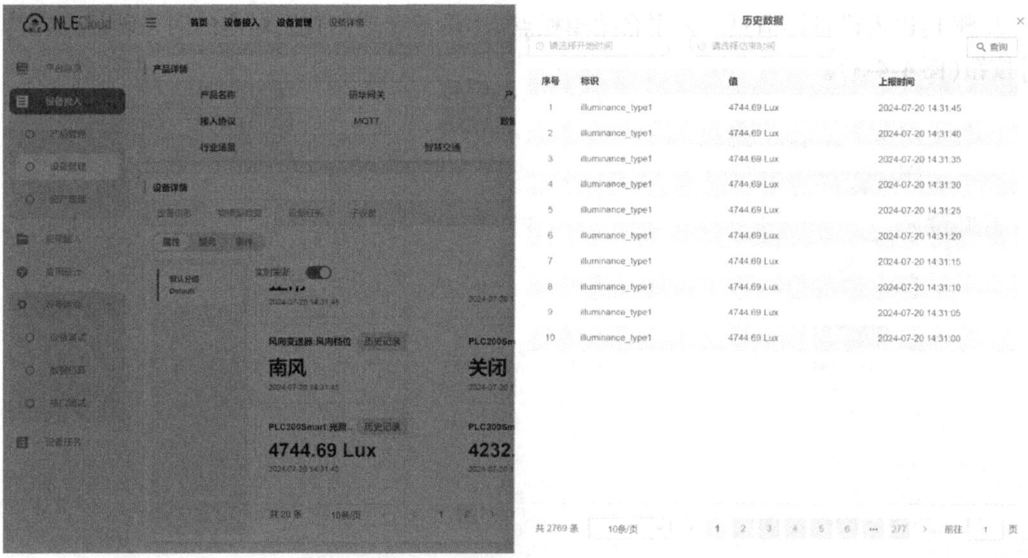

图4-4-5　历史数据查看

三、隧道照明云平台项目管理

(一) 创建项目

步骤1:创建新项目。云平台菜单栏点击【项目管理】,然后点击【新增项目】,在新增项目弹出窗口中输入项目名称,项目类别选择智慧交通,最后点击确定(图4-4-6)。

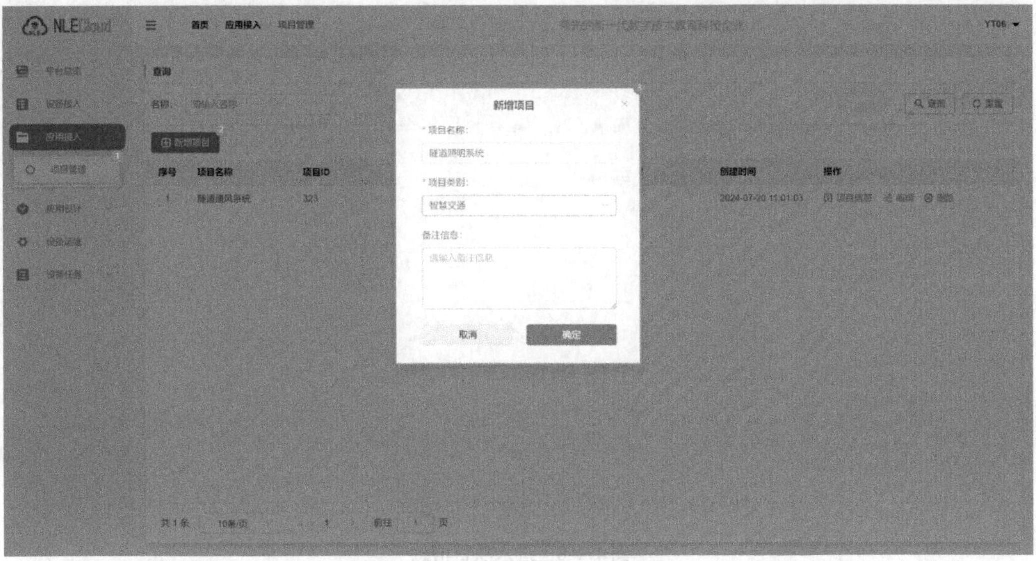

图4-4-6 创建新项目

步骤2:项目创建完成。在项目列表中出现隧道照明系统这个项目(图4-4-7)。

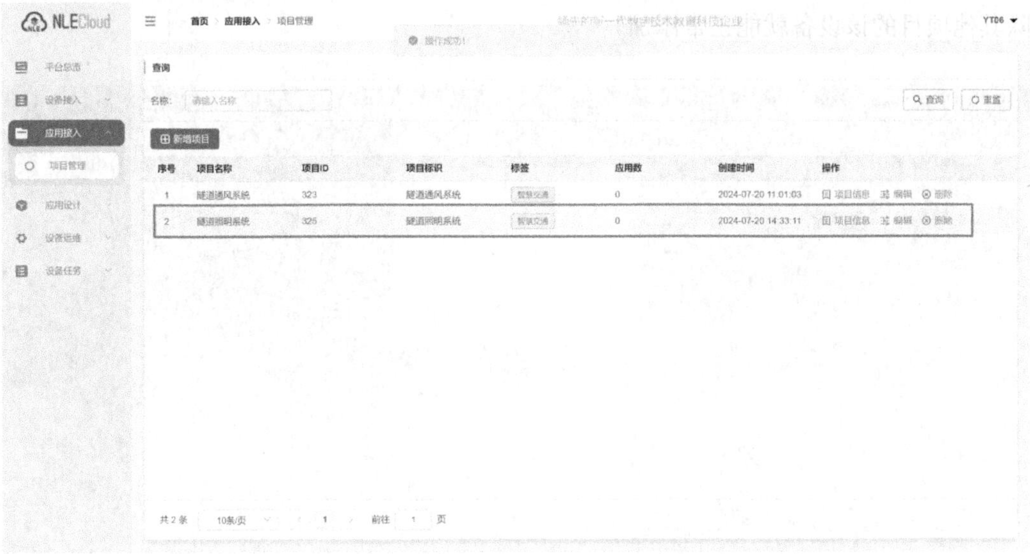

图4-4-7 项目创建完成

(二)添加设备

步骤1:进入项目信息。选择隧道照明系统的项目,在操作列选择【项目信息】,如图4-4-8所示。

图4-4-8　进入项目信息

步骤2:添加设备。在菜单栏选择【设备管理】,然后选择【添加设备】,在添加设备弹出窗口中选择归属产品为【研华网关】。归属资产可以留空,选择设备【研发网关】,最后点击【确定】完成添加设备(图4-4-9)。(如果没有相关设备,检查是否在其他项目添加过设备,如有,删除其他项目的该设备就能正常添加)

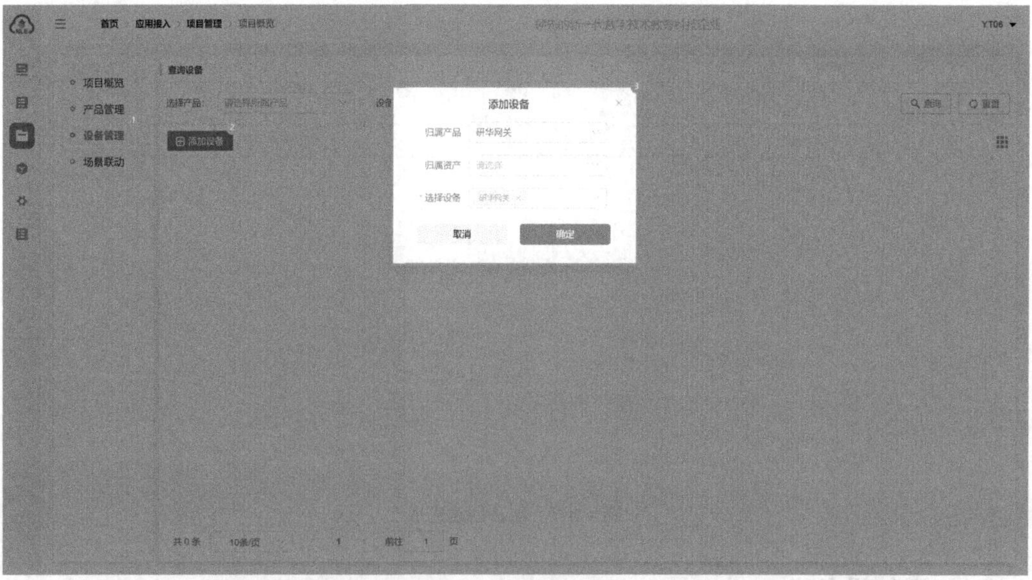

图4-4-9　添加设备

步骤3:添加设备完成。在设备列表中出现研华网关设备信息(图4-4-10)。

图 4-4-10　添加设备完成

（三）设备数据查看

步骤 1:查看设备状态。观察网关设备信息中是否出现在线标志(图 4-4-11)。

图 4-4-11　查看设备状态

步骤 2:查看设备传感器数据。将鼠标移动至设备窗口上,在弹出窗口中会有相关传感器数据(图 4-4-12)。

图 4-4-12 查看设备传感器数据

立即行动:

根据云平台的操作完成:

网关产品和设备的创建。

在软件中配置研华网关的 MQTT 必要字段,让云平台设备上线。

从云平台设备调试中获取到数据。

创建云平台项目获取到设备数据。

模块五

集成高速公路交通监控系统

本模块学习目标：高速公路交通监控系统是高速公路机电系统中的关键组成部分，通过学习它的组成和原理，理解它如何实现高速公路交通的监控和管理，并掌握信息化的采集工具和控制手段，预防监测和疏导可能发生的突发事故和交通阻塞，提高高速公路的管理水平。

高速公路交通监控系统集成了视频监控、车辆检测、气象检测、隧道监控、交通信息发布、事件检测等多个系统，从而对高速公路网实现实时监控和交通控制。在现有的道路和环境条件下，通过对采集的信息进行实时分析、处理和预测，采取有效的交通控制手段，可预防可能发生的交通事件、事故和阻塞；当出现突发性交通事故或道路环境变化而导致交通阻塞时，系统能够及时发现并采取有效措施进行缓解和排除，以防止对路网交通产生更大的影响，从而提高路网运行的利用效率和安全性。根据功能要求和设备特点，道路监控系统可分为交通信息采集系统、交通状态分析控制系统和高速公路隧道监控系统等。

交通信息采集系统的功能是获取交通信息原始数据，通过车辆检测器、检测线圈、通信设备等形成的交通信息采集网，获得路网中各路段的交通量数据；通过在重要地段的摄像机和视频传输设备获取该路段的视频实时数据；通过气象信息采集系统采集各个路段的能见度、温度、湿度风向、风速、雨雪等气象数据。在这些信息中，视频数据可在计算机或大屏幕上显示，并根据需要对视频数据进行抓拍记录。

交通状态分析控制系统根据采集到的交通信息原始数据，首先判断是否为交通事件或事故。通过视频人工确定，若为交通事故，则直接将相关信息传递给交通控制子系统；若不是交通事故，则计算机利用程序求得各路段的交通状态参数并利用交通流理论分析该路段的交通状态。也就是说，若为交通事故，则根据发生事故的地点和特点自动生成最佳紧急交通诱导控制方案并发送给交通诱导子系统；若不是交通事故，则根据交通状态，气候数据及管理需要，按预定正常交通诱导方案执行。

高速公路隧道监控系统应考虑到隧道内发生事故的突发性和不可预见性，因为一旦发生事故，疏散和施救就较为困难。隧道监控系统的设备主要由交通信号灯、车道指示器、隧道内 LED 情报板、光电诱导标志、光电指示标志以及车道指示器等组成，这些隧道监控设备一般均具有状态反馈功能，监控中心能及时检测设备的使用状态，实现远程管理。整个隧道监控系统主要通过工业以太网进行链接，形成环状系统，实现隧道内数据的收集、存储以及隧道内设备的监控和控制。

项目1 认识高速公路监控系统

一、高速公路监控系统概述

高速公路监控系统是指对高速公路沿线的外场设备(摄像机、各类检测器、可变信息标志等)的信息及时、准确、完整采集和处理,实现对高速公路范围内无盲点监控,实时了解路段信息,如交通量、雨、雾、拥堵、超速、低速、事故等,直观地显示在监控中心的监视器上和电视墙上,并及时采取相应的管理措施,如救援、事故处理、交通疏导、发布信息、广播等手段,确保高速公路安全畅通,提高高速公路高速、安全、经济的运营管理水平。其系统组成如下(图5-1-1)。

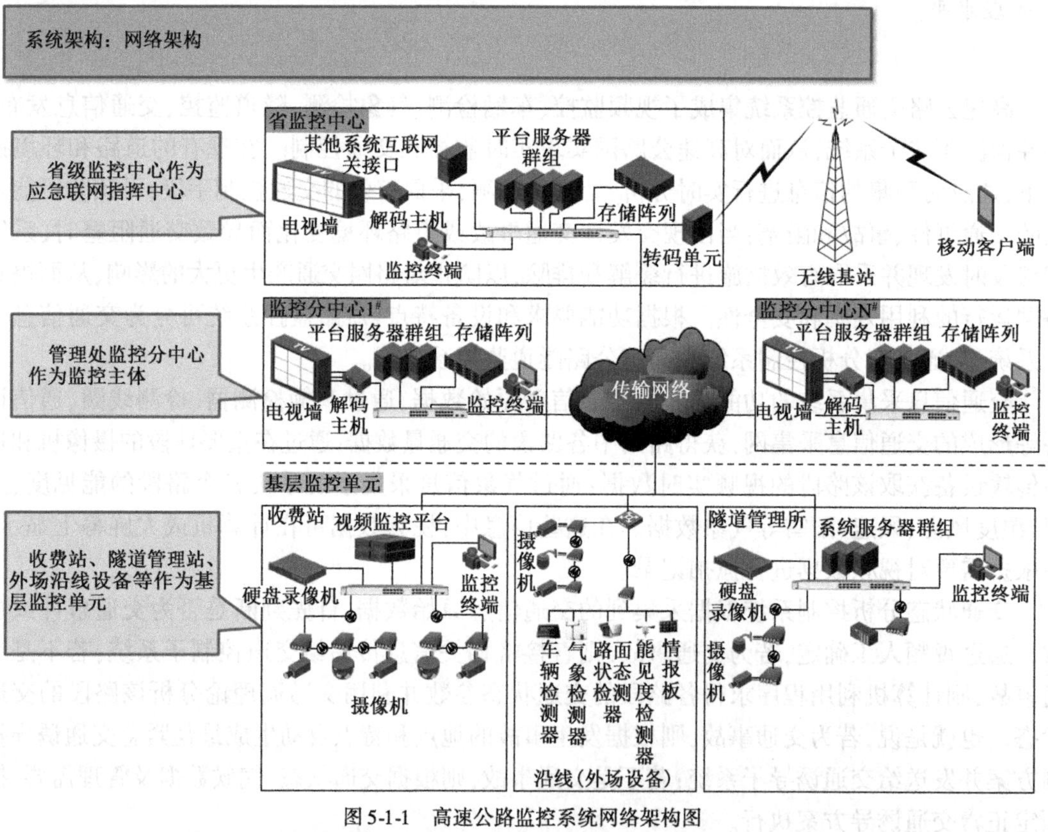

图5-1-1 高速公路监控系统网络架构图

(1)视频监控系统:在主线每1km布设一对摄像机(一台遥控高清摄像机和一台固定高清摄像机),用于监视道路、立交区域及服务区的交通状况,并辅助检测能见度状况。在互通立交区域、服务区出入口、特大桥等交通流分合流路段,采用适当的间距布设,满足全范围监视的需要。目前高速公路外场的摄像机基本都是采用200万像素高清网络摄像机。

(2)信息诱导系统:设置在车辆进、出道路主干线、枢纽互通双向、收费站入口前、服务区前后(主干线)以及互通立交转弯交通量较大的驶出前方处安装可变信息标志。道路监控中心会将各种宣传信息、诱导信息通过可变信息标志发布出来，提醒驾驶员。

(3)道路广播系统：在部分道路摄像机(间距2km)立柱的8m高位置，布设1对号角式高音喇叭，前端功放采用IP功放；在监控分中心设置有线广播控制台，分音区广播，任意信源的内容可经任意通道播向一个或多个负载区，根据需要可将多个信源内容经不同的通道向不同负载区播音。当发生交通事故时，监控中心才会进行道路广播。

二、高速公路监控系统的设施设备

高速公路交通监测设备应具备检测道路内交通信息、车辆运行状况，监视道路交通运营状态的功能。常用设备包括车辆检测器和视频事件检测摄像机。

(一) 车辆检测器

1. 车辆检测器介绍

高速公路车辆检测器主要分为两大类：线圈车辆检测器和非线圈车辆检测器，它们一般在隧道监控应用中应用较多，同时也在服务区出入口以及一些特殊的监测路段配合其他的监控系统进行综合的应用。

线圈车辆检测器通过在道路中埋设感应线圈来检测车辆的存在和运动状态。其工作原理是当车辆经过感应线圈时，线圈中的电流会发生变化，从而产生一个交变磁场，这个磁场会干扰到线圈附近的金属物体(如车辆)，导致线圈的阻抗发生变化，通过测量这种变化可以判断车辆的存在及其速度。图5-1-2为线圈车辆检测器的原理图。

非线圈车辆检测器包括多种类型，如微波车辆检测器、红外线车辆检测器、超声波车辆检测器等。

微波车辆检测器利用雷达波的反射原理，通过接收车辆反射回来的微波信号来计算车辆的速度和位置(图5-1-3)。该方法具有较高的精度和抗干扰能力，适用于各种天气条件下的全天候检测。

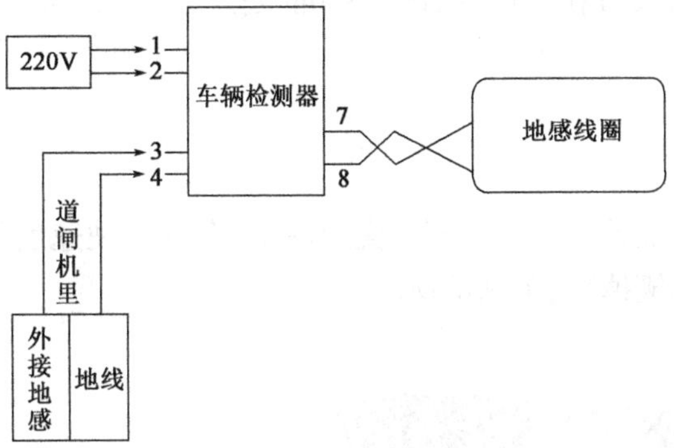

图5-1-2　线圈车辆检测器原理图

图5-1-3　微波车辆检测器

红外线车辆检测器通过线性排列的红外光发射和接收来实现对车辆的同步扫描，并将光信号转换为电信号，从而实现对车辆数据的综合检测(图5-1-4)。与其他检测技术相比，红外线车辆检测器产品技术成熟,安装简便,高速响应,抗干扰性强,可输出丰富的车辆数据信息,能可靠检测各种特殊车辆。

超声波车辆检测器利用超声波的传播特性,通过发射和接收超声波信号来测量车辆的距离和速度(图5-1-5)。该方法具有较好的环境适应性和抗干扰能力。

图5-1-4　红外线车辆检测器

图5-1-5　超声波车辆检测器

2. 车辆检测器功能

根据行业标准,车辆检测器至少应具有下列功能。

(1)检测每一车道的交通量和速度等基本交通参数。

(2)能检测出行车方向。

(3)能检测出二轮摩托车及以上的所有类型的机动车,拖挂车检测视为一辆车。

3. 车辆检测器布设要求

根据数据采集的要求和交通控制方案的需要,确定车辆检测器设置位置。在高速公路隧道出入口等处设置时,应满足下列要求。

(1)在隧道入口前设置车辆检测器时,宜设置在联络通道前200~300m处;无联络通道时,宜设置在隧道入口前200~300m处。

(2)在隧道出口后设置车辆检测器时,宜设置在出口后200~300m处。

(二)视频事件检测摄像机

1. 视频事件检测摄像机介绍

视频事件检测摄像机(图5-1-6)应能检测下列事件:停车、交通堵塞、车辆行驶速度低于允许最低行驶速度、行人、车辆逆行、火灾、车辆掉物、车辆抛物。

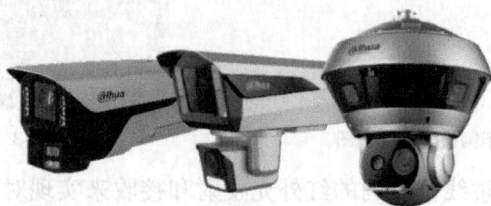

图5-1-6　视频事件检测摄像机

2. 视频事件检测摄像机技术要求

摄像机技术功能应满足下列技术要求。

(1)在隧道外的高速公路场景所使用摄像机应为配有光圈自动调节、变焦镜头、云台、全天候防护罩的低照度 CCD 彩色遥控摄像机。

(2)未设置隧道外引导照明的隧道,隧道外摄像机宜配置夜间补偿辅助光源。

(3)隧道内摄像机应为配置有自动光圈、定焦距和防护罩的低照度摄像机,应具有彩色/黑白、昼/夜自动转换功能。

(4)设置于隧道洞口变电所、洞内变电所、地下风机房的摄像机应具有目标移动报警功能。

(5)隧道内紧急停车带、车行横通道、人行横通道处摄像机宜有遥控功能。

3. 视频事件检测摄像机布设

摄像机布设应满足下列要求。

(1)摄像机应设置于隧道内、隧道外及隧道附属管理建筑物处。

(2)摄像机宜设置于隧道内紧急停车带、车行横通道、人行横通道处。

(3)隧道外摄像机应设在距隧道口 100 ~ 400m 处,应能清楚地监视洞口区域的全貌和交通状况。

(4)隧道内摄像机直线段设置间距不应大于 150m,曲线段设置间距可根据实际情况适当减小,应能全程连续监视隧道内车辆运行情况和报警救援设施使用状况。

三、高速公路交通控制及诱导设备

高速公路交通控制及诱导设施的功能是收集和处理交通信息,并传送给中央控制室计算机,同时接收中央控制室计算机传来的有关信息或指令,进行控制与诱导。常用设备包括交通信号灯、车道指示灯、可变信息标志和可变限速标志等。

(一) 交通信号灯介绍

四色交通信号灯(图 5-1-7)是在原有的红绿黄三色信号灯的基础上增加了左转箭头与叉的交通信号灯。四色交通信号灯一共有 5 条电源线,分别控制红叉灯亮起、绿箭头亮起、红色灯亮起、黄色灯亮起以及绿色灯亮起。主控制器通过继电器的开关来控制这 5 条电源线的导通与断开,从而来控制信号灯的亮灭。

图 5-1-7　交通信号灯

(二) 交通信号灯布设

根据行业标准,交通信号灯的设计应符合下列规定。

(1)交通信号灯应设置在隧道入口联络通道前20~50m处,信号灯应由红、黄、绿和左转箭头组成。

(2)隧道入口无联络通道时,交通信号灯应设置在距隧道入口一个停车视距处,且信号灯应为红、黄、绿三色信号灯。当后一隧道入口与前一隧道出口间距小于500m时,两隧道间可不设交通信号灯。

(3)交通信号灯应显示清晰,有效显示直径不应小于300mm,动态视认距离不应小于200m。

(三) 车道指示灯介绍

车道指示交通灯(图5-1-8)由直行(箭头)指示灯和禁止(叉)指示灯组成。车道指示交通灯一共有两条电源线,分别是控制直行箭头灯亮起的电源线和控制禁止指示灯亮起的电源线。主控制器通过继电器的开关来控制这两条电源线的导通与断开,从而来控制指示灯的亮灭。

图5-1-8　车道指示灯

(四) 车道指示灯布设

根据行业标准,车道指示灯的设计应符合下列规定。

(1)应设置在隧道内各车行道中心线的上方。

(2)宜设置在隧道入、出口以及车行横通道等处。

(3)隧道内直线段车道指示灯设置间距不应大于500m,曲线段根据具体情况可缩短设置间距。

(五) 可变信息标志介绍

可变信息标志(图5-1-9)选择LED点阵屏来显示可变信息,该点阵屏由220V电压供电,配备RS485接口,可接收标准modbus信号。

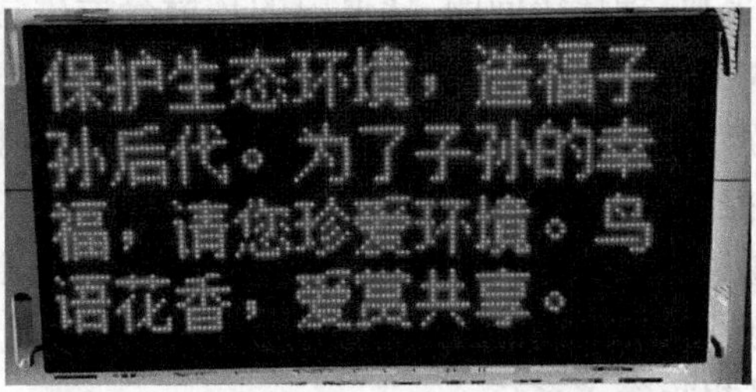

图 5-1-9　可变信息标志示例

（六）可变信息标志布设

根据行业标准，可变信息标志的设置应符合下列规定。

(1)应设置在隧道入口联络通道前 200～300m 处。

(2)隧道入口无联络通道时，宜设置在隧道入口前 200～300m 处。

(3)可在特长、长隧道内设置，并宜设置在车行横通道前 10～30m 处。

（七）可变限速标志介绍

可变限速标志(图 5-1-10)与可变信息标志类似，同样以 LED 点阵屏来显示可变信息，该点阵屏由 220V 电压供电，配备 RS485 接口，可接收标准 modbus 信号。

图 5-1-10　可变限速标志

（八）可变限速标志布设

根据行业标准，可变限速标志的设置应符合下列规定。

(1)宜设置在隧道入口前 50～100m 处。

(2)可在特长、长隧道内设置，也可由洞内可变信息标志显示相应限速值代替。

项目 2　高速公路隧道监控系统设计实施

一、高速公路隧道监控系统的设计

隧道在高速公路中属于特殊构造路段，是高速公路路网的咽喉地段。由于隧道空间狭窄，封闭性强,一旦发生火灾、事故、拥堵等问题,隧道内的环境会发生急剧变化,如不采取有效的监控管理措施,在交通量大、气候恶劣的情况下,极易发生更严重的交通事故和堵塞,直接影响司乘人员的健康和生命财产安全。因此,建立智能高效的隧道综合监控系统是非常必要的。

高速公路隧道综合监控系统主要要关注隧道的进口、中间段、出口处的实时图像状况、隧道内车流量和流速检测、通风设备工作状态检测、电力设备参数检测和交通监视、控制和诱导等环节。整体监控系统大致可分为照明、通风、视频监控、火灾报警、紧急电话、计算机控制、环境监测、交通控制和可变情报板等子系统。

目前,国内高速公路的隧道建设虽然已具备了相当规模的隧道机电设备和系统,但因业务众多、流程繁杂、子业务间缺乏相互联动的量化指标等因素,导致监控中心在运营过程中往往存在监管平台多、监控员指令操作复杂、应急预案实施难、疏散救援响应时间长等问题。为实现隧道机电数据资源整合、机电系统智能监测、交通事件提前预警、操作指令基本联动,以汕梅高速的两座长隧道(柚树下及莲花山隧道)为例,对隧道安全智能监测与联动管理系统进行了工程改造,以增强高速公路隧道监控系统的设计认知;该系统通过部署隧道智能监测与联动管理系统(含硬件及软件),提升对终端系统设备的状态采集及控制能力,提炼、归集、补充隧道运行安全要素,并将目前营运路段的隧道应急预案融入隧道管理平台,通过该平台的智能分析辅助判断隧道各项机电设施的联动操作流程。

【案例分析】

汕梅高速隧道监控系统设计分析

汕梅高速隧道监控系统在运行运营过程中,当整个系统未触发报警信息时,所有控制子系统和监测子系统处于后台持续运营的状态,展示层的各机电设备根据监控需求,进行各系统状态轮询显示,按监控习惯可将视频图像的监视情况轮询显示;当报警信息触发时,根据报警情况的严重程度,在不同的报警区域弹出提示,结合声光警报信息,提醒监控员及时处理。若确认报警信息属实,则按照系统预案的控制方案进行设备控制,在显示设备上弹出综合所有子系统与报警有关的操作建议,经人工选定后下发命令;同时,将所有操作和报警情况分发给安全管理部门。若报警信息不属实,则自动将本次报警情况记录到系统后台,系统操控界面自动恢复报警前的运行状态。其系统的功能模块组成如下:

1. 重点营运车辆行驶状态监测

官方数据显示,隧道安全事故超过78%涉及危化品车、大货车及大客车等重点营运车辆,为事故主要风险源。这些车辆通过“重点营运车辆管理系统”提供车牌、货物、运证及轨迹信息。利用“视频事件识别系统”结合车辆轨迹,可精准监测并预警异常行驶。隧道内外,结合高清监控与AI识别,通过数据分析与校验,即时发现异常并自动告警,为管理方提供高效预警机制。全程监测示意图如图5-2-1所示。

2. 智慧报警管理(视频事件识别系统)

智慧报警管理是根据各子模块/子系统、各检测设备等数据汇总分析后,对交通情况进行的系统性报警管理。在报警管理中汇集车辆信息、卡口信息、交通断面车流量和车速信息等,对交通情况进行模拟分析，生成整体性的交通诱导建议，并结合监视器墙对报警点和报警周边的路况、气象条件、相关交通路段情况进行联合显示。AI视频事件识别系统是基于计算机视觉、深度学习等AI人工智能技术以及先进的目标识别与事件判断技术，实现人和车多种事件检测的一套视频事件识别与分析系统。视频事件识别系统应具备以下功能：车辆停止、车辆逆行、违规行人、抛洒物、路障等多种事件的识别以及烟雾检测、车流量统计、交通参数检测、车辆信息识别等。视频事件检测平台如图5-2-2所示。

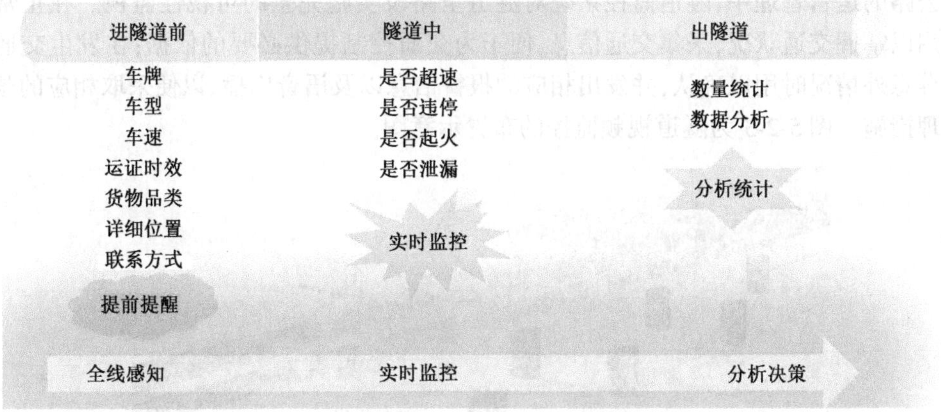

图5-2-1 全程监测示意图

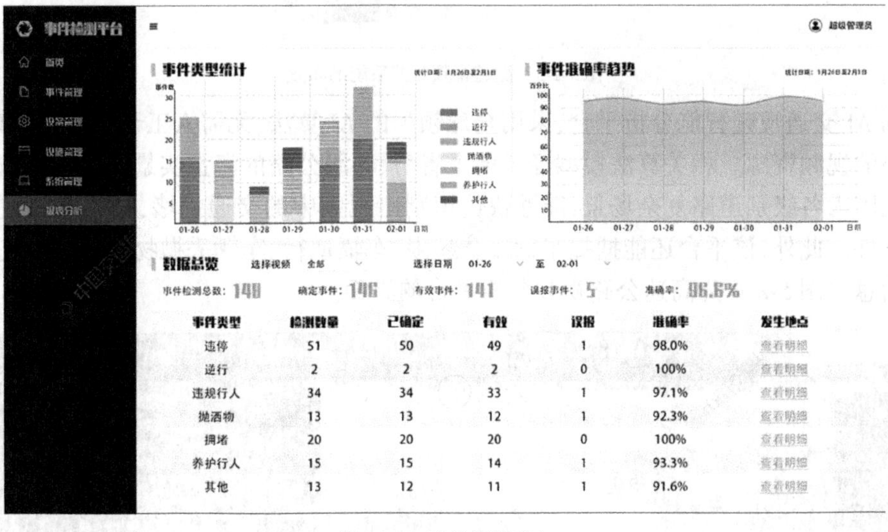

图5-2-2 事件检测平台

3. 交通统计及分析

系统通过对采集和录入的信息进行处理后，存储在数据库中，供用户快速检索查询。同时，系统还提供各种统计报表，如：高速公路监控事件信息表、事件详细信息表、事件信息统计、路段天气情况统计表、各路段交通事件汇总统计表、设备故障信息表、设备工作状态统计表、路段交通流量统计表（按距离区间、时间统计）等。同时，采用曲线、饼状图、柱状图等多种形式向操作人员反映数据的动态变化情况，帮助人员分析、统计数据变化规律，协助监控策略、交通诱导以及应急预案的制定。

二、认识高速公路隧道视频监控系统

高速公路隧道是高速公路路网的咽喉地段,因此是高速公路安全运营管理的重点防护区。隧道具有狭长、封闭、视野狭窄的特点,有较高的交通安全隐患,极易受到节假日、天气的影响而导致交通拥挤,甚至发生交通事故。一旦隧道内发生事故,交通的疏导也较为困难。因此,在高速公路的运营管理中,隧道监控系统对隧道全路段实施完全的可视性监视。在正常的运行期间用以掌握交通状况,采集交通信息,便于为交通控制提供必要的依据;在发生交通事故或火灾等意外情况时用以确认,并发出相应的报警信息以及语音广播,以便采取相应的救援及事故处理措施。图5-2-3为隧道视频监控的布置示意图。

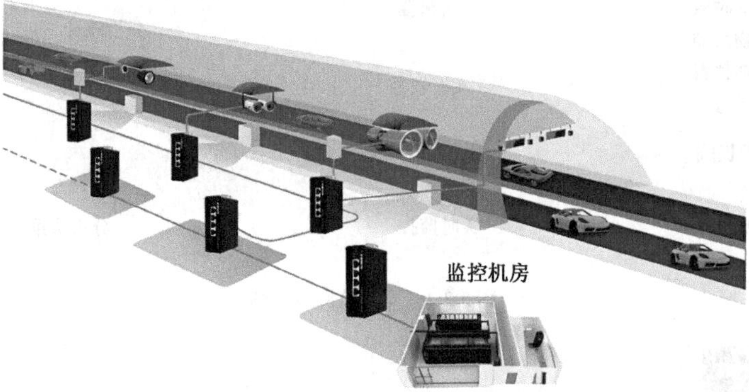

图5-2-3　隧道视频监控系统的布置

借助AI交通视频智能分析平台,采用全球领先的AI算法,无需人工干涉即可以高效利用数据中心的视频资源。相关算法模型经过多个省份、各级公路的海量实景数据训练迭代,可以快速适应国内各级别道路复杂场景,能够快速识别出视频中的交通拥堵、行人闯入、违规停车等特殊事件。此外,该平台还能捕捉车辆排队超限、车辆逆行、车辆丢抛物、能见度、气象、路面塌陷等信息。图5-2-4为高速公路视频分析平台的界面。

图5-2-4　视频分析平台界面

在隧道检测和高速公路场景中,平台支持实时监控与数据展示。它能够实时展示和分析交通画面,直观呈现车流量、平均车速、交通事件、视频质量等分析结果,并对异常事件进行标注,部分示例如图 5-2-5 所示。

a)路面施工

b)烟雾

c)非法车辆

d)逆向行驶

e)交通拥堵

f)行人闯入

g)异常停车

h)抛洒物

图 5-2-5　实时展示、分析交通画面

平台同时支持实时的视频质量分析功能,部分示例如图 5-2-6 所示。

a)图像模糊

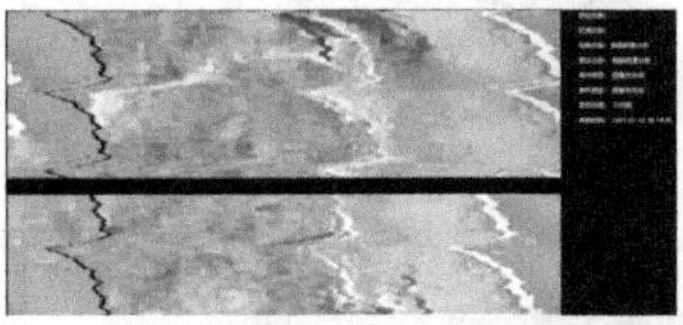

b)图像有条纹

c)图片有噪声

d)图像被遮挡

e)图像亮度异常

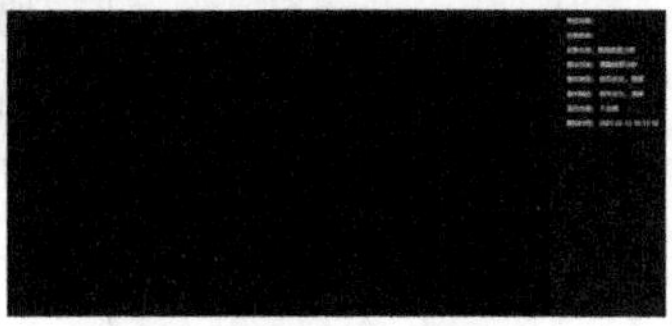

f)信号丢失、黑屏

图 5-2-6　实时的视频质量分析

任务实践

高速公路隧道监控系统的实施过程

【任务描述】

动手实践,对隧道交通监控子系统设备进行安装和初步调试。

【任务目标】

掌握隧道交通监控子系统设备的安装与调试。

【任务实施】

(一) 设备清单

交通控制子系统实训设备清单见表5-2-1。

交通控制子系统实训设备清单　　表5-2-1

序号	产品名称	数量	示意图	主要用途
1	PLC	1		用于控制和监控隧道内的自动化系统,如照明、通风、信号等
2	ECU-1251网关	1	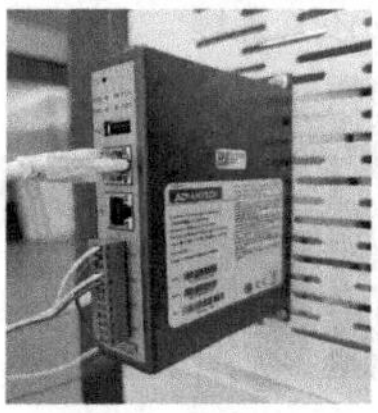	通常用于连接不同的通信协议,实现设备间的信息交换
3	车道指示灯	1		指示车道使用情况,如开放或关闭
4	交通信号灯	1	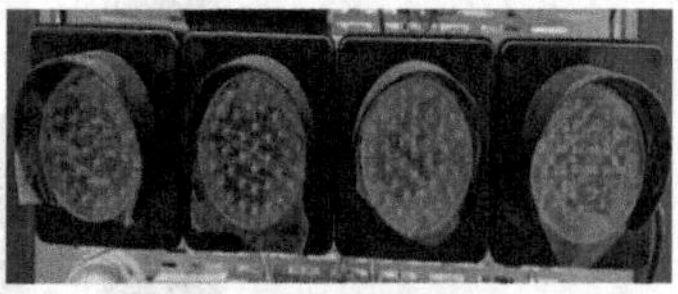	控制和指导隧道内外的交通流
5	继电器	6		用于控制高功率设备,如照明和通风系统,或作为信号切换的中间设备
6	NEWPorter	1	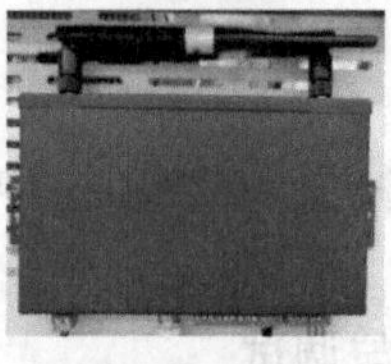	用于数据通信或监控

续上表

序号	产品名称	数量	示意图	主要用途
7	综合显示屏	1		显示隧道内的各种信息，如交通状况、安全警告等
8	摄像头	1	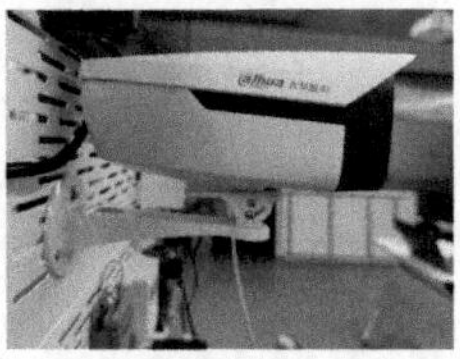	监控隧道内的交通情况，用于安全监控和事故调查

（二）设备安装与接线

以上设备都将搭建在实训工位上，接线图如图 5-2-7 所示。

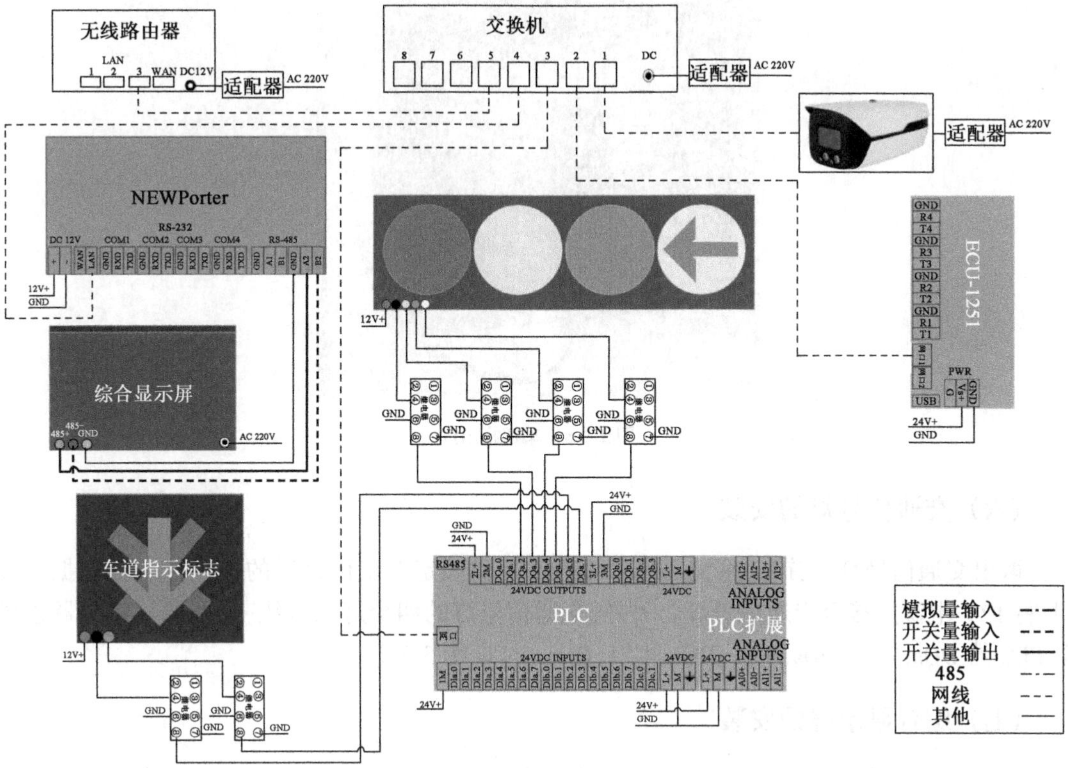

图 5-2-7　隧道交通监控子系统接线图

安全提示:

每个设备在安装之前,都要反复确认实训平台处于断电状态:实训平台后面板下方的电源总开关处于“关闭”状态,或者先不要连接电源线。

(三) PLC 的安装

参照项目3中PLC的安装。

(四) ECU 网关的安装

参照项目3中ECU网关的安装。

(五) 车道指示灯的安装

取出车道指示灯。将车道指示灯通过螺丝固定在工位合适的位置,接着根据接线图,将12V电源连接至车道指示灯。车道指示灯的正行标志和逆行标志信号线,分别通过继电器连接至PLC的DOa.0口和DOa.1口(图5-2-8)。

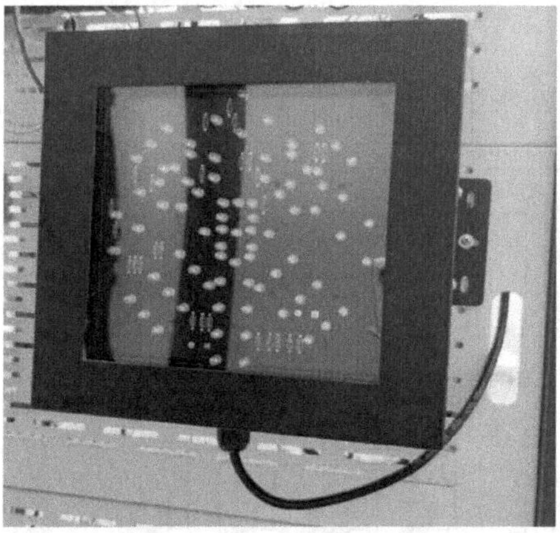

图5-2-8 车道指示灯

(六) 交通信号灯的安装

取出交通信号灯。首先,将交通信号灯通过螺丝固定在工位合适的位置;接着,根据接线图;将12V电源连接至交通信号灯。另外,交通信号灯的四个灯信号线,分别通过继电器连接至PLC的DOa.2口、DOa.3口、DOa.4口、DOa.5口(图5-2-9)。

(七) 综合显示屏的安装

取出综合显示屏和NewPorter。首先,将综合显示屏和NewPorter通过螺丝固定在工位合适的位置,接着,根据接线图,将12V电源连接至NewPorter,将220V电源连接至综合显示屏。

然后,综合显示屏的 485 信号线连接至 NewPorter 的 485-2 口,NewPorter 通过网线连接至交换机(图 5-2-10)。

图 5-2-9　交通信号灯

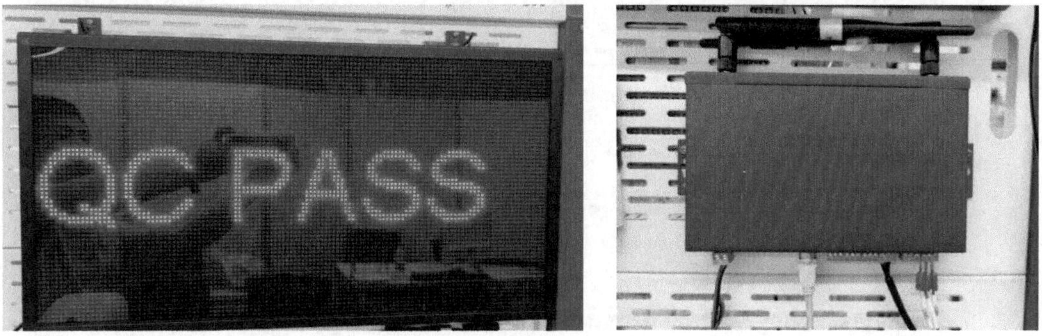

图 5-2-10　综合显示屏与 NewPorter

(八) 摄像头的安装

取出摄像头。首先,将摄像头通过螺丝固定在工位合适的位置;接着,根据接线图,通过摄像头电源适配器连接至电源;另外,摄像头通过网线连接至交换机(图 5-2-11)。

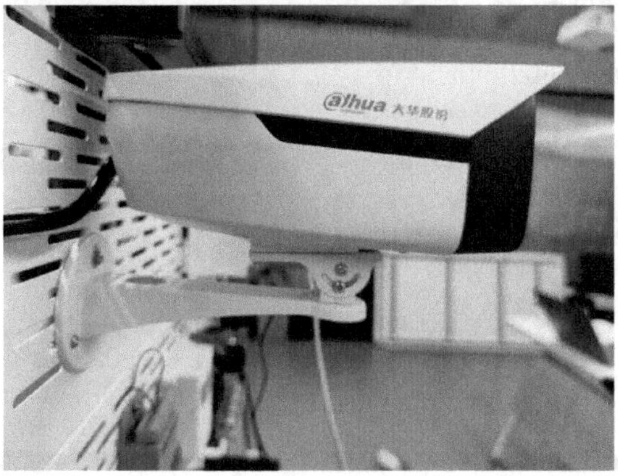

图 5-2-11　摄像头

项目3 集成高速公路隧道监控(分)中心计算机系统

一、隧道监控(分)中心系统控制软件调试

(一) PLC控制车道指示灯

步骤1:打开PLC编程软件,确保PLC编程软件已经连接到PLC,并处于“RUN”模式,然后点击菜单栏【调试】-【程序状态】,如图5-3-1所示。

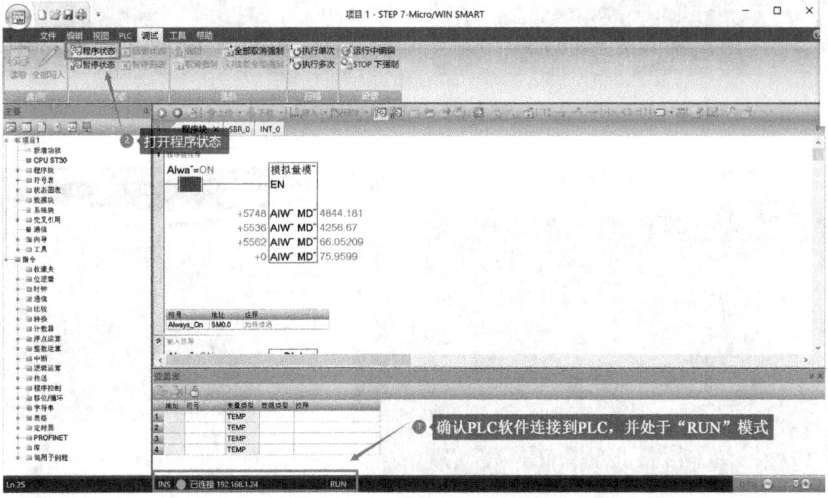

图5-3-1　PLC控制车道指示灯-1

步骤2:根据车道指示灯连接PLC的地址,找到对应的代码段(图5-3-2)。

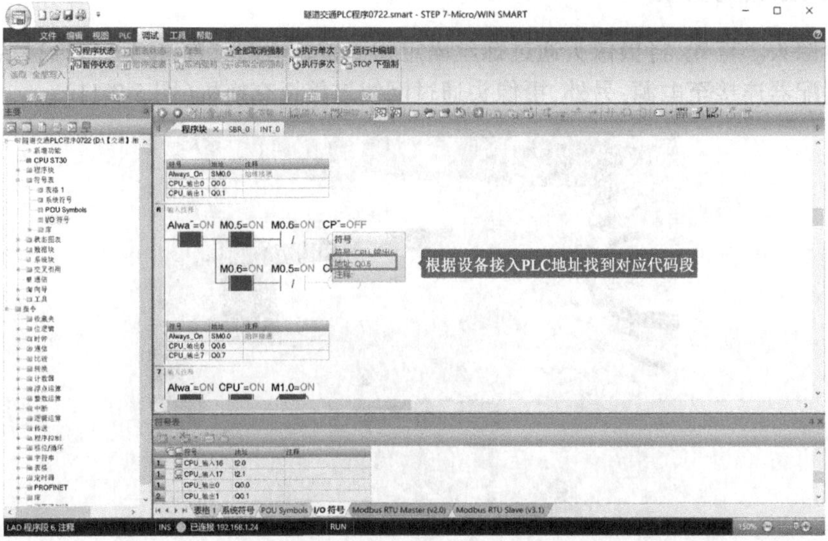

图5-3-2　PLC控制车道指示灯-2

步骤3：将鼠标移动至“M0.5 = ON”处，鼠标右键选择【写入…】，如图5-3-3所示。

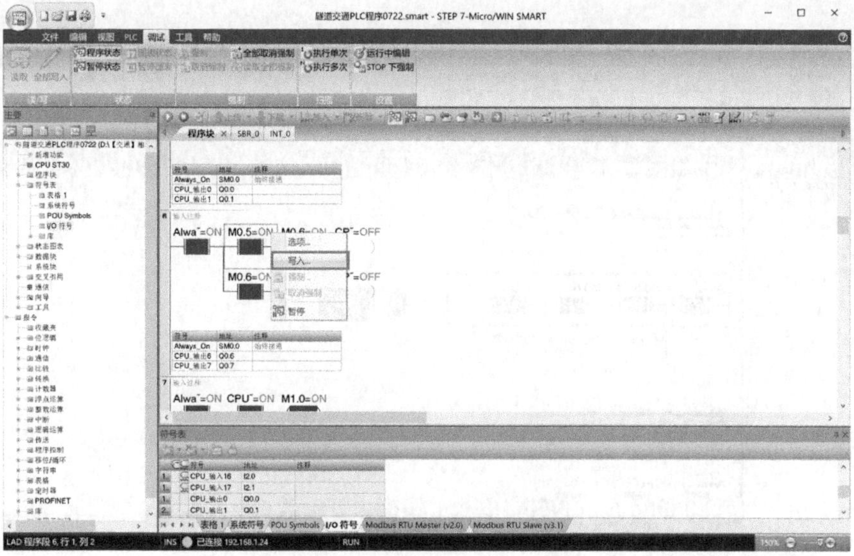

图5-3-3　PLC控制车道指示灯-3

步骤4：写入的值为“OFF”，表示关闭（图5-3-4）。

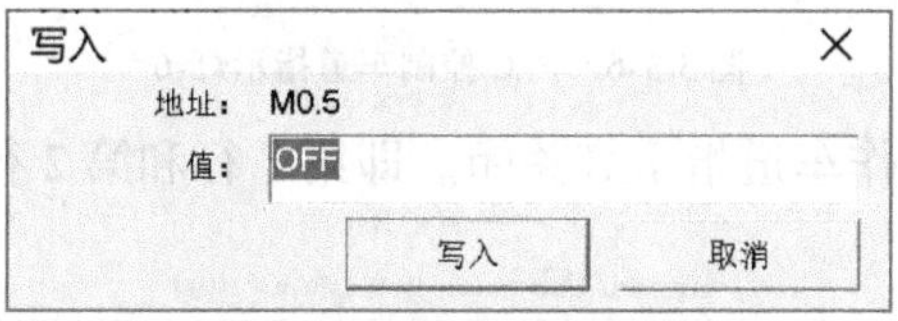

图5-3-4　PLC控制车道指示灯-4

步骤5：梯形图第2行空格处全部变为蓝色，表示车道指示灯允许通行（图5-3-5）。

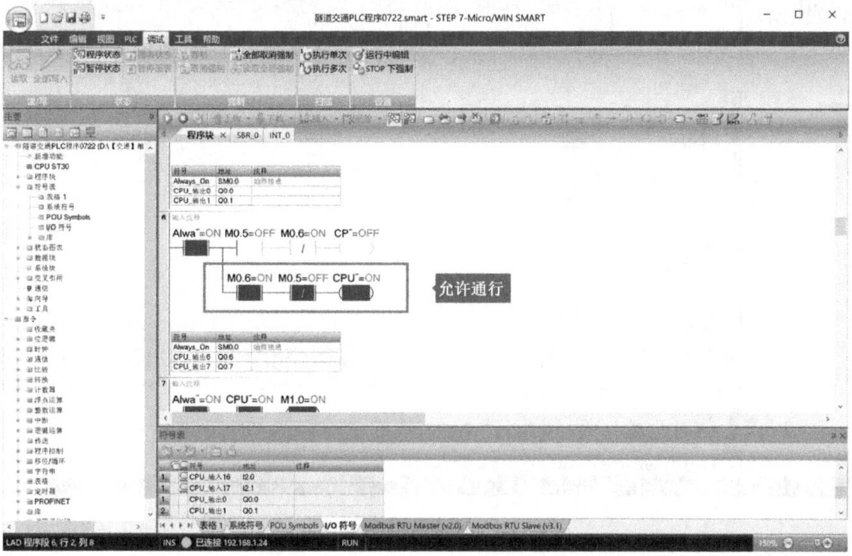

图5-3-5　PLC控制车道指示灯-5

步骤6:用同样的方法,可以操控车道指示灯禁止通行(图5-3-6)。

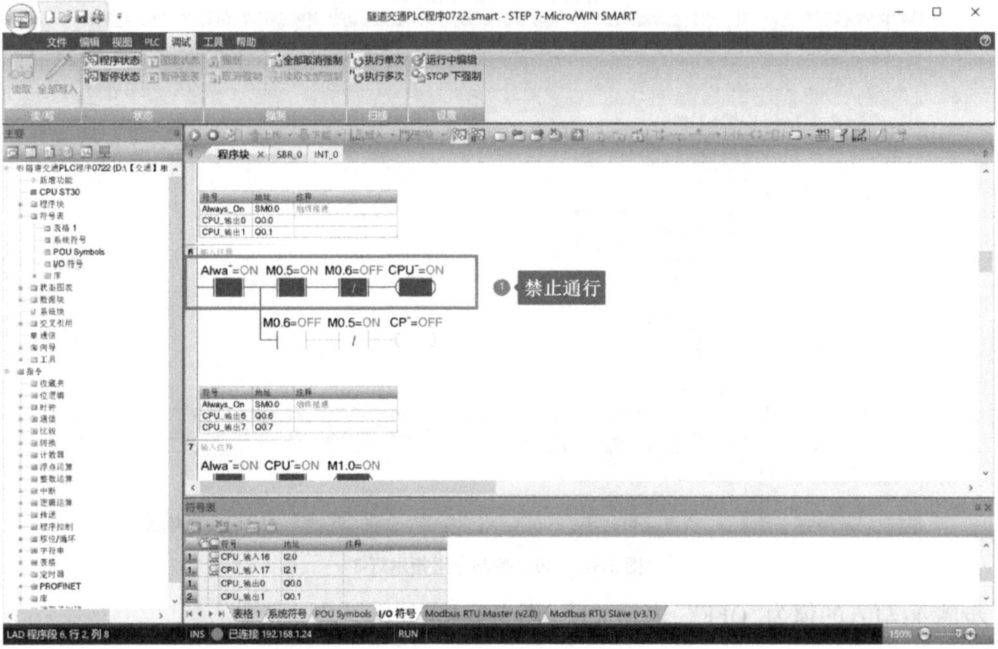

图5-3-6 PLC控制车道指示灯-6

步骤7:同样的方法,操作车道指示灯关闭。即第1行和第2行都不连通(图5-3-7)。

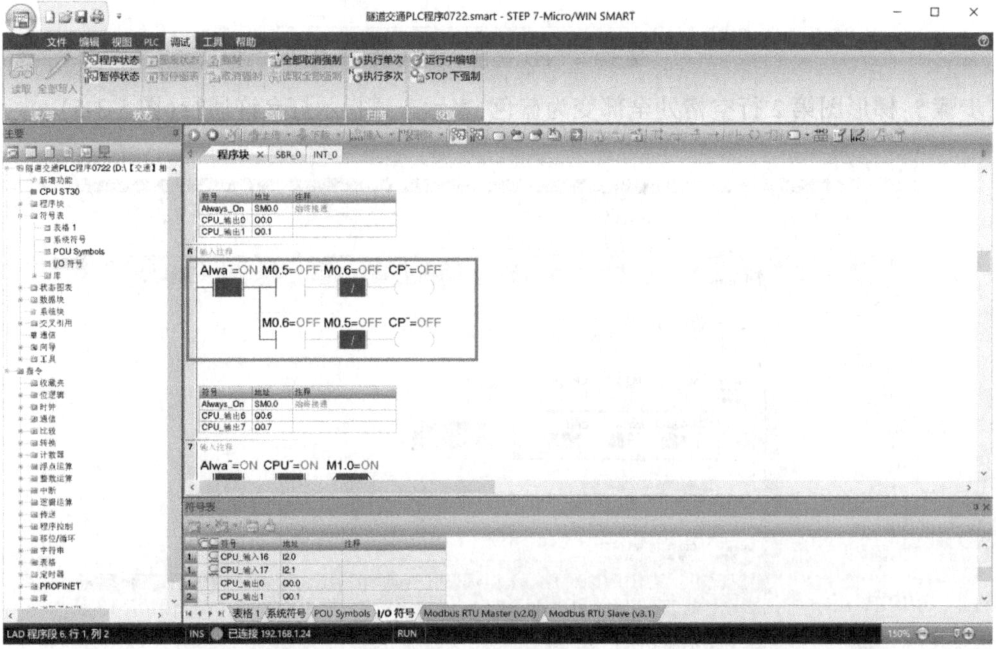

图5-3-7 PLC控制车道指示灯-7

（二）PLC 控制交通信号灯

步骤 1：打开 PLC 编程软件，确保 PLC 编程软件已经连接到 PLC，并处于“RUN”模式，然后点击菜单栏【调试】-【程序状态】，如图 5-3-8 所示。

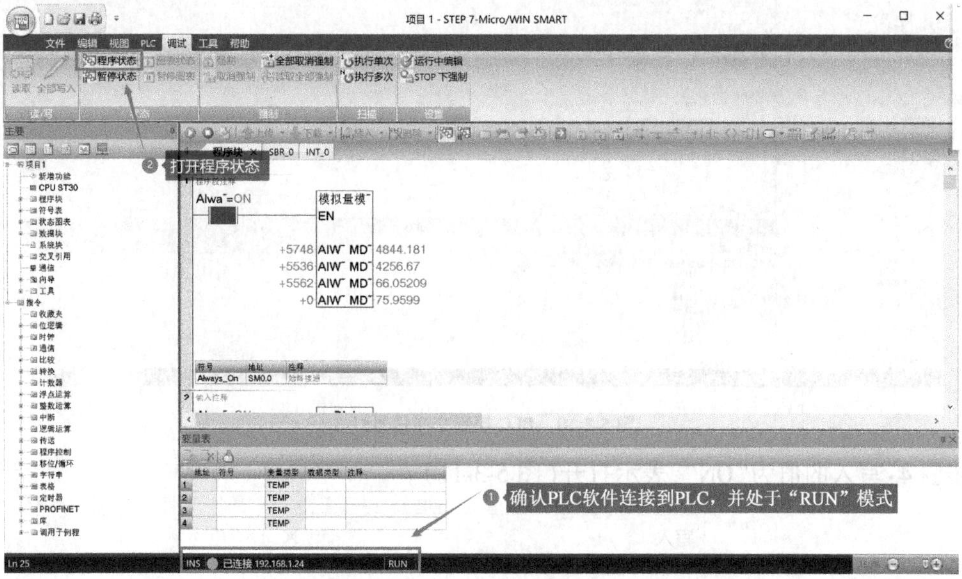

图 5-3-8　PLC 控制交通信号灯-1

步骤 2：根据交通信号灯连接 PLC 的地址，找到对应的代码段（图 5-3-9）。

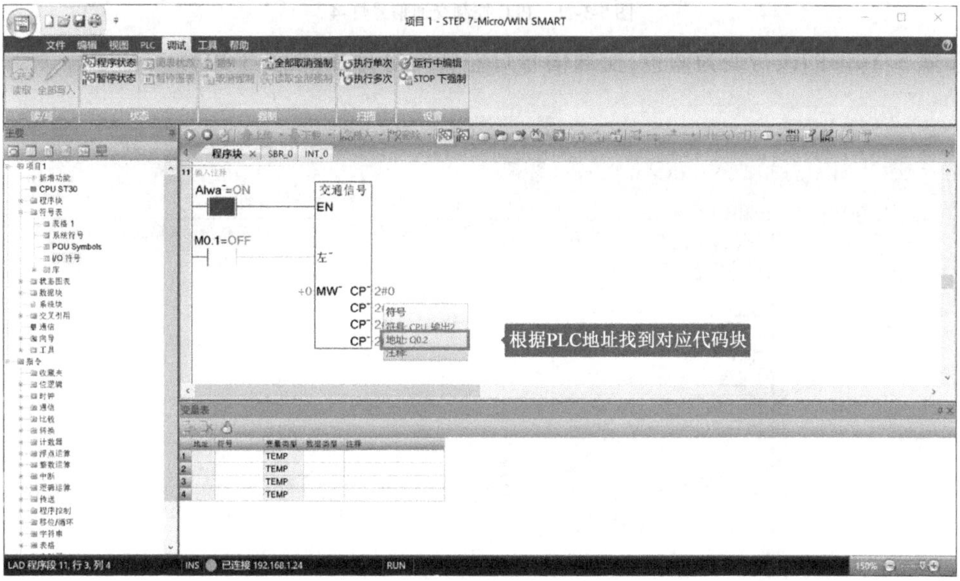

图 5-3-9　PLC 控制交通信号灯-2

步骤 3：将鼠标移动至“M0.1 = OFF”处，鼠标右键选择【写入…】，如图 5-3-10 所示。

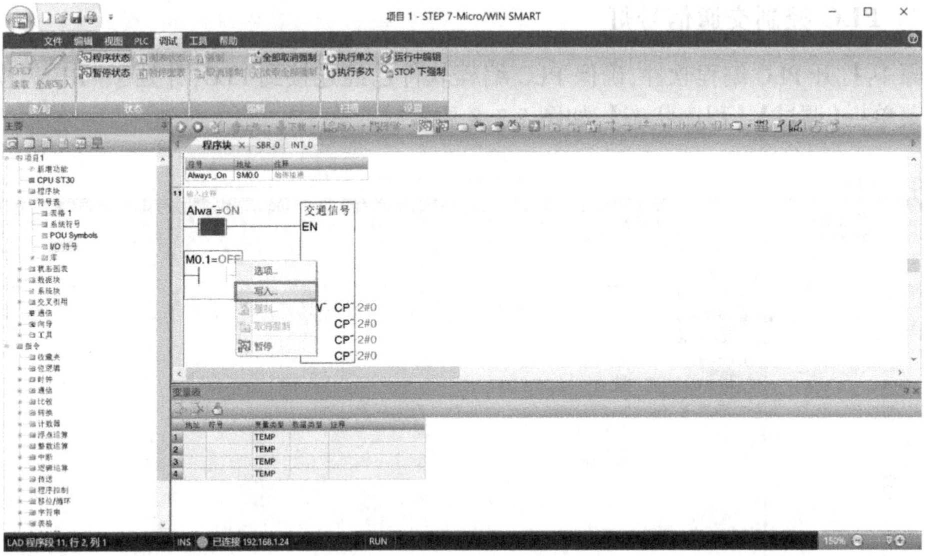

图 5-3-10　PLC 控制交通信号灯-3

步骤4:写入的值为“ON”,表示打开(图 5-3-11)。

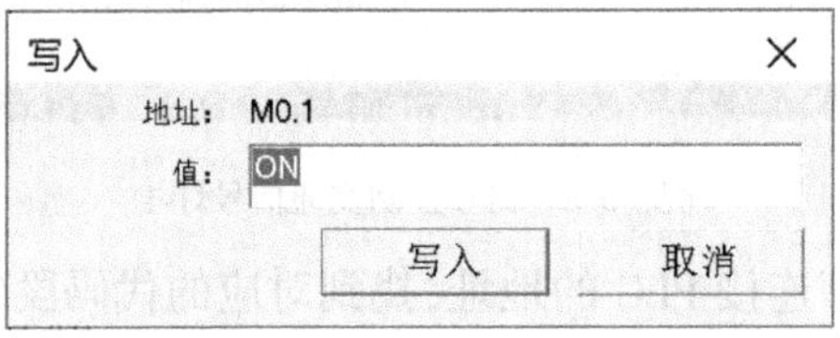

图 5-3-11　PLC 控制交通信号灯-4

步骤5:梯形图该行变为蓝色,交通信号灯左转向灯打开(图 5-3-12)。

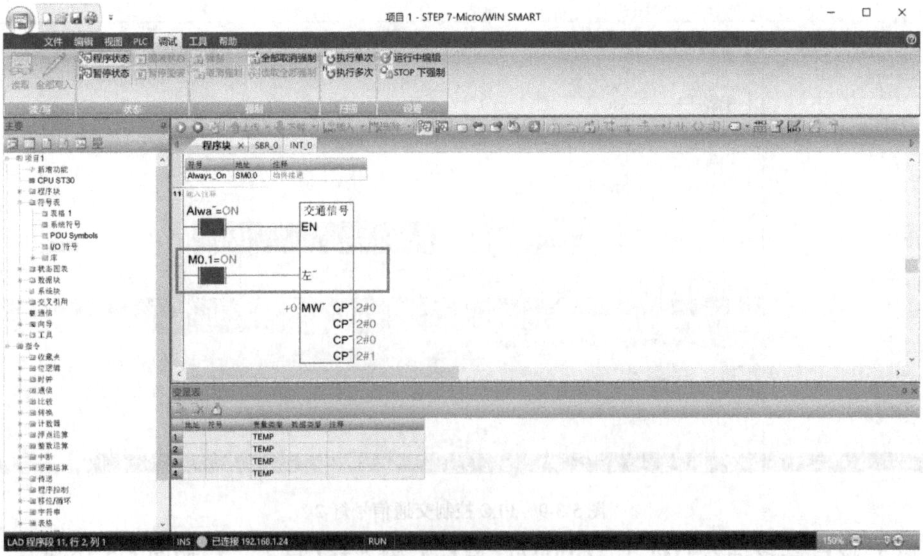

图 5-3-12　PLC 控制交通信号灯-5

步骤6:用同样的方法,可以操控左转向灯关闭(图5-3-13)。

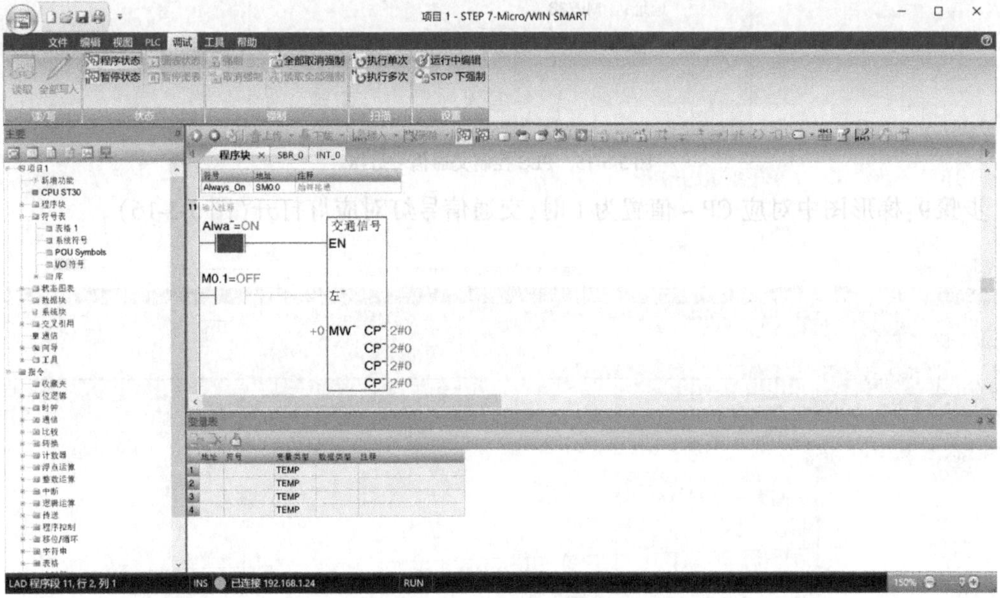

图5-3-13　PLC控制交通信号灯-6

步骤7:将鼠标移动至+0MW-处,鼠标右键选择【写入…】,如图5-3-14所示。

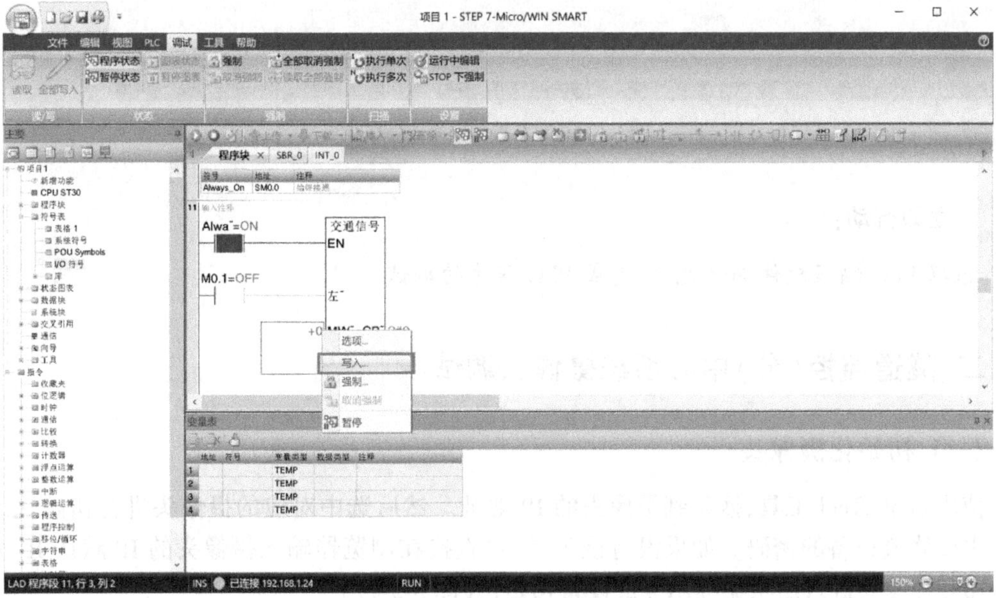

图5-3-14　PLC控制交通信号灯-7

步骤8:写入的值为1~3,表示打开对应指示灯。1——打开红灯;2——打开黄灯;3——打开绿灯(图5-3-15)。

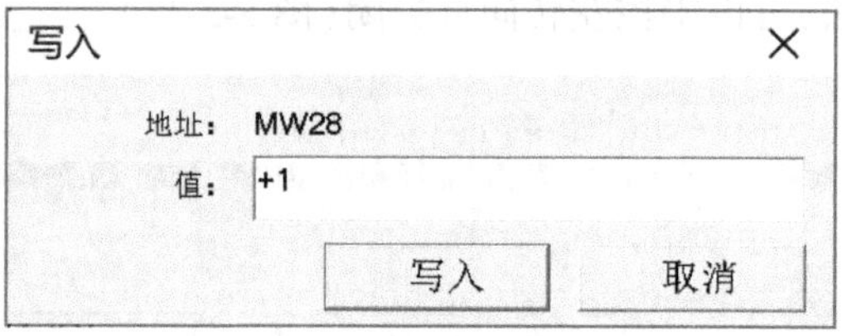

图 5-3-15　PLC 控制交通信号灯-8

步骤 9:梯形图中对应 CP ~ 值置为 1 时,交通信号灯对应灯打开(图 5-3-16)。

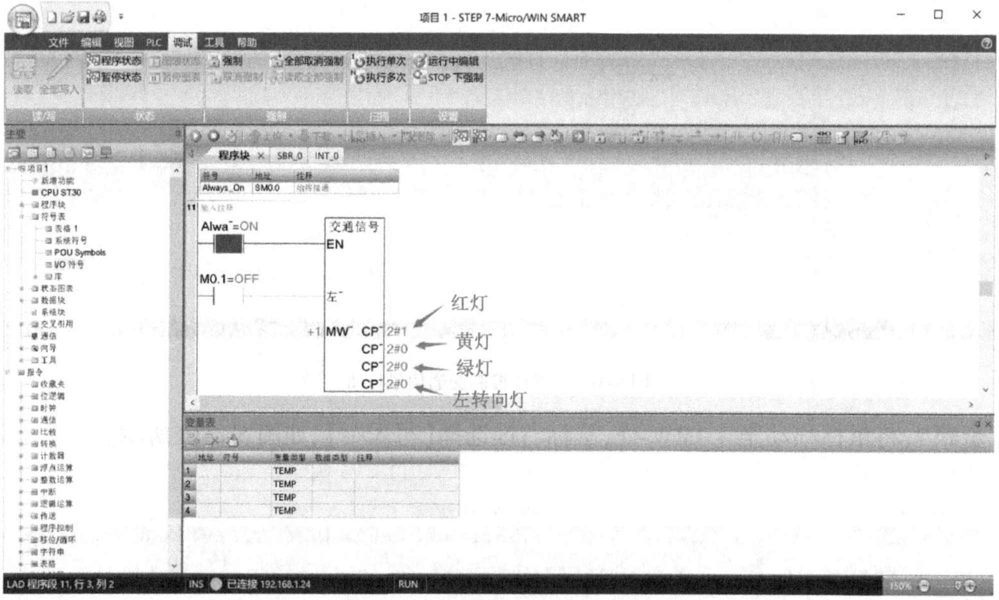

图 5-3-16　PLC 控制交通信号灯-9

立即行动:

根据 PLC 编程软件调试说明,完成 PLC 程序的调试。

二、隧道监控(分)中心系统摄像头调试

(一) 初始化摄像头

使用 configTool 工具,搜索到摄像头的 IP 地址。然后选中对应的摄像头进行初始化。初始化主要修改设备的密码。如果没有该工具,可直接在浏览器输入摄像头的 IP 默认 IP 地址 192. 168. 1. 108,进入后根据提示完成设备初始化(图 5-3-17)。

(二) 修改摄像头 IP 地址

步骤 1:浏览器通过设备的 IP 地址进入到设备 WEB 服务页面。输入用户名和密码,进入到设备主页(图 5-3-18)。

图 5-3-17　初始化摄像头

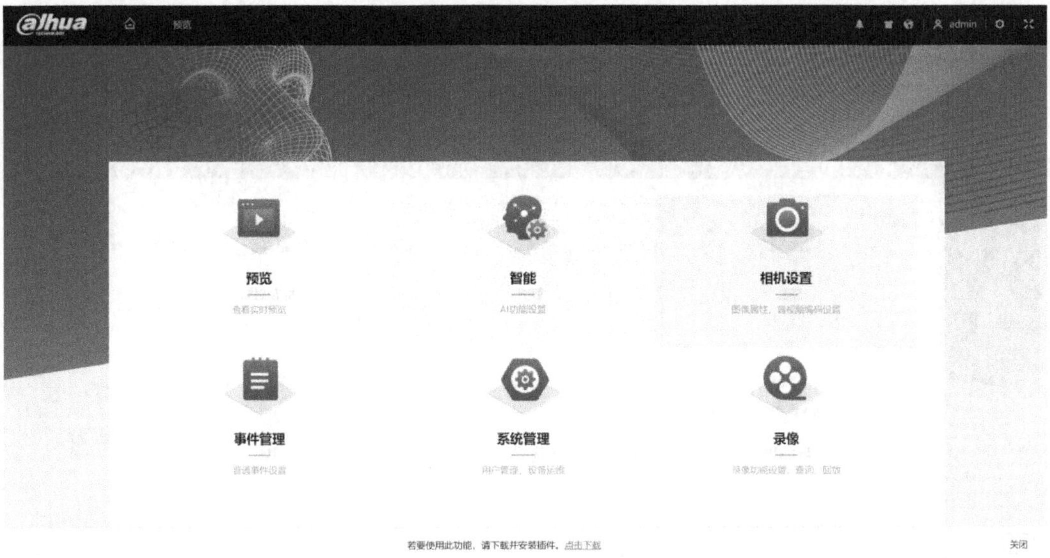

图 5-3-18　修改摄像头 IP 地址-1

步骤 2:右上角设置按钮进入到网络设置页面,修改 TCP/IP 设置,将 IP 地址修改为静态 IP 地址(图 5-3-19)。

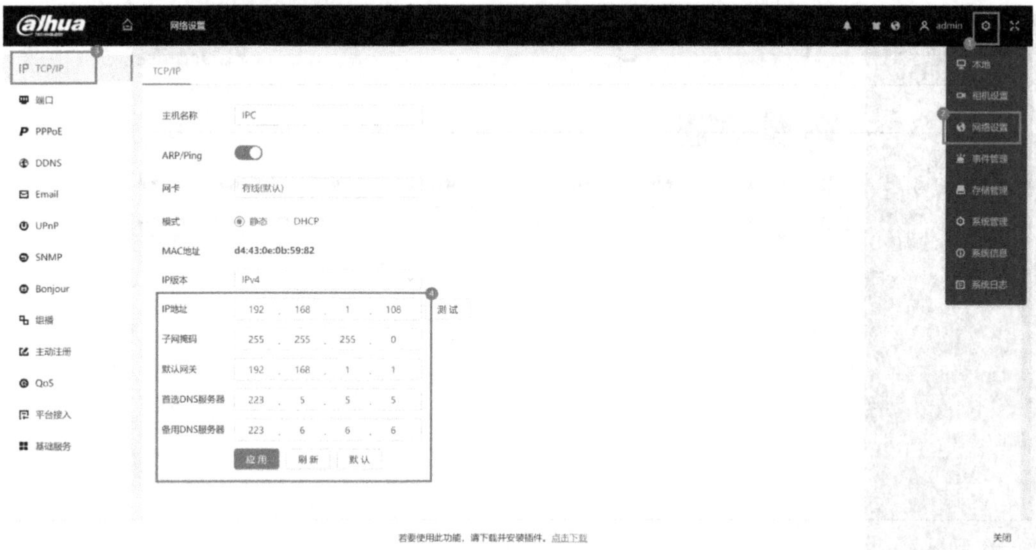

图 5-3-19　修改摄像头 IP 地址-2

(三) 摄像头事件监控

步骤1:摄像头主页进入到智能设置页面(图5-3-20)。

图 5-3-20　摄像头事件监控-1

步骤2:选择对应的智能方案,选择普通模式,点击下一步(图5-3-21)。

步骤3:选择对应的智能方案。这里可以进行人脸识别、人脸检测、通用行为分析、人数统计、视频结构化和道路监控等智能方案。选择好对应方案后,点击下一步(图5-3-22)。

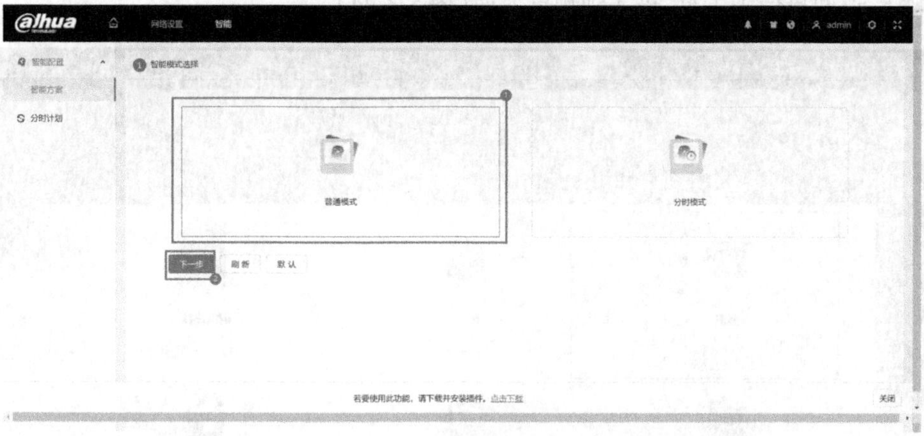

图 5-3-21　摄像头事件监控-2

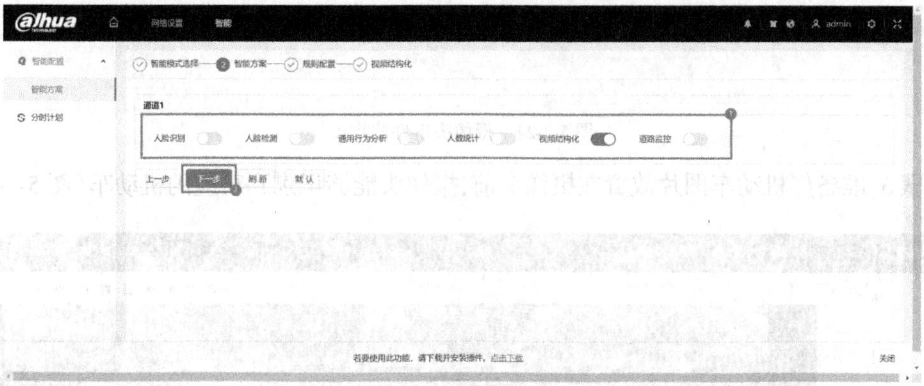

图 5-3-22　摄像头事件监控-3

步骤 4:接着添加对应方案的规则。如这里添加视频结构化里面的机动车检测,添加完成后点击应用(图 5-3-23)。

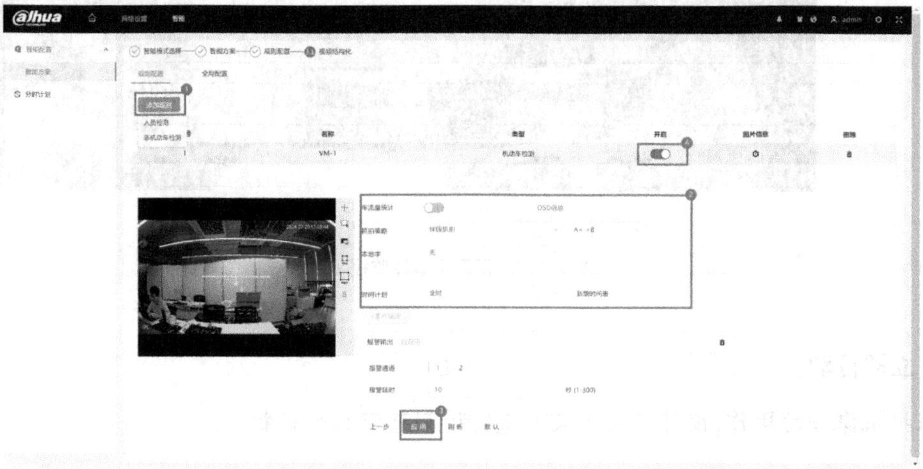

图 5-3-23　摄像头事件监控-4

步骤5:返回摄像头主页,进入到预览界面(图5-3-24)。

图5-3-24　摄像头事件监控-5

步骤6:准备好机动车图片放置在摄像头前,摄像头能够识别到对应的机动车(图5-3-25)。

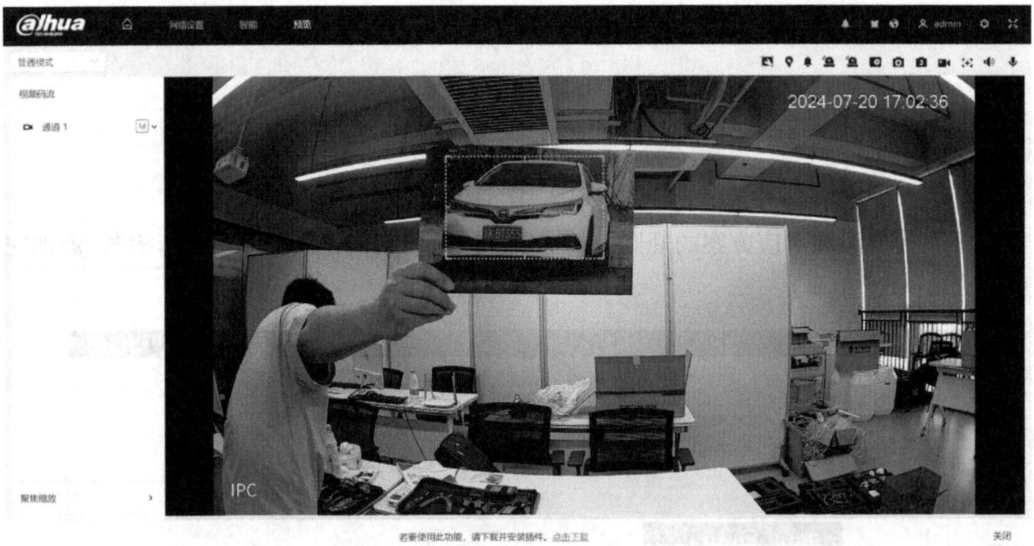

图5-3-25　摄像头事件监控-6

立即行动:

根据摄像头的操作,设计智能方案并成功检测到对应目标物。

三、隧道监控(分)中心系统广播信息发布调试

(一) NewPorter 配置 IP 地址

步骤1:初始化 NewPorter。如果是第一次使用该设备,设备初始 IP 为 192.168.14.200,需要进行 IP 地址的修改。若已修改,则按实际 IP 地址登录 NewPorter。如果您忘记了设备的 IP 地址,可通过设备底部有重置按钮,重置该设备。

步骤2:修改 NewPorter 的 IP 地址。将 NewPorter 直连到电脑,并将电脑的 IP 地址网段修改为 14 网段。浏览器中输入设备的 IP 地址进入 WEB 设置页面(图 5-3-26)。

图 5-3-26　NewPorter 配置 IP 地址-2

步骤3:使用用户名(root)和密码(000997)登录 NewPorter。菜单栏选择【网络】-【接口】,修改 LAN 口(图 5-3-27)。

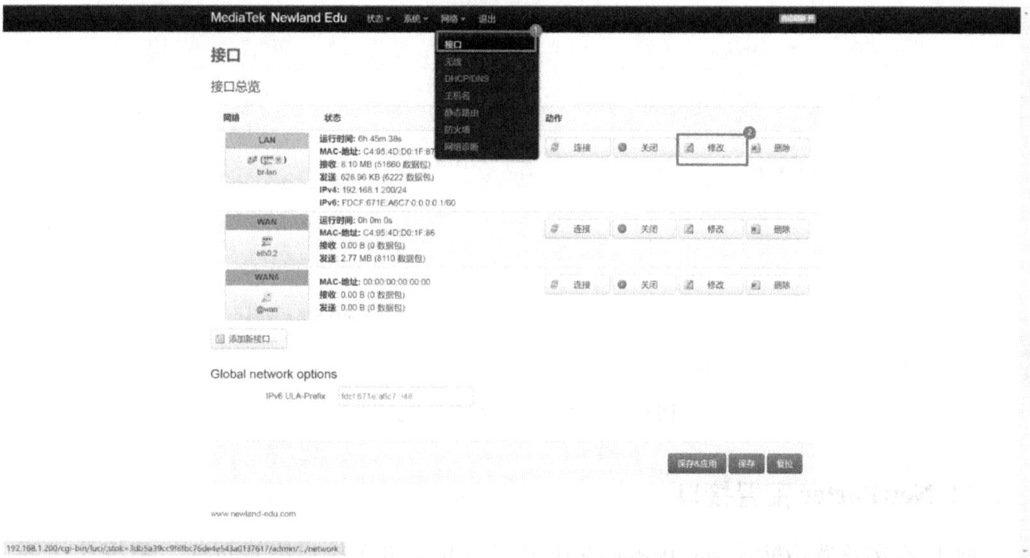

图 5-3-27　NewPorter 配置 IP 地址-3

步骤 4:修改对应的 IP 地址为实际分配的 IP 地址(图 5-3-28)。

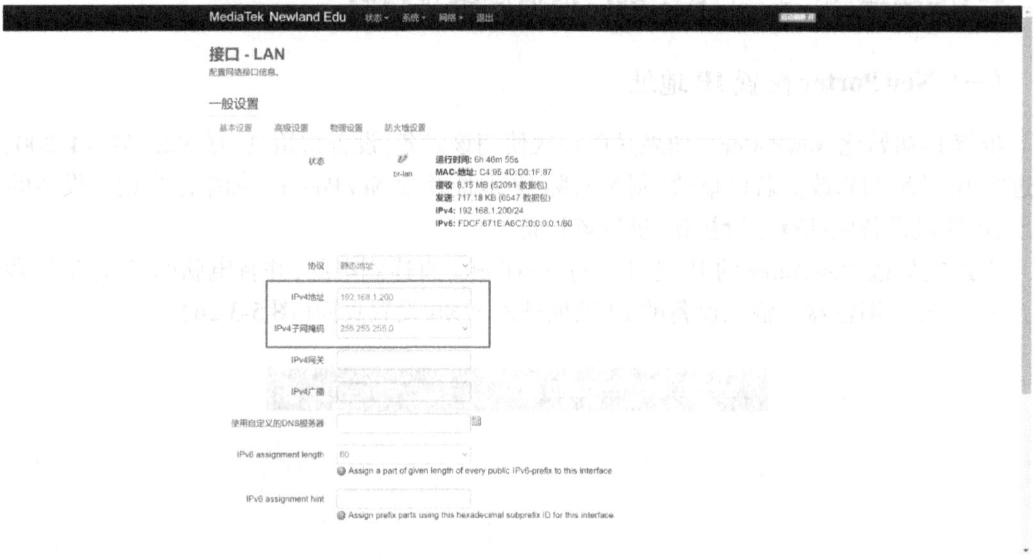

图 5-3-28　NewPorter 配置 IP 地址-4

步骤 5:关闭 DHCP。完成后点击【保存 & 应用】,设备重启后,从新的 IP 地址进入设备(图 5-3-29)。

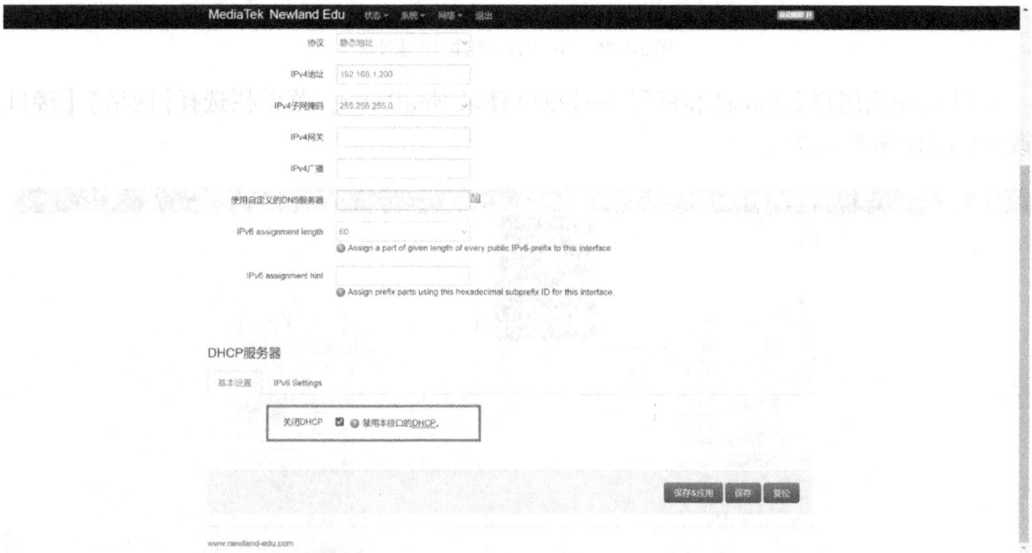

图 5-3-29　NewPorter 配置 IP 地址-5

(二) NewPorter 配置接口

步骤 1:在浏览器中输入 NewPorter 的 IP 地址:8400,进入接口配置页面。根据接线图,综合显示屏接入到 NewPorter 的 RS485-2 口,需要修改对应接口的波特率等参数(图 5-3-30)。

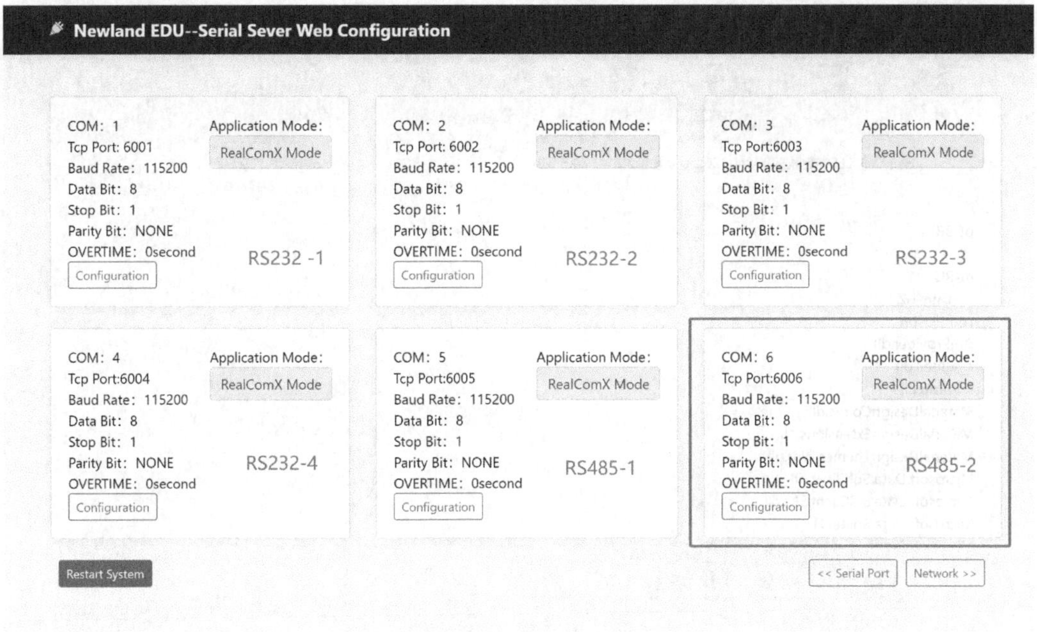

图 5-3-30　NewPorter 配置接口-1

步骤 2：修改为综合显示屏对应的波特率 9600，然后提交设置，重启 NewPorter 设备（图 5-3-31）。

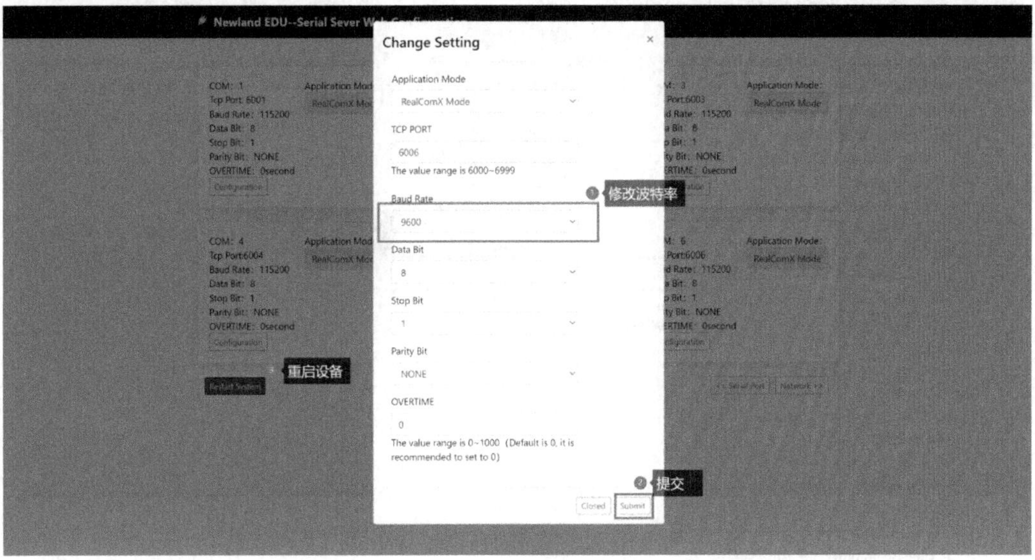

图 5-3-31　NewPorter 配置接口-2

（三）LED 屏幕控制

步骤 1：在软件包中找到“LED 控制程序”压缩包，进行解压（图 5-3-32）。

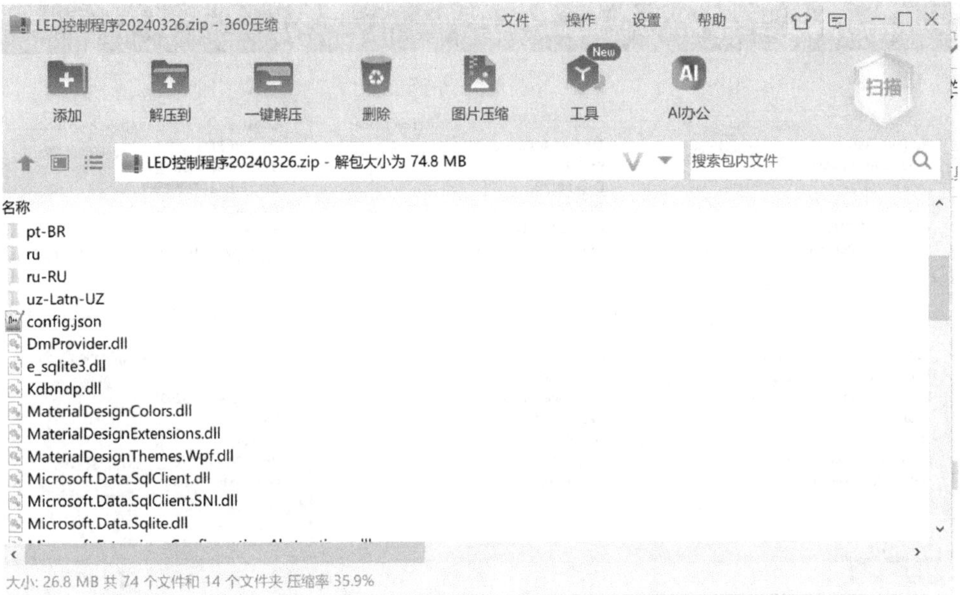

图 5-3-32　LED 屏幕控制-1

步骤 2:找到“NIFCCase. SmartETC. Services. Test. exe”应用程序,双击运行(图 5-3-33)。

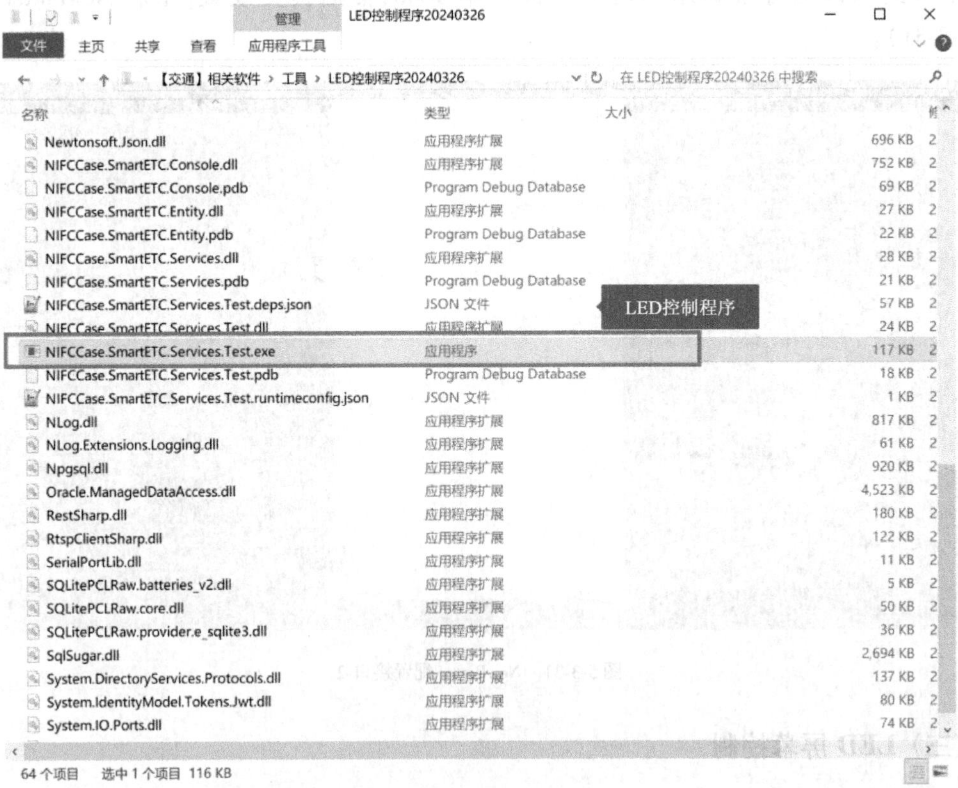

图 5-3-33　LED 屏幕控制-2

步骤3：在LED屏配置页面输入NewPorter的IP地址以及设备对应的端口号。接着输入想要发送的文字信息，点击发送（图5-3-34）。

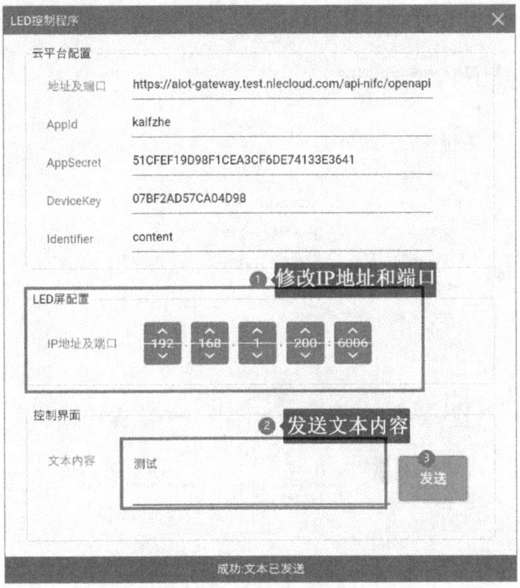

图5-3-34　LED屏幕控制-3

步骤4：显示屏显示对应的文字，表示显示屏正常工作（图5-3-35）。

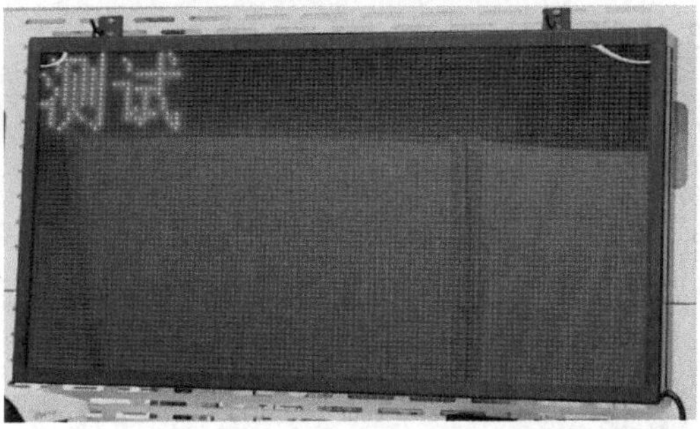

图5-3-35　LED屏幕控制-4

立即行动：

根据综合显示屏的操作，成功向综合显示屏发送消息。

四、隧道监控（分）中心系统网关软件调试

（一）传感器数据配置

步骤1：打开网关软件，同时打开项目工程。在左侧菜单栏【数据中心】中找到【I/O点】，下拉找到【TCP】下的【PLC200Smart】，双击【PLC200Smart】进入配置该PLC的实际IP地址（图5-3-36）。

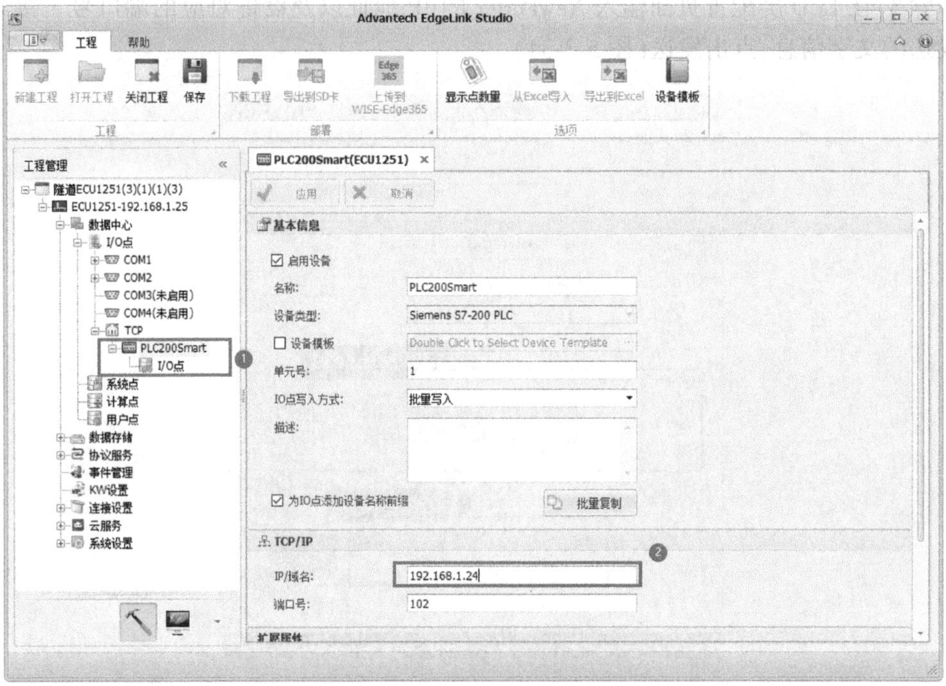

图 5-3-36　网关传感器数据配置-1

步骤 2:选中对应的工程,点击【下载工程】。下载完成后设备重启。这样就将修改后的设置写入到设备中了(图 5-3-37)。

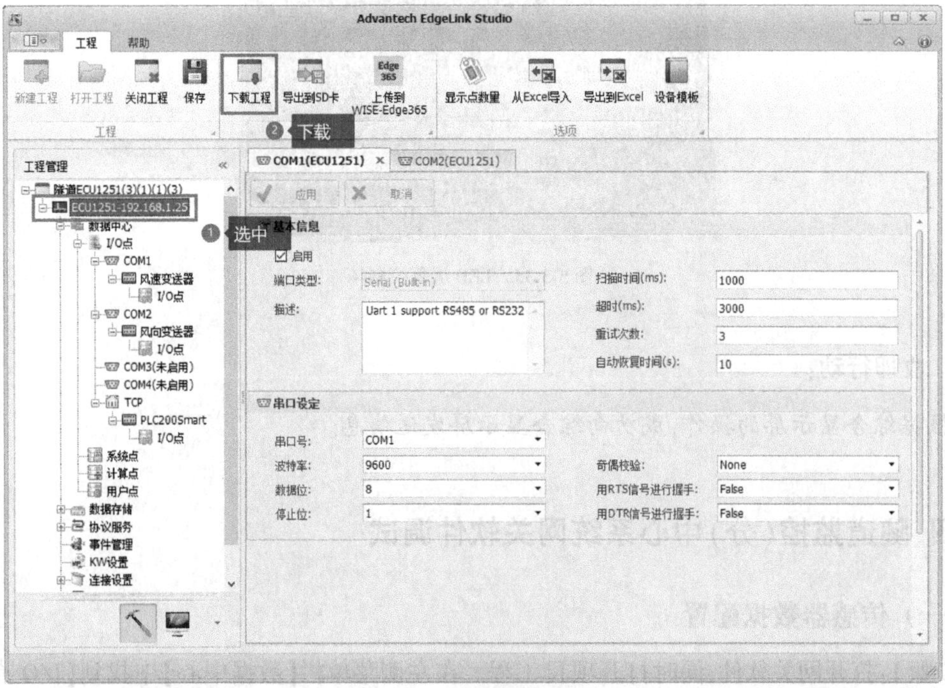

图 5-3-37　网关传感器数据配置-2

（二）传感器数据查看

步骤 1：浏览器中输入网关 IP 地址，使用用户名（admin）和密码（00000000）登录网关。

步骤 2：菜单栏选择【点】-【IO 点】，右侧页面查看传感器数据。交通监控子系统中需要找到车道指示灯和交通信号灯的数据。注意，如果设备连接良好，传感器质量会显示“Good”。如果传感器质量显示“Bad”，需要检查传感器的连线（图 5-3-38）。

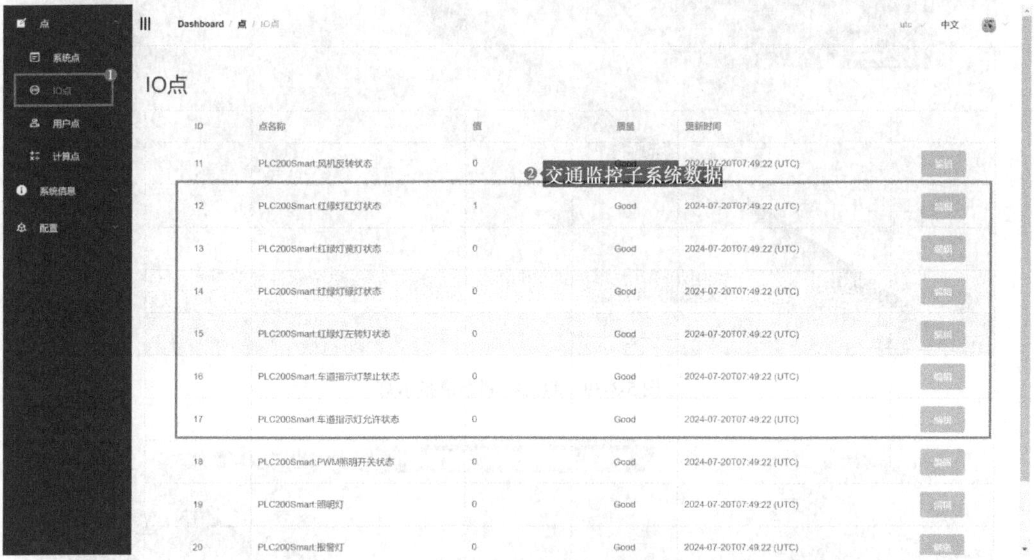

图 5-3-38　网关传感器数据查看

立即行动：

根据网关软件的操作，调试传感器并成功查看传感器数据。

五、隧道监控（分）中心系统组态软件调试

（一）组态控制车道指示灯

步骤 1：在组态软件中找到车道指示灯按钮。点击【车道指示灯】，在弹出窗口中进行车道指示灯的控制，包括车道指示灯的禁行、正常和关闭（图 5-3-39）。

步骤 2：关闭车道指示灯。

（二）组态控制交通信号灯

步骤 1：在组态软件中找到交通信号灯按钮。点击【交通信号灯】，在弹出窗口中进行交通信号灯的控制，包括交通信号灯的关闭、红灯、黄灯、绿灯以及左转向灯的开启和关闭（图 5-3-40）。

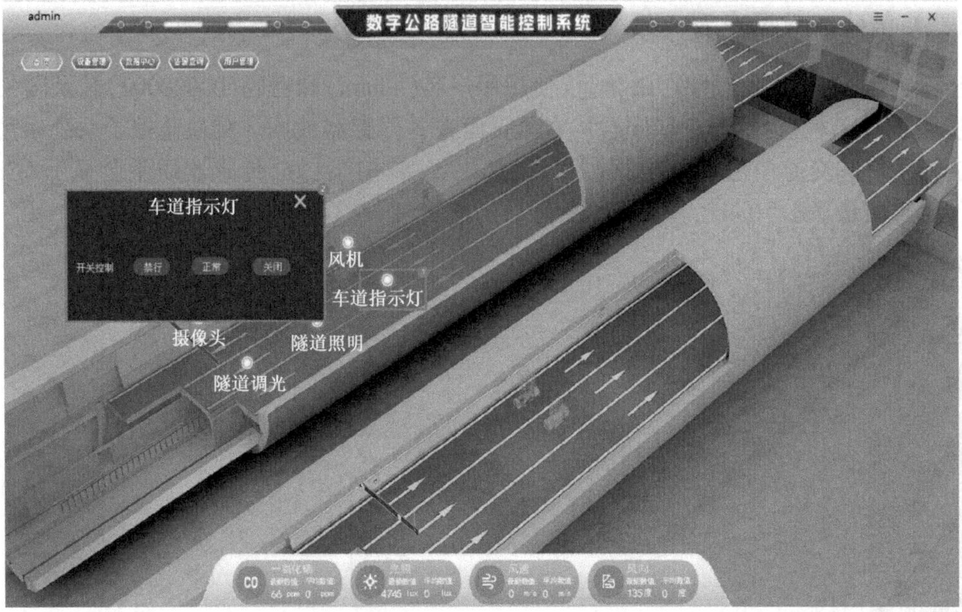

图 5-3-39　组态控制车道指示灯

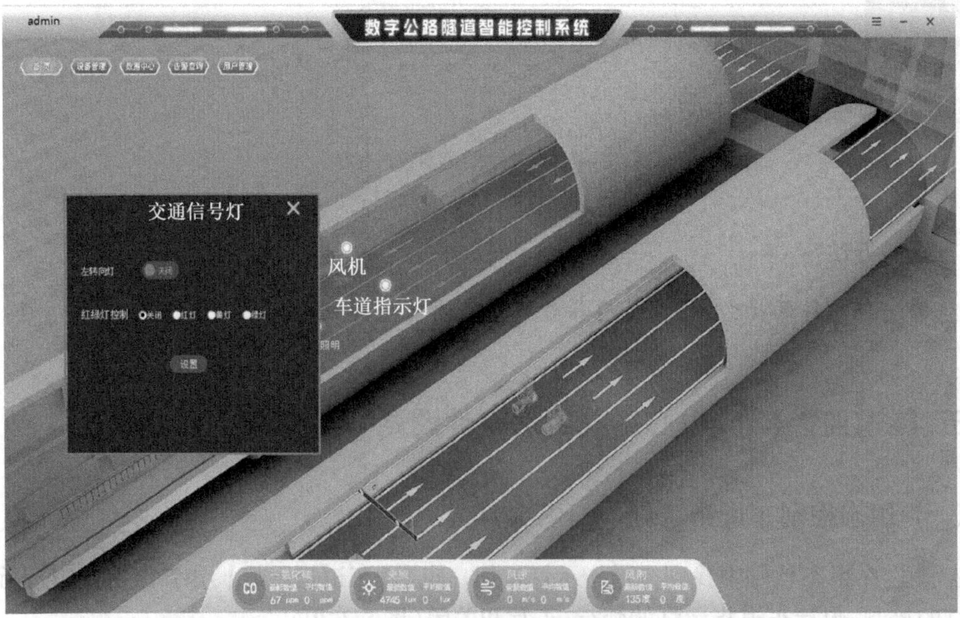

图 5-3-40　组态控制交通指示灯

步骤 2:关闭交通信号灯。

(三) 组态控制综合显示屏

步骤 1:在组态软件中找到设备管理按钮。点击【设备管理】,在弹出 LED 控制窗口中输入文本内容,控制 LED(图 5-3-41)。

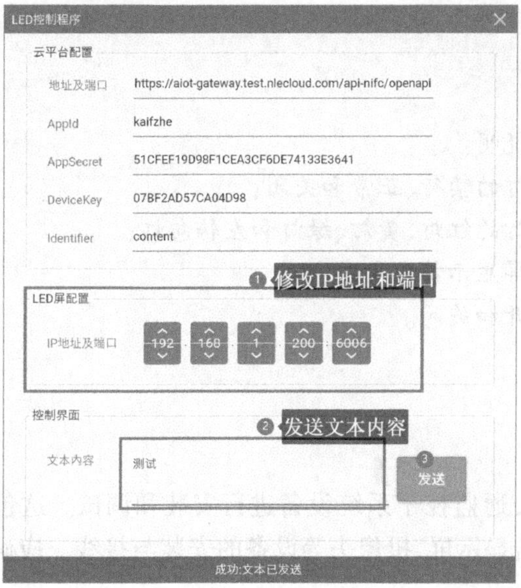

图 5-3-41　组态控制综合显示屏

步骤 2:关闭 LED 控制程序。

(四) 组态控制摄像头

步骤 1:在组态软件中找到摄像头按钮。点击【摄像头】,在弹出窗口中可查看摄像头内容(图 5-3-42)。

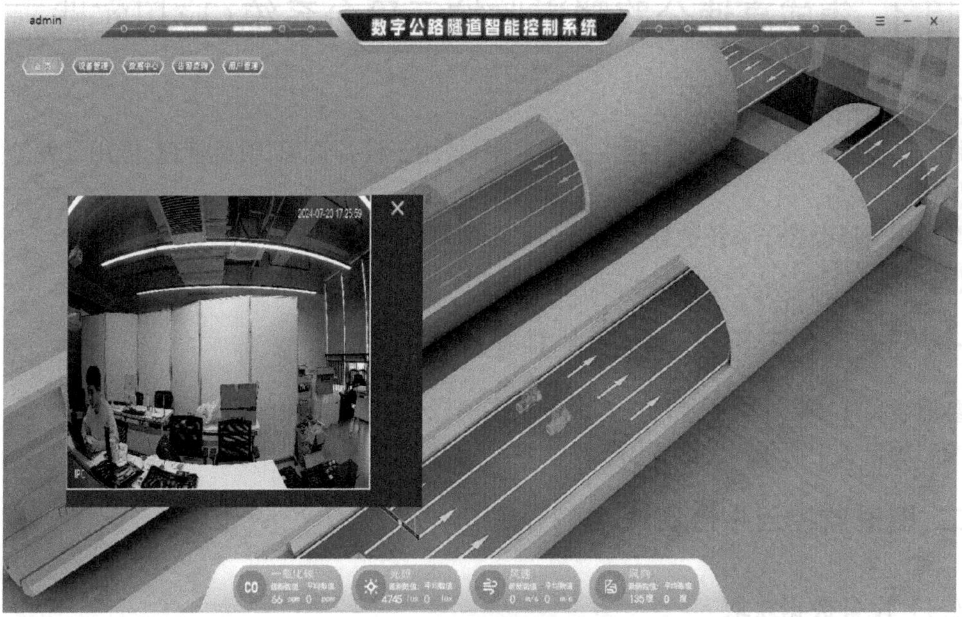

图 5-3-42　组态控制摄像头

步骤2:关闭摄像头。

立即行动:

根据组态软件操作说明:
成功控制车道指示灯的禁行、正常和关闭;
成功控制交通信号灯的红灯、黄灯、绿灯和左转向灯;
成功控制综合显示屏显示特定文字;
成功控制摄像头打开和关闭。

任务小结

本任务要求对隧道交通监控子系统设备进行安装和调试。这包括PLC、ECU网关、车道指示灯、交通信号灯、综合显示屏、摄像头等设备的安装与接线。应确保所有操作在断电状态下进行以保障安全。

安装后,使用PLC编程软件进行调试,包括控制车道指示灯、交通信号灯。

接着,通过网关软件配置传感器数据,并通过浏览器查看传感器状态。

然后,使用LED控制工具进行综合显示屏及摄像头的调试。

最后,利用组态软件进一步控制车道指示灯、交通信号灯、综合显示屏、摄像头等设备,确保系统正常运行。整个过程应注意安全操作,确保设备的正确安装和调试。

项目4 集成高速公路隧道监控云平台系统(应用实践)

【任务描述】

将交通监控子系统的本地数据上传至云平台,用于设备管理、项目管理、应用开发等。

【任务目标】

掌握将交通监控子系统数据上传至云平台的具体操作。

【任务实施】

一、隧道监控云平台添加网关并在线

参照项目3中云平台添加网关产品和设备的操作,完成网关的添加。

参照项目3中研华网关配置MQTT的方法,让网关设备在云平台上线。

二、隧道监控云平台调试

(一)设备数据获取

步骤1:云平台进入【设备运维】-【设备调试】页面。选择对应的产品和设备。Tab页选择

【属性】页面，功能选择【属性上报】，属性选择交通监控子系统相关属性。最后点击【获取最新数据】按钮（图 5-4-1）。

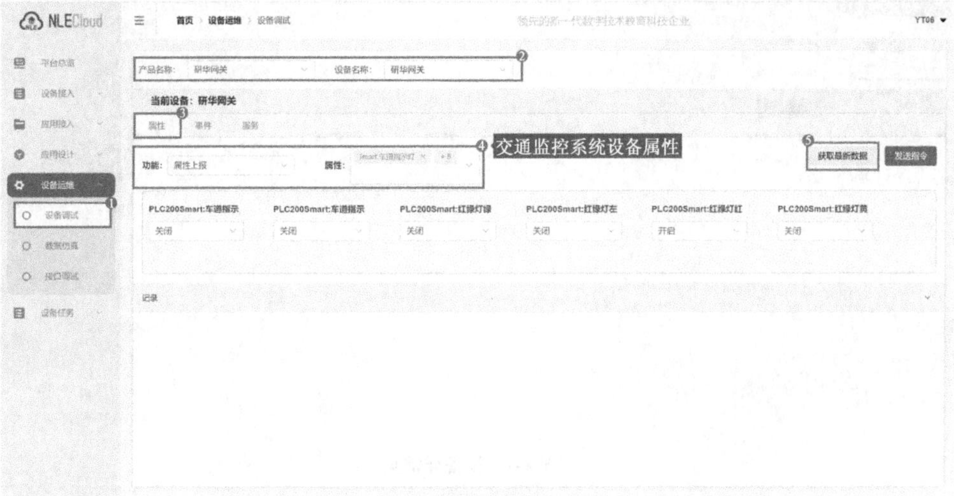

图 5-4-1　云平台设备数据获取-1

步骤 2：查看设备最新数据。同时可以触发设备，如手动改变车道指示灯或交通信号灯，重新获取最新数据后查看属性的变化（图 5-4-2）。

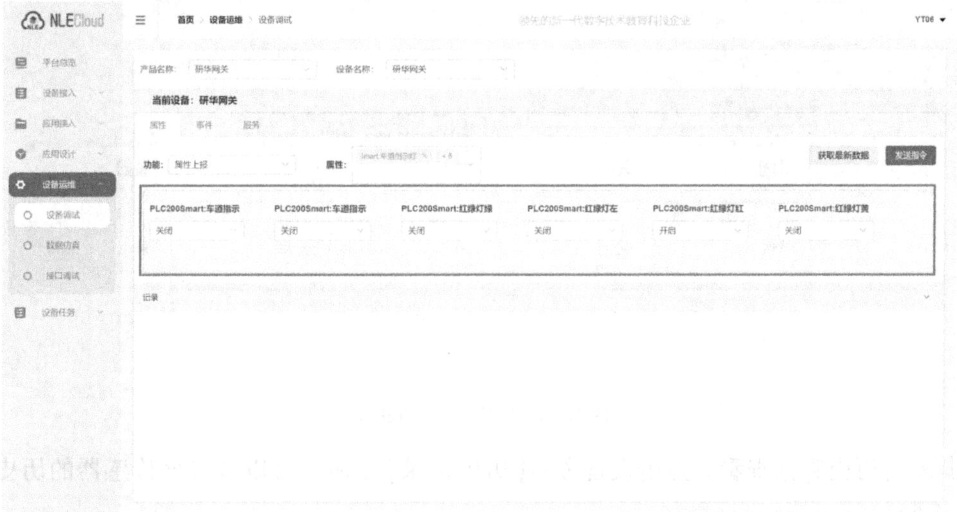

图 5-4-2　云平台设备数据获取-2

（二）数据查看

步骤 1：进入设备详情页。云平台菜单栏点击【设备管理】，找到对应的网关设备，点击【详情】按钮（图 5-4-3）。

步骤 2：切换到物模型数据 Tab 页，进行设备数据查看。同时可以勾选实时刷新按钮，当触发设备时，就会显示最新的传感器数据（图 5-4-4）。

图 5-4-3 设备详情页

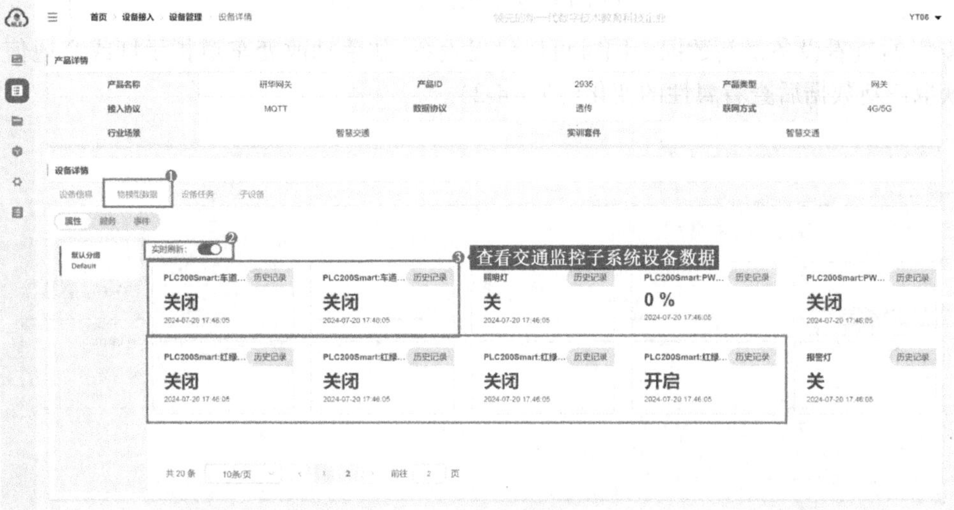

图 5-4-4 物模型数据 Tab 页

步骤3:历史数据查看。点击设备旁的【历史记录】按钮。可以查看该传感器的历史数据(图5-4-5)。

(三) 综合显示屏调试

步骤1:云平台创建综合显示屏产品(图5-4-6)。
步骤2:进入产品物模型进行产品发布(图5-4-7)。
步骤3:创建综合显示屏设备(图5-4-8)。
步骤4:进入设备详情获取设备 key(图5-4-9)。

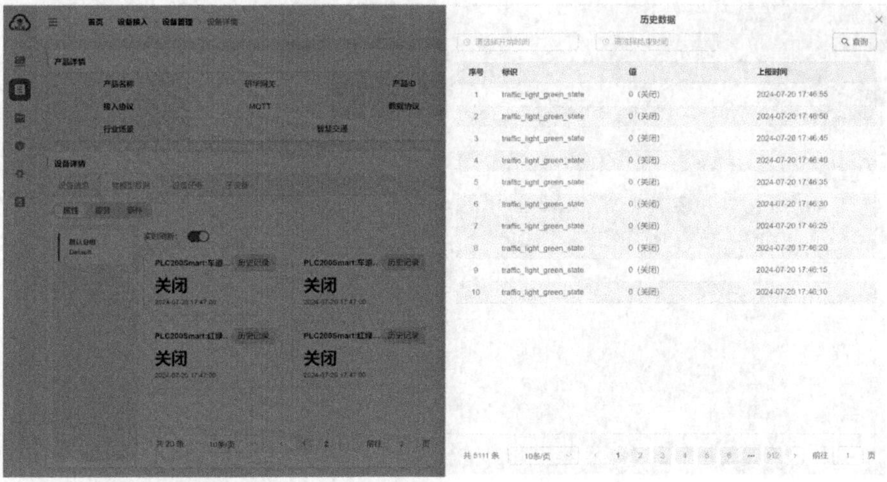

图 5-4-5　历史数据查看

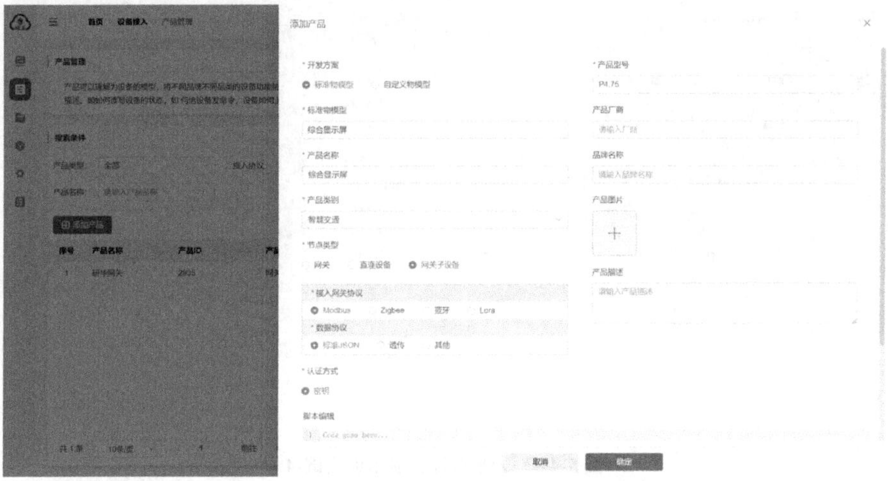

图 5-4-6　云平台综合显示屏调试-1

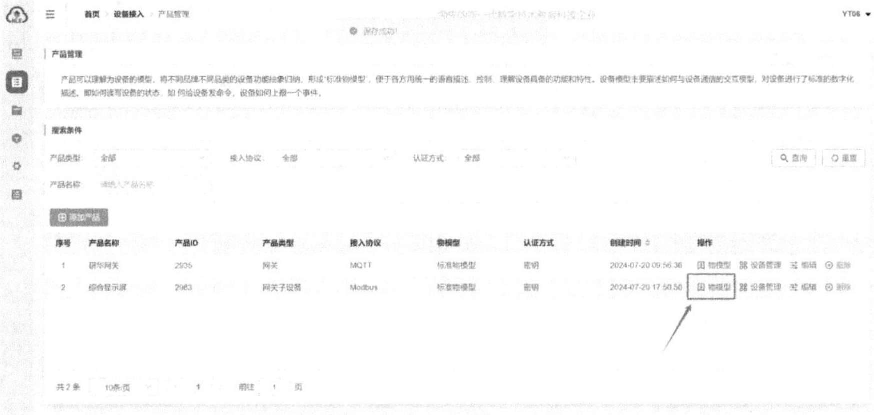

图 5-4-7　云平台综合显示屏调试-2

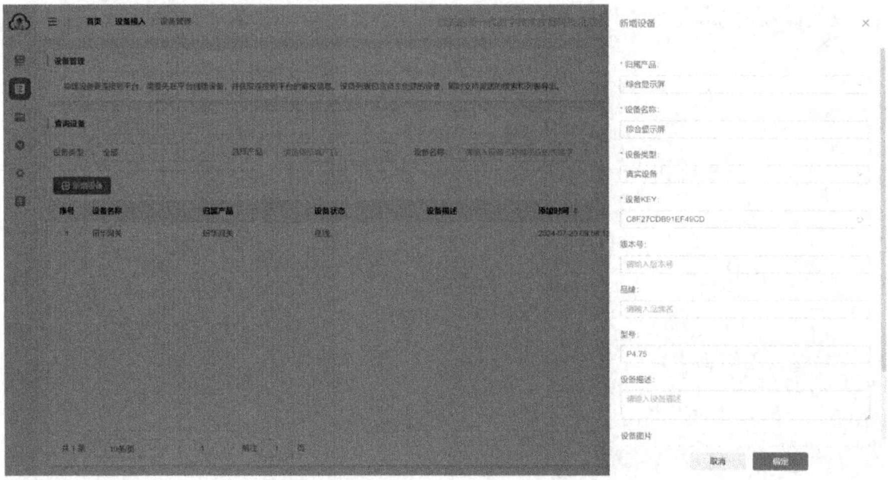

图 5-4-8　云平台综合显示屏调试-3

图 5-4-9　云平台综合显示屏调试-4

步骤 5:创建安全密钥(图 5-4-10)。

图 5-4-10　云平台综合显示屏调试-5

步骤6:打开LED控制软件,进行参数配置(图5-4-11)。

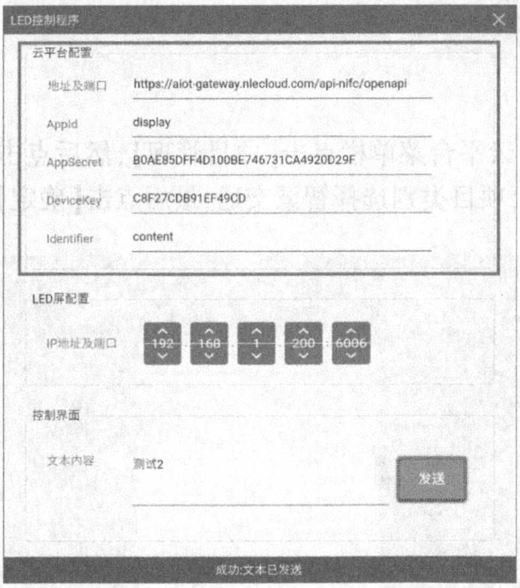

图5-4-11　云平台综合显示屏调试-6

行业云平台的地址 :https://aiot-gateway. nlecloud. com/api-nifc/openapi

Appid:刚刚创建的安全密钥的id

AppSecret:刚刚创建的安全密钥

DeviceKey:综合显示屏设备的设备key

Identifier:综合显示屏设备的属性,固定为content

步骤7:使用软件向显示屏成功发送一段文字。

步骤8:云平台进入综合显示屏的设备详情页,查看物理模数据(图5-4-12)。

图5-4-12　云平台综合显示屏调试-8

三、隧道监控云平台项目管理

(一) 创建项目

步骤1:创建新项目。云平台菜单栏点击【项目管理】,然后点击【新增项目】,在新增项目弹出窗口中输入项目名称,项目类别选择智慧交通,最后点击【确定】(图5-4-13)。

图5-4-13　创建新项目

步骤2:项目创建完成。在项目列表中出现隧道交通监控系统这个项目(图5-4-14)。

图5-4-14　项目创建完成

（二）添加设备

步骤1：进入项目信息。选择隧道交通监控系统的项目，在操作列选择【项目信息】，如图5-4-15所示。

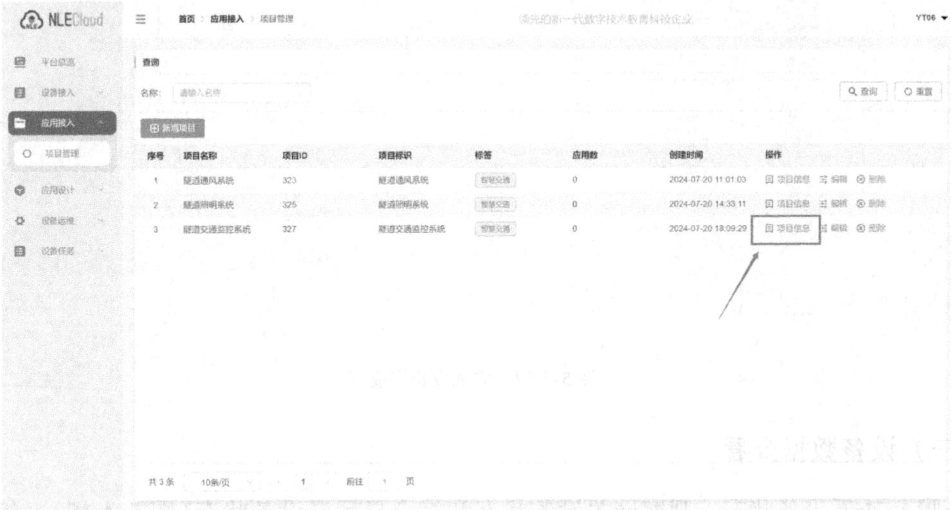

图5-4-15　进入项目信息

步骤2：添加设备。在菜单栏选择【设备管理】，然后选择【添加设备】，在添加设备弹出窗口中归属产品留空。归属资产留空，选择设备【研发网关】和【综合显示屏】，最后点击【确定】完成添加设备（图5-4-16）。（如果没有相关设备，检查是否在其他项目添加过设备，如有，删除其他项目的该设备就能正常添加）

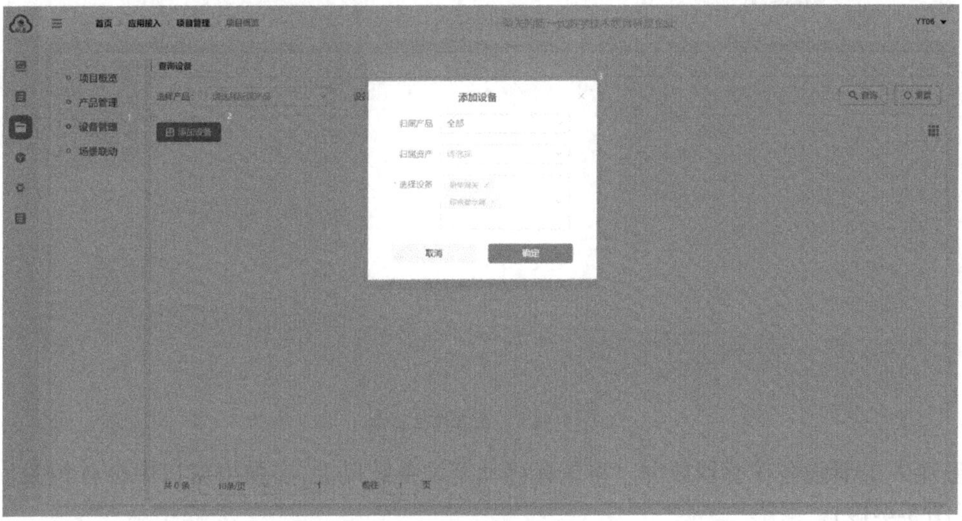

图5-4-16　添加设备

步骤3：添加设备完成。在设备列表中出现研华网关设备信息和综合显示屏信息（图5-4-17）。

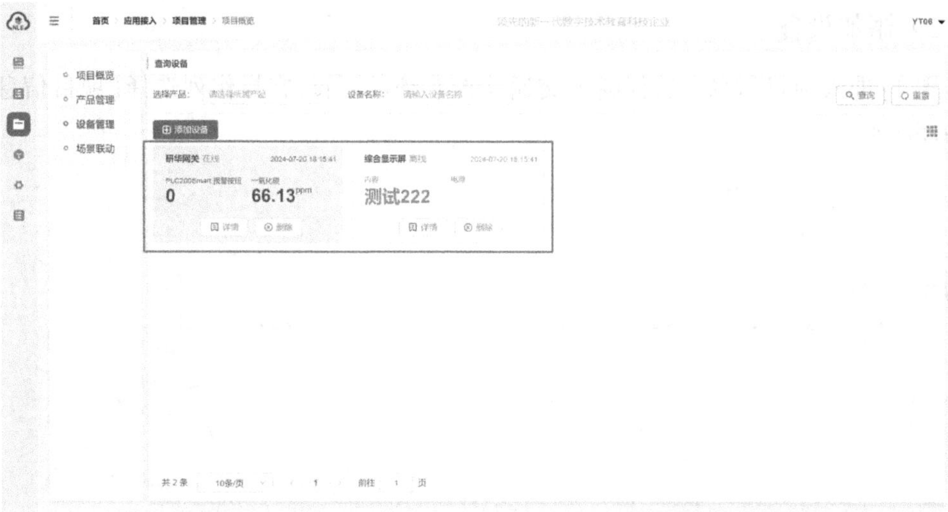

图 5-4-17　添加设备完成

(三) 设备数据查看

步骤1:查看设备状态。观察网关设备状态和综合显示屏设备状态(图5-4-18)。综合显示屏因为调用云平台API上传数据,暂未上传心跳数据,云平台不能判断设备是否在线。但不影响获取设备最新数据。

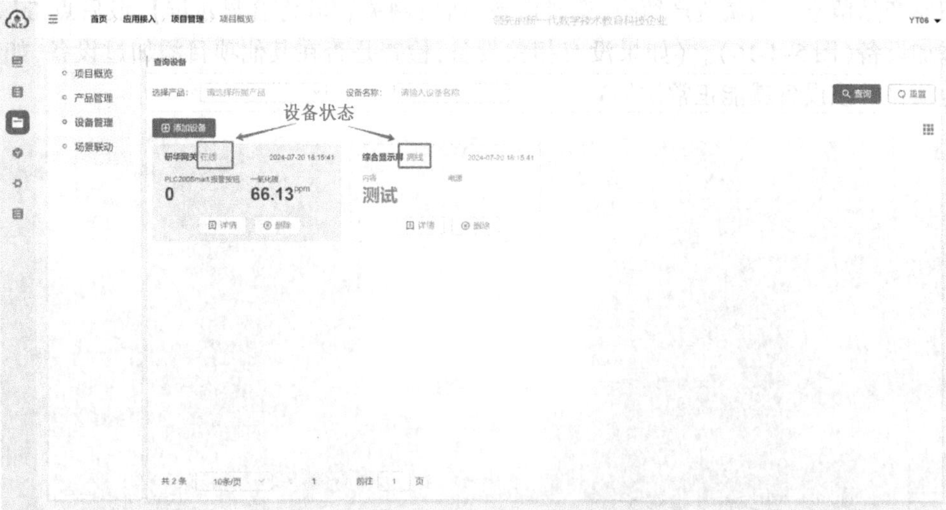

图 5-4-18　查看设备状态

步骤2:查看设备传感器数据。将鼠标移动至设备窗口上,在弹出窗口中会有相关传感器数据(图5-4-19)。

步骤3:使用LED软件向综合显示屏发送一段文字信息。在云平台项目管理的查询设备页面,点击【查询】按钮,进行手动刷新获取最新数据(图5-4-20)。

图 5-4-19　查看设备传感器数据

图 5-4-20　综合显示屏最新数据

立即行动：

根据云平台的操作完成：
网关产品和设备的创建；
在软件中配置研华网关的 MQTT 必要字段，让云平台设备上线；
从云平台设备调试中获取到数据；
创建云平台项目获取到设备数据；
成功获取到综合显示屏的最新数据。

任务小结

本任务旨在将交通控制子系统的本地数据上传至云平台以及如何使用云平台进行设备管理和项目管理。用户需要创建网关和综合显示屏产品和设备、配置研华网关使其上线、设备调试和数据查看以及项目管理。

模块六

集成高速公路消防预警系统

本模块学习目标：在高速公路快速发展的过程中，需要提升高速公路的消防安全管理水平，特别是在隧道等高危区域。针对高速公路网络广泛覆盖带来的便利与火灾风险并存的现状，特别是隧道火灾蔓延速度快、疏散难度大及次生灾害严重的特性，本模块将重点关注利用交通智能技术整合软硬件资源，实现对隧道消防设施状态的实时监测与火灾的精准预警、快速响应，最大限度减少火灾损失，保障行车安全与人员生命财产安全。

我国高速公路网络已经覆盖全国大部分地区，形成了较为完善的交通网络体系。这一网络不仅连接了各大城市，还深入到了许多农村地区，为人们的出行提供了极大的便利，但是高速公路的火灾事故也伴随而来。火灾会发生在车辆行驶过程中，也会发生在服务区、停车区或隧道等特殊区域。其中，隧道是一个相对封闭的空间，隧道内的空气流动受限，一旦有火源出现，火势会迅速沿着隧道蔓延，同时会产生大量的有毒烟雾，人员疏散极其困难，还可能引发交通事故、爆炸、人员中毒等次生灾害。

高速公路消防安全管理是一项复杂的系统工程，需要整合交通智能技术，特别在隧道等高危险场景。智慧高速隧道消防管理平台集成了软硬件设备，能够实时收集和分析隧道消防设施的状态数据，准确地检测出隧道内的火情，并将火灾发生的地点、位置、编号、报警信号经火灾报警控制器上传至监控管理站；火灾报警控制器能进行声、光报警，准确指示火灾发生的位置，并自动启动灭火系统；同时在火灾报警工作站上显示报警窗口和产生声光报警，并实时将报警信号传送至视频传输控制系统，以便视频传输控制系统能够联动切换火灾地点附近的摄像机图像至预先设定的监视屏幕上显示，供监控管理人员进行确认。

项目1 认识高速公路消防预警系统的功能

一、高速公路消防预警系统概述

高速公路是我国经济运行的大动脉，是推动我国经济发展和社会进步的强大动力，如何提高高速公路的使用效率和保证高速公路安全运营是高速公路管理的一个重要内容。高速公路消防预警系统是为保障高速公路行车安全及应对火灾等紧急情况而设计的一套综合系统。该系统通过集成多种技术和设备，实现对高速公路沿线及重要设施的实时监测、预警和应急响应,旨在提高火灾防控能力和应急管理水平。在高速公路隧道中,消防预警系统尤为重要。隧道内空间相对密闭,火灾发生时烟气扩散迅速,对人员疏散和灭火救援造成极大困难。因此,隧道内通常配备有完善的消防预警系统,包括火灾探测器、应急照明和疏散指示系统和灭火设施等。一旦火灾发生,系统能够迅速启动应急预案,通过广播系统指引人员疏散,并启动灭火设施进行初期灭火,下面将介绍隧道消防预警系统的结构和功能。

高速公路隧道火灾具有以下特点。

(1)火势蔓延速度快。高速公路隧道火灾的蔓延速度较快。首先,车辆行驶的速度较快,如果出现事故,后方车辆来不及采取措施,容易导致车辆连环相撞。其次,很多车辆都有较大的燃料储存,一旦出现事故,易造成燃料泄漏,为隧道火灾增添新的可燃物。

(2)烟雾毒性比较大。高速公路隧道突发大火时,会产生巨大有毒烟尘,严重威胁隧道内人员的安全。首先,公路隧道空间密闭,给烟气疏散带来较大障碍;其次,车辆的零部件主要是由塑胶制件等可燃物质组成,如果发生燃烧,会产生大量有害烟气和灰尘;最后,由于浓烟的聚集导致隧道能见度下降,灭火救援人员很难在第一时间到达起火位置,无法及时对火情进行侦查,不利于后续灭火救援工作的展开。

(3)人员疏散困难。一些高速公路隧道比较狭长,一旦出现火灾,很容易发生交通拥堵,给灭火疏散工作造成很大影响。首先,如果出现火灾,大部分驾驶员为保障自身安全而选择弃车逃生,慌乱情况下给人员安全疏散带来了很大的影响。其次,一些人在遇到火灾时会产生恐惧、紧张情绪,消防人员需要花更多的时间进行疏导,影响火灾救援工作效率。最后,发生火灾会产生巨大的有毒烟尘,极大降低了能见度,并对受困人员呼吸系统造成损伤,阻碍人员疏散速度。

(4)救援效率不高。在高速公路隧道火灾的扑救过程中,救援效率普遍较低。首先,大部分的隧道地理位置比较偏僻,而且周围又缺少消防救援人员,需要从其他地方调派,这会耗费时间,影响救援效果。其次,火灾发生后,会导致交通路面非常拥堵,部分驾驶员驶入紧急车道,阻碍消防车救援。

结合隧道消防火灾的特点,隧道消防预警系统需要基于完善的物联网消防感知体系,从消防报警、温度、火焰、消防用水等维度,获取高速公路隧道和周边环境的数据,全面监控隧道消防安全状况。借助多光谱技术融合,提升对隧道火灾探测能力,实现火焰探测、温度监测和视频监控的联动复核,提升报警的准确性。显而易见,隧道沿线应布置各类设备(图6-1-1)实现隧道消防预警的一体化检测。

(1)隧道沿线:城市道路隧道、特长双向公路隧道、水底隧道应同时采用线型光纤感温火灾探测器和点型红外火焰探测器(或图像型火灾探测器),点型红外火焰探测器(图像型火灾探测器)和报警综合盘设置在行车道侧面墙上;线型光纤感温火灾探测器设置在车道顶部,每根分布式线型光纤感温火灾探测器保护车道的数量不超过2条。

(2)人行、车行横通道内:设置感烟火灾探测器、手动报警按钮。

(3)隧道入口:设置防水声光报警器。

(4)变电所:设置手动报警按钮、感烟探测器、感温探测器、声光警报器。

(5)机房:设置火灾报警控制器、光纤测温主机、手动报警按钮、感烟探测器、感温探测器、声光警报器。

(6)水泵房:设置手动报警按钮、感烟探测器。

(7)高位水箱:设置液位监测传感器。

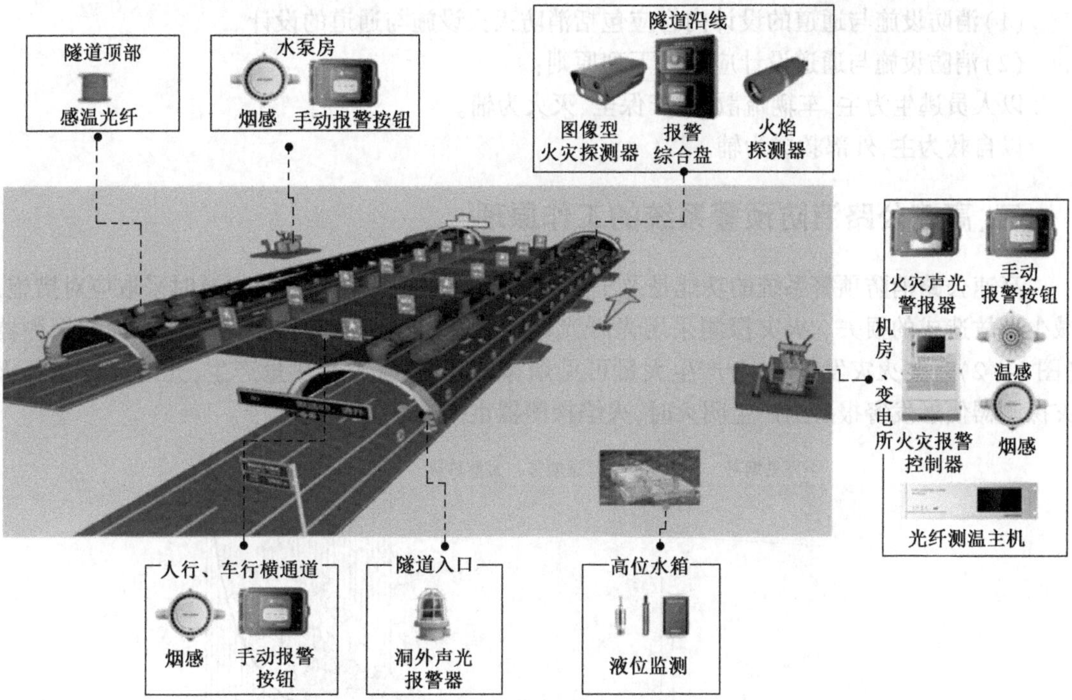

图6-1-1　隧道消防沿线设备应用图

二、高速公路消防预警系统设施一般规定

1.火灾探测报警要求

(1)火灾探测报警设施设计内容应包括报警区域和探测区域的划分,火灾探测器、手动报警按钮、火灾报警控制器、火灾声光警报器的布设等。

(2)火灾探测报警设施设计应注重火灾检测的灵敏性、准确性、实时性、可靠性。

(3)设置的火灾探测报警设备的防护等级不应低于IP65。

2.消防联动控制系统

(1)功能要求:消防联动控制系统应能接收火灾自动报警系统的信号,并自动或手动启动相应的消防设施,如消火栓系统、自动喷水灭火系统、气体灭火系统等。

(2)操作便捷性:系统操作界面应简洁明了,便于消防人员快速掌握和操作。

3.应急预案和演练

(1)制定预案:高速公路管理单位应制定科学合理的消防安全管理制度和火灾应急救援预案,明确各级救援机构的职责和任务。

(2)定期演练:应急预案应定期进行演练和更新,提高员工和消防人员的应急处理能力和协同作战能力。

4. 消防设施与通道要求

(1)消防设施与通道的设计内容应包括消防灭火设施与通道的设计。

(2)消防设施与通道设计应遵循下列原则:

以人员逃生为主,车辆疏散、财产保全、灭火为辅。

以自救为主,外部救援为辅。

三、高速公路消防预警系统的工作原理

高速公路消防预警系统的功能是及早发现火情并通报火灾情况,以便及时采取应对措施,减少事故造成的损失。火灾探测采用光纤光栅线性感温火灾探测器和点型红外火焰探测器(图6-1-2)。当火灾发生时,会产生大量可见烟雾,同时伴有大量热量产生,光纤光栅感温火灾探测器便触发警报。当产生明火时,火焰探测器也同样会发出警报。

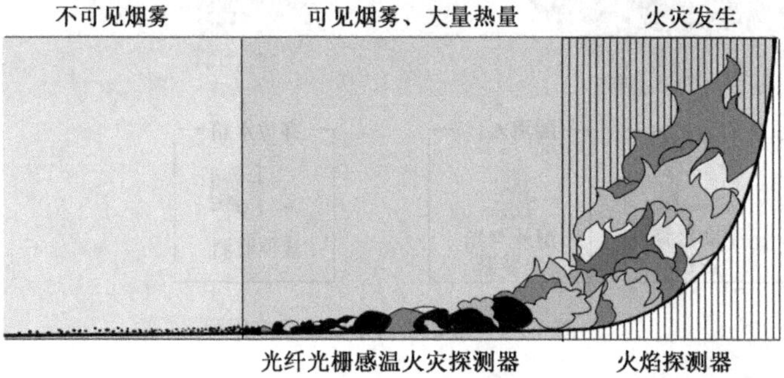

图6-1-2 火灾探测过程

当隧道的某个分区内任意一个监测点附近发生火灾时,光纤光栅线型感温火灾探测器和对应的红外火焰探测器就会获得该分区的位置,并发出报警信号。

火灾报警控制器、光纤光栅信号处理器放置于隧道进口和出口变电站内,火灾报警信息及温度信息上传至监控中心统一管理;火焰探测等火灾报警信号则通过信号总线直接上传到监控室的火灾报警主机。

(1)探测器类型与工作原理

感烟探测器:通过监测空气中烟雾颗粒的浓度来判断是否发生火灾。当烟雾浓度达到设定阈值时,探测器会发出报警信号。感烟探测器具有灵敏度高、响应速度快的特点,适用于火灾初期的探测。

感温探测器:利用热敏元件感知环境温度的变化。当环境温度上升到设定阈值时,探测器会发出报警信号。感温探测器对温度的变化敏感,适用于火灾中期或后期温度显著升高的场景。

火焰探测器:通过检测火焰发射出的特定波长光线来判断火灾的发生。火焰探测器对火焰的识别更为准确,且受环境因素影响较小,适用于对火灾进行直接监测的场景。

报警系统的联动控制技术原理:

(2)设备的联动控制

在火灾报警被确认后,消防预警系统会自动或手动启动联动控制程序,触发相关的消防设

施的协同响应，这些设施包括消火栓系统、自动喷水灭火系统、排烟系统等。联动控制策略通常根据火灾的具体情况和预设的应急预案来制定，以确保火灾得到及时有效的处置。

(3)通信与指挥的协同

在火灾处置过程中，消防预警系统需要与消防指挥中心保持紧密的通讯联系。系统能够实时向指挥中心报告火灾情况和处置进展，并接受指挥中心的指导和调度。这种通讯与指挥的协同作用能够确保火灾处置工作的有序进行和高效完成。

项目2　高速公路隧道消防预警系统的设计与实施

一、隧道消防预警系统的设计

高速公路隧道是高速公路交通工程项目建设的关键部分，在隧道中进行实时、准确的火情监测对保障公共财产安全和人身安全有着十分重要的意义。隧道消防预警系统的设置，其宗旨就在于及时发现隧道内的异常状态，快速组织救援，最大限度地减少损失。

(一) 设计范围

光纤光栅火灾报警系统由火灾报警控制器、光栅信号处理器、光纤光栅感温光缆、传输光缆及必要的附件构成。

光纤光栅感温光缆连接到光栅信号处理器，再由处理器连接到火灾报警控制器上。本子系统为独立子系统，采用专线方式。本子系统可进行设备自检，并将自检后的信息上传火灾报警上位机，包括设备工作状态和故障信息。

光纤光栅感温火灾报警系统采用光纤光栅作为探测单元，能够实现实时显示系统检测到的最高温度、火灾报警、故障报警、标准信号输出和节点信号输出。声光报警系统是本质安全、无电检测、实时在线的自动火灾报警系统。

红外火焰探测器火灾报警系统由红外火焰探测器、报警综合盘(含手动报警按钮、模块、声光警报器、信号灯、开关电源等)、火灾报警控制器以及连接线缆组成。在变电所设备间配置火灾报警控制器，用以检测隧道内的火险情况，系统采用总线制，红外火焰探测器和手动报警按钮的报警信号通过总线接入到火灾报警控制器，实施本地报警与联动。整套系统采用手动和自动相结合的方式实施隧道火灾的监控与报警，隧道变电所和管理中心如距离远，可采用光纤传输。

(二) 功能要求

(1)光纤光栅火灾报警系统与红外火焰报警系统均满足电磁兼容、结构、绝缘、环境类测试试验的要求。

(2)光纤光栅系统具有定温报警、温差报警和预警功能。

(3)火灾报警系统可集中管理隧道内布设的所有火灾报警控制器、光纤光栅感温火灾探测系统和红外火焰报警系统。

(4)在火灾事故发生时,火灾探测器具有自动报警功能。另外,发现火情的人员亦可通过均布于隧道中的报警按钮实现手动报警,报警信号均上传至火灾报警控制器。

(5)系统具有高可靠性、安全性、且操作方便,反应迅速,使用寿命长等特点。

(6)当检测到火灾时,系统能产生声光报警,并准确显示报警发生区段。

(三)典型工程配置

光纤光栅火灾报警系统如图6-2-1所示。

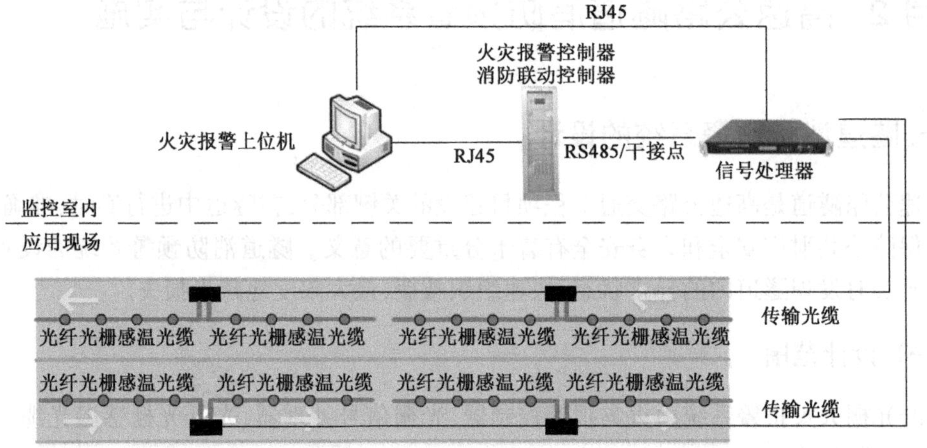

图6-2-1 光纤光栅火灾报警系统

火焰探测器火灾报警系统如图6-2-2所示。

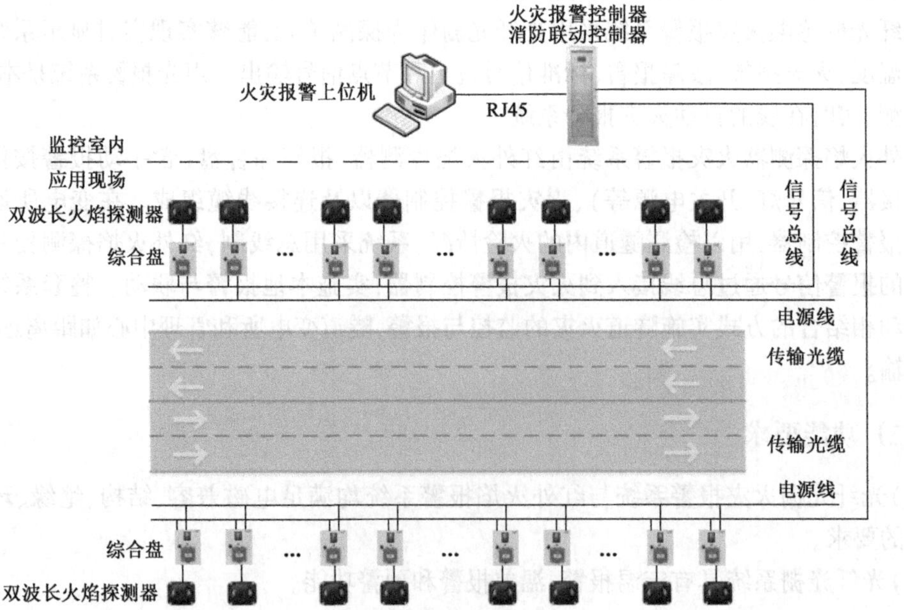

图6-2-2 火焰探测器火灾报警系统

光纤光栅信号处理器通过传输光缆连接至监控现场，通过光缆接续盒将感温光缆接入不同通道。每条感温光缆划分为多个报警分区。该设备采用全同光栅技术，单通道可承载 60 个感温元件，感温元件间距 3～10m。信号处理器置于监控中心控制室，与交换机、UPS 电源等安装于标准机柜中。信号处理器通过连接模块接入火灾报警控制器，也可以通过交换机接入监控计算机。

火焰探测器、火焰探测器综合盘（含手动报警按钮、输入输出模块、声光警报器、信号灯等）通过总线接入到火灾报警控制器，实施本地报警与联动。

二、隧道消防预警系统的典型设备认识

（一）火灾探测报警设备

光纤光栅火灾报警系统由火灾报警控制器、光栅信号处理器、光纤光栅感温光缆、传输光缆及必要的附件构成（图 6-2-3）。

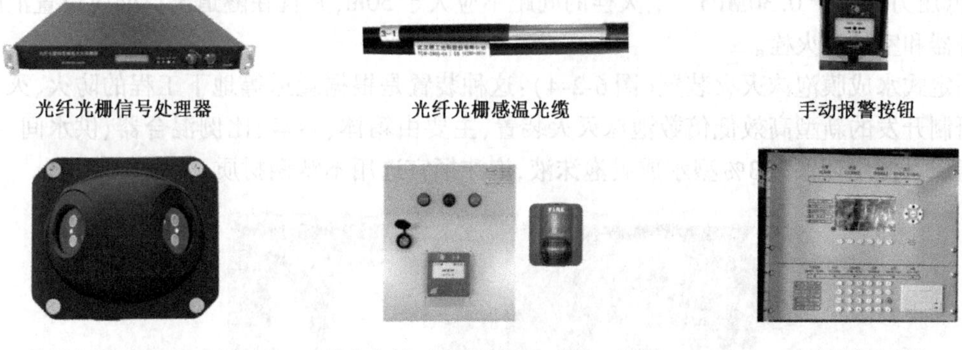

光纤光栅信号处理器　光纤光栅感温光缆　手动报警按钮

双波长火焰探测器（含支架）　综合盘（含手动报警按钮、声光、模块）　火灾报警控制器

图 6-2-3　火灾探测报警设施设备

光纤光栅信号处理器的主要作用为：①给现场检测光栅提供光源；②对检测光栅返回的光信号进行调制解调；③输出报警信号；④进行声光报警。

每台处理器连接 8 路光纤光栅探测器，每通道最多可分为多个报警分区（具体报警分区按照项目要求进行划分），其编码与监控场所的位置坐标相对应。

感温光缆是温度敏感元件，由连接光缆和探头组成；探头采用光纤光栅为测量单元，多个探头之间相互串接，形成线性结构。其主要作用为：检测现场环境温度，实时传递火灾报警信息给信号处理器。在监控现场，光纤光栅探测器悬吊敷设于监控场所顶部。探测光缆现场检测探头能够全天候正常工作。

手动报警按钮应便于管理人员手动触发火灾报警。隧道内手动报警按钮设置间距不应大于 50m，宜与消火栓等灭火设施同址设置，按钮距检修道高差应为 1.3～1.5m。隧道运营管理附属建筑的手动报警按钮应按现行《火灾自动报警系统设计规范》（GB 50116—2013）设置。

双波长红外火焰探测器透过视窗接收火焰光谱信息，配合火焰识别智能算法能在复杂的背景环境中判断有无火焰存在，能精确识别和快速响应。同时对日光，人工光源，热辐射，电磁干扰，机械振动有较强的抗干扰能力。

综合盘是作为隧道火灾报警系统的前端基本探测单元而设置在隧道侧壁。综合盘内含手动报警按钮、模块、声光警报器等,并作为火焰探测器的通信中继连接至火灾报警控制器。综合盘间隔一般为40~50m,安装高度为距行车道地面高度1.3m ~1.5m。

火灾报警控制器接收来自光纤光栅信号处理器和该监控段的手动火灾报警按钮、双波长红外火焰探测器的信号,通过通讯口将信号传送到火灾报警上位机,上位机可显示可视化报警界面,经人工确认后,输出报警和其他控制信号。

(二)消防设施与通道设备

消防灭火设施包括灭火器、消火栓、固定式水成膜泡沫灭火装置、隧道消防给水设施及其他设施等。

灭火器:隧道内通常会设置干粉灭火器、水泡沫两用灭火装置等,这些灭火器主要安装在隧道壁上,每隔50m设置一个消防箱。为了确保其有效性,每年都会进行检查和更换。

消火栓:隧道内设有独立的消防给水系统,管道内的消防供水压力应保证用水量达到最大时,最低压力不小于0.30MPa。消火栓的间距不应大于50m,并且在隧道出口处应设置消防水泵接合器和室外消火栓。

固定式水成膜泡沫灭火装置(图6-2-4):这种装置是根据隧道等地下工程的防火、灭火需要而研制开发的新型高效低倍数泡沫灭火装置,主要由箱体、卷盘、比例混合器、供水间、导向架等组成。使用环保型3%型水成膜泡沫液,泡沫桶宜选用不锈钢材质,容积宜为30L。

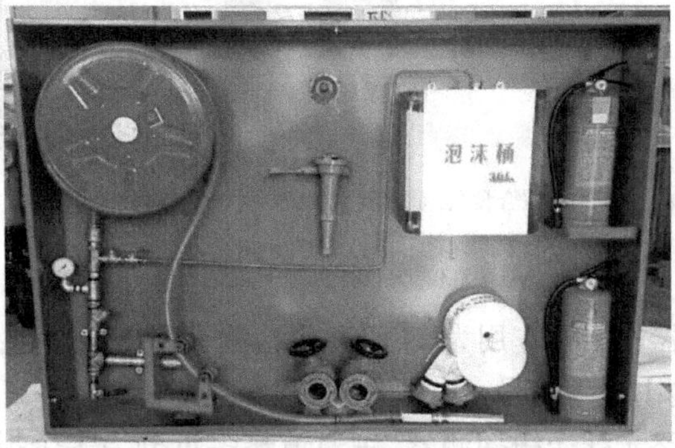

图6-2-4 隧道专用水成膜泡沫消火栓箱

隧道消防给水设施:隧道消防用水由新建的消防泵房及水池供给,水源由市政给水管提供。消防泵房引出2根DN200环状供水管,供隧道内外消火栓用水。此外,还需考虑火灾延续时间和同一时间发生一次火灾的情况来确定消防用水量。

其他设施:包括火灾自动报警系统、排水设施、防火卷帘门等。例如,在隧道管理所内也需配置相应的消防设施,如火灾自动报警系统和灭火系统。

任务实践

隧道消防预警系统实施过程

【任务描述】

动手实践,对消防预警子系统设备进行安装和初步调试。

【任务目标】

掌握隧道消防预警子系统设备的安装与调试。

【任务实施】

(一) 设备清单

消防预警子系统实训设备清单见表6-2-1。

消防预警子系统实训设备清单　　表6-2-1

序号	产品名称	数量	示意图	主要用途
1	PLC	1	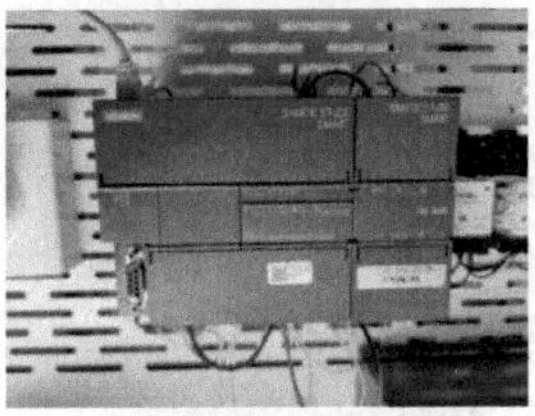	用于控制和监控隧道内的自动化系统，如照明、通风、信号等
2	ECU-1251网关	1		通常用于连接不同的通信协议，实现设备间的信息交换
3	紧急按钮	1		用于手动报警
4	火焰探测器	1		检测隧道内可能发生的火灾
5	声光报警器	1		在检测到紧急情况时发出警报，提醒人员注意

续上表

序号	产品名称	数量	示意图	主要用途
6	继电器	1		用于控制高功率设备,如照明和通风系统,或作为信号切换的中间设备

(二)设备安装与接线

以上设备都将搭建在实训工位上,接线图如图 6-2-5 所示。

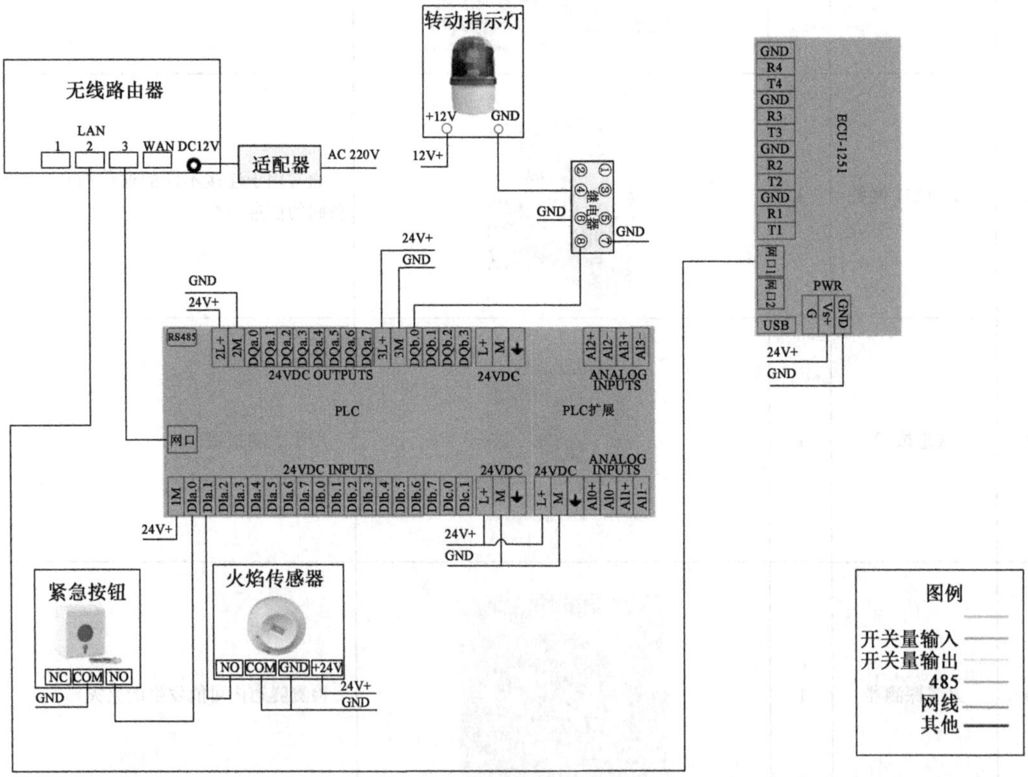

图 6-2-5　消防预警子系统接线图

安全提示:

每个设备在安装之前,都要反复确认实训平台处于断电状态:实训平台后面板下方的电源总开关处于“关闭”状态,或者先不要连接电源线。

(1)PLC 的安装：

参照项目 3 中 PLC 的安装。

(2)ECU 网关的安装：

参照项目 3 中 ECU 网关的安装。

(3)紧急按钮的安装：

取出紧急按钮。首先将紧急按钮通过螺丝固定在工位合适的位置，接着根据接线图，将设备的 NO 口连接至 PLC 的 DIa.0 口，COM 口接地(图 6-2-6)。

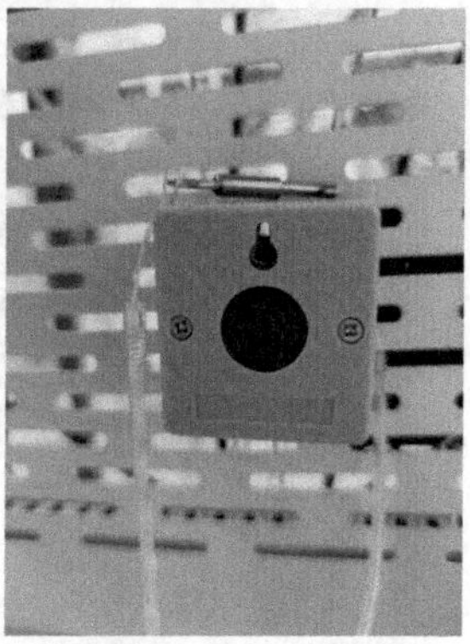

图 6-2-6　紧急按钮

(4)火焰探测器的安装：

取出火焰探测器。首先将火焰探测器通过螺丝固定在工位合适的位置，接着根据接线图，外接 24V 电压，将设备的 NO 口连接至 PLC 的 DIa.1 口，COM 口和 GND 口接地(图 6-2-7)。

(5)声光报警器的安装：

取出声光报警器和底座。首先将声光报警器通过螺丝固定在工位合适的位置，接着根据接线图，外接 12V 电压，然后将设备的 GND 线通过继电器连接至 PLC 的 DOb.1 口(图 6-2-8)。

图 6-2-7　火焰探测器

图 6-2-8　声光报警器

项目 3　集成高速公路隧道消防预警(分)中心计算机系统

一、隧道消防预警(分)中心系统控制软件调试

(一) 传感器数据查看

步骤 1：打开 PLC 编程软件，确保 PLC 编程软件已经连接到 PLC，并处于 RUN 模式，然后点击菜单栏【调试】-【程序状态】(图 6-3-1)。

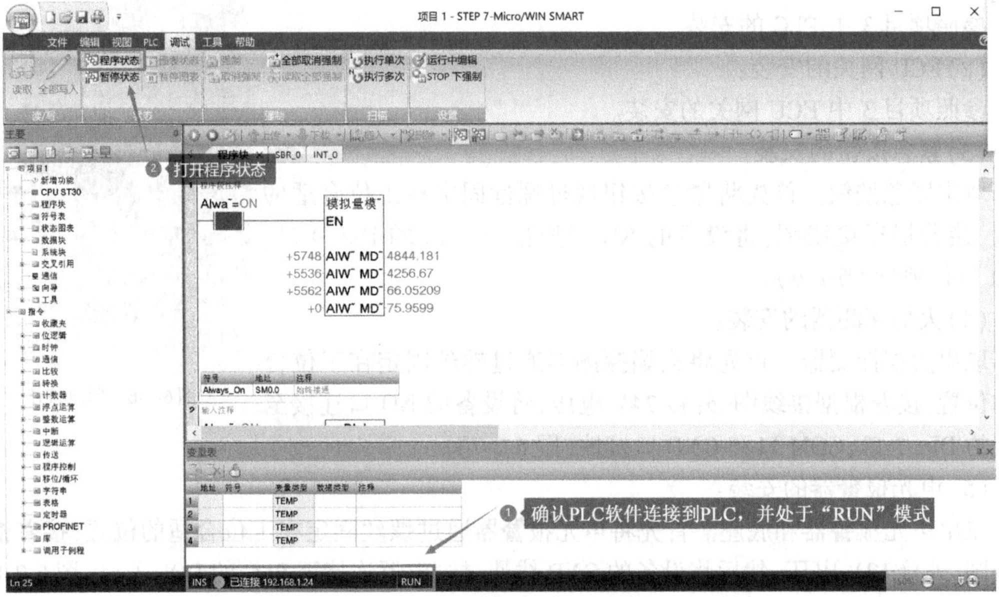

图 6-3-1　PLC 传感器数据查看-1

步骤 2:左侧菜单栏找到【程序块】双击,然后在程序块中通过 PLC 输入地址找到对应传感器的代码块(图 6-3-2)。

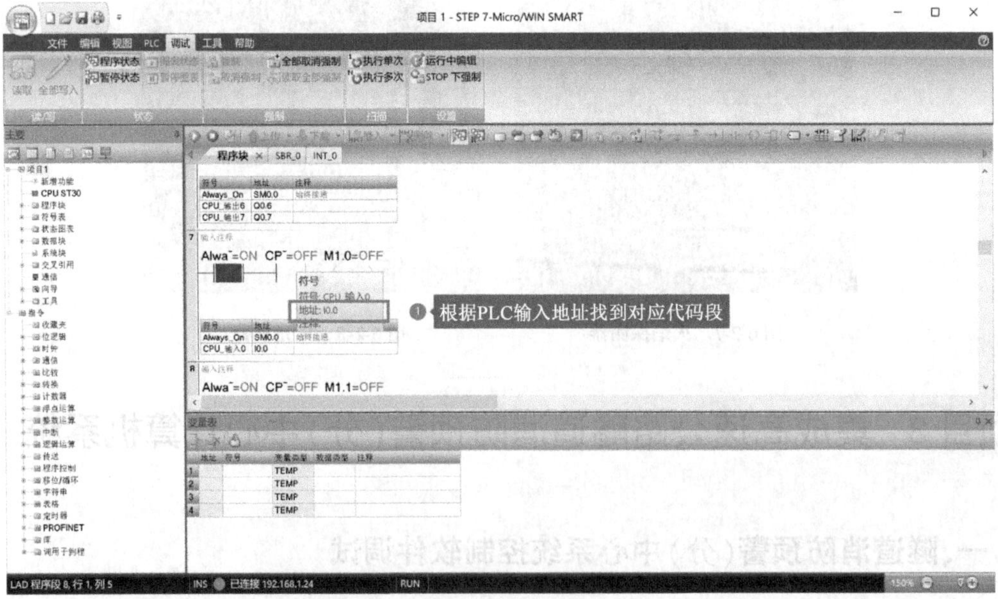

图 6-3-2　PLC 传感器数据查看-2

步骤 3:找到紧急按钮和火焰探测器的代码块。“CP˜ = OFF”表示当前传感器的值为 0(图 6-3-3)。

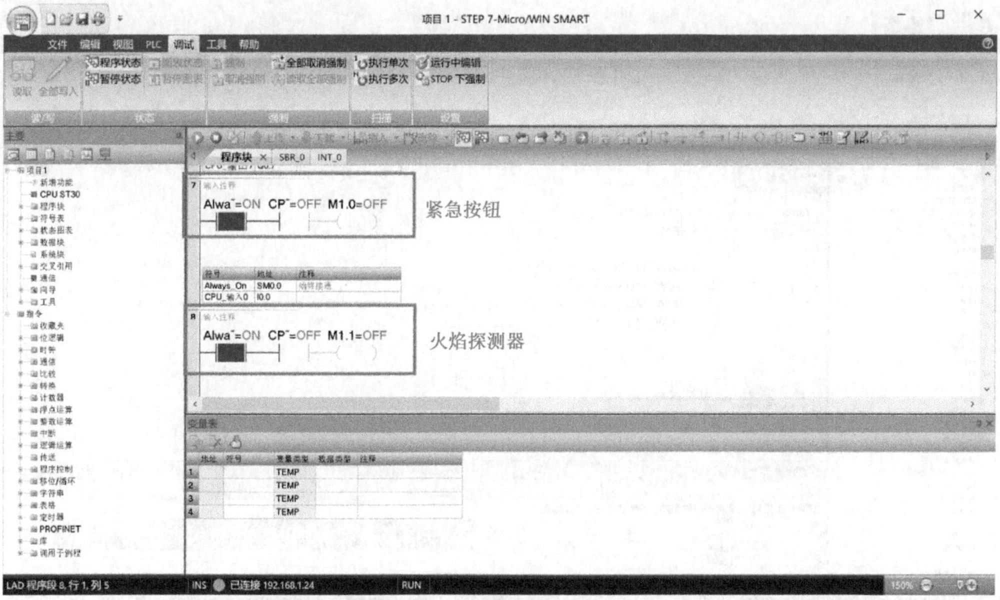

图 6-3-3　PLC 传感器数据查看-3

步骤 4:触发紧急按钮。“CP~ =ON”表示紧急按钮的值为 1,表示按钮被触发(图 6-3-4)。

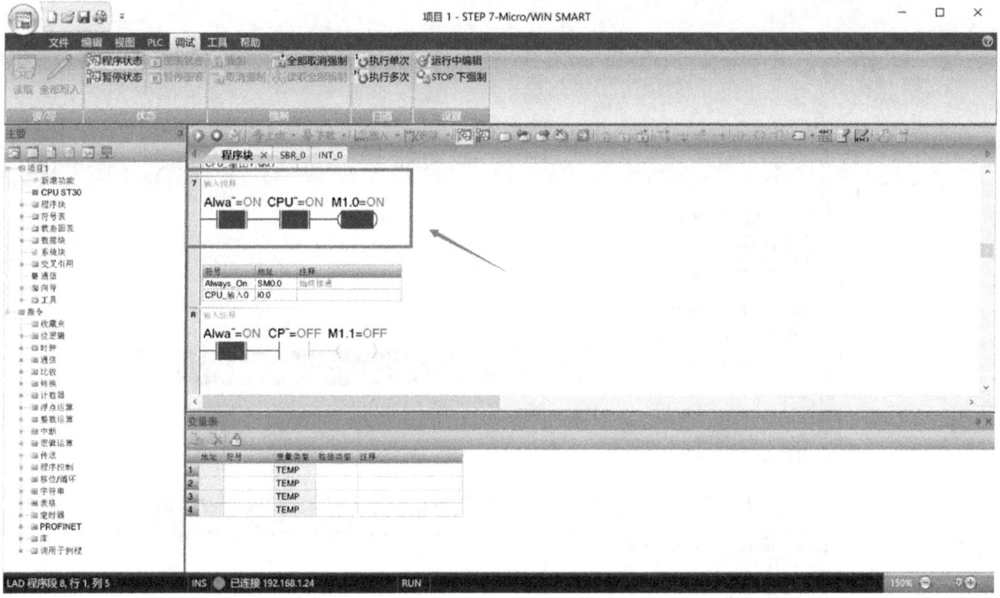

图 6-3-4　PLC 传感器数据查看-4

(二) PLC 联动控制声光报警器

步骤 1:打开 PLC 编程软件,确保 PLC 编程软件已经连接到 PLC,并处于“RUN”模式,然后点击菜单栏【调试】-【程序状态】(图 6-3-5)。

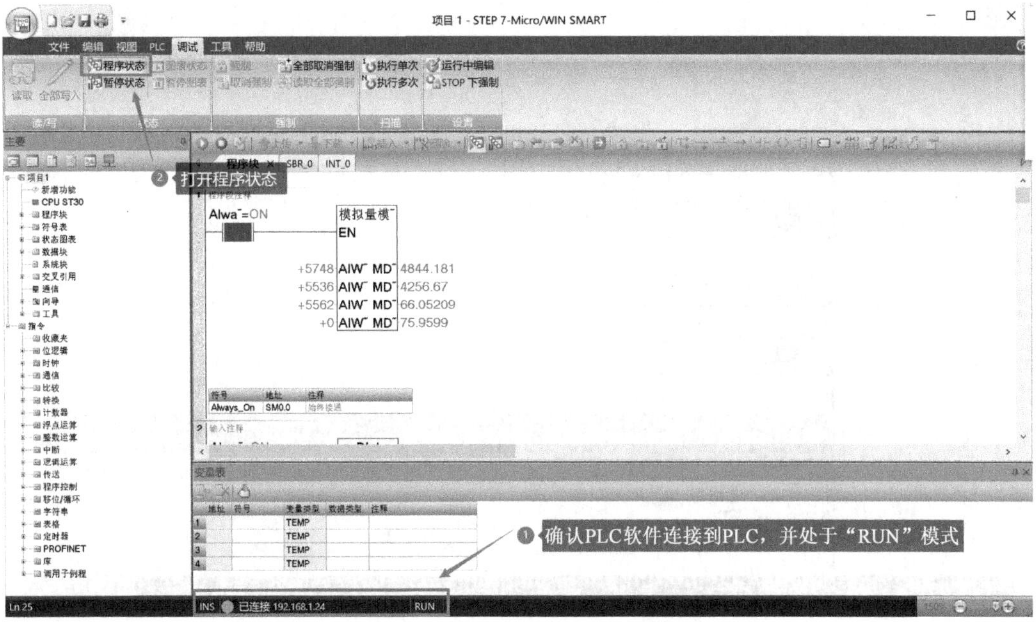

图 6-3-5　PLC 联动控制声光报警器-1

步骤 2:根据声光报警器连接 PLC 的地址,找到对应的代码段(图 6-3-6)。

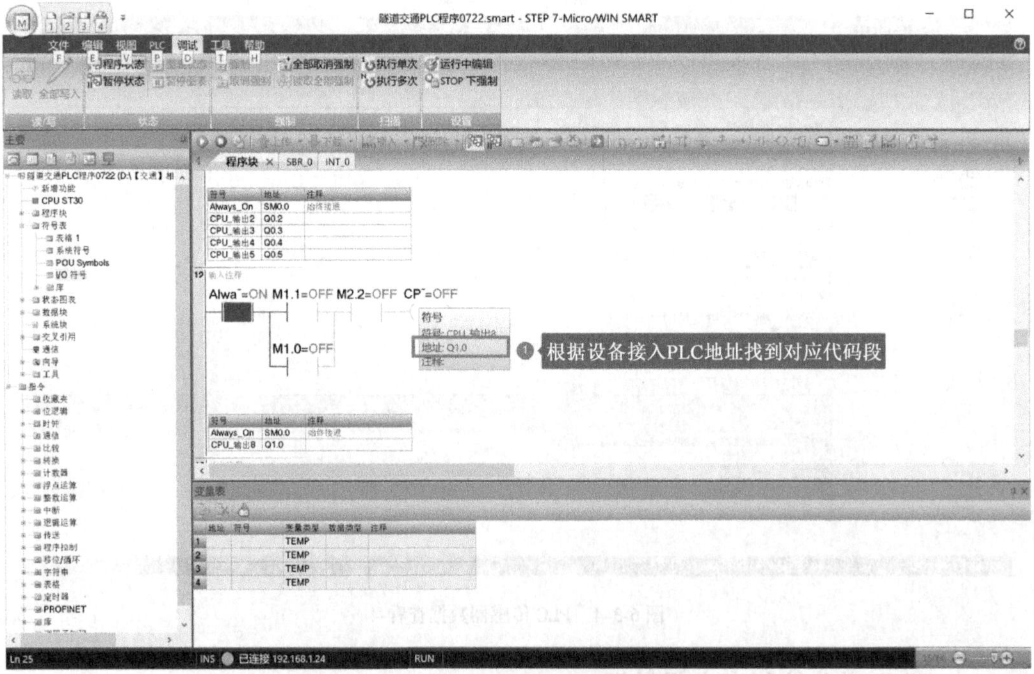

图 6-3-6　PLC 联动控制声光报警器-2

步骤 3:触发紧急按钮或火焰探测器。“M1.0”或“M1.1”对应的变量值变为“ON”(图 6-3-7)。

步骤 4:将鼠标移动至“M2.2 = OFF”处,鼠标右键选择【写入…】,如图 6-3-8 所示。

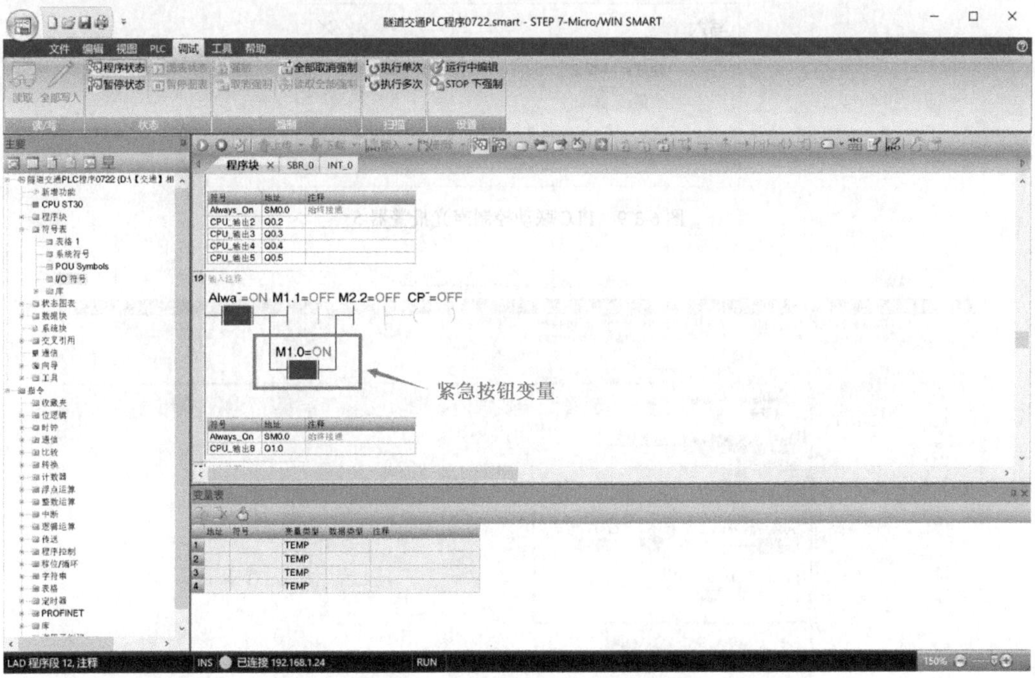

图 6-3-7　PLC 联动控制声光报警器-3

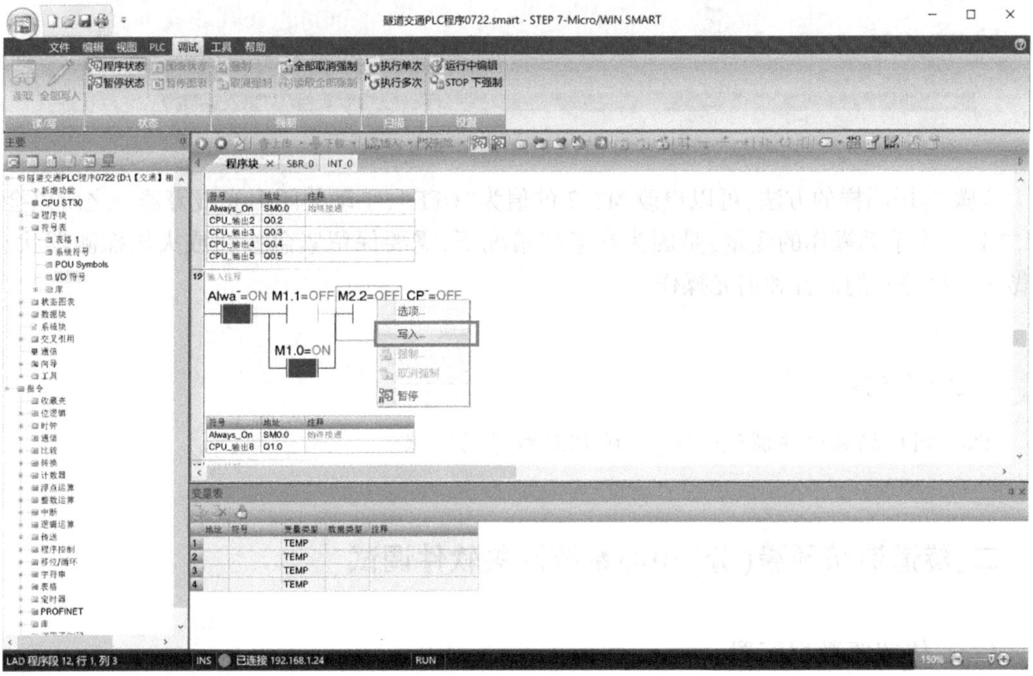

图 6-3-8　PLC 联动控制声光报警器-4

步骤 5：写入的值为“ON”，表示打开（图 6-3-9）。

步骤 6：梯形图代码连通，全部变为蓝色，声光报警器打开（图 6-3-10）。

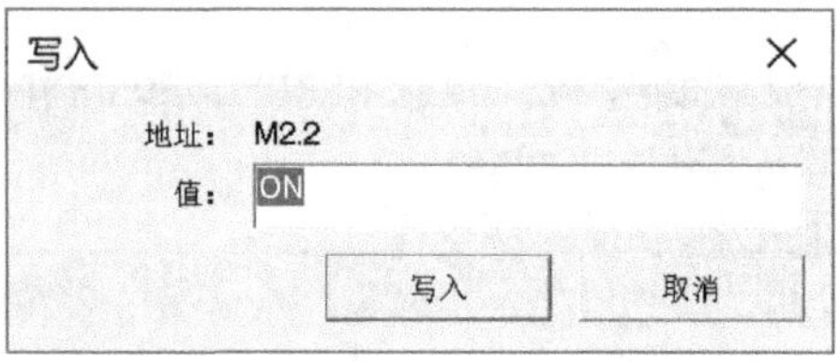

图 6-3-9 PLC 联动控制声光报警器-5

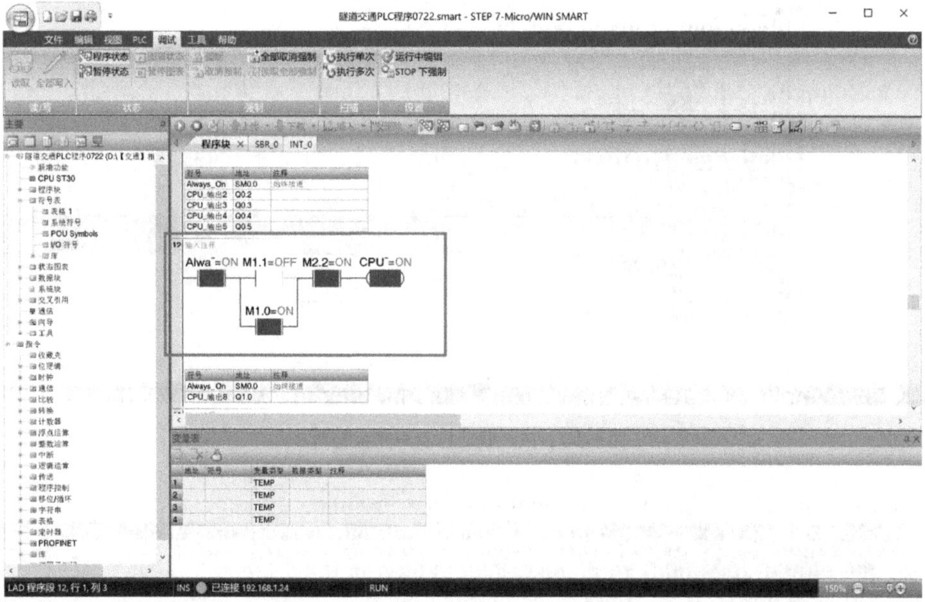

图 6-3-10 PLC 联动控制声光报警器-6

步骤7:用同样的方法,可以更改 M2.2 的值为“OFF”,手动关闭声光报警器。之所以会有 M2.2 这一个手动操作的变量,是因为在某些情况下,需要保留紧急按钮或火焰探测器状态,只做声光报警器的消音和消光操作。

立即行动:

根据 PLC 编程软件调试说明,完成 PLC 程序的调试。

二、隧道消防预警(分)中心系统网关软件调试

(一) 传感器数据配置

步骤1:打开网关软件,同时打开项目工程。在左侧菜单栏【数据中心】中找到【I/O 点】,下拉找到【TCP】下的【PLC200Smart】,双击【PLC200Smart】进入配置该 PLC 的实际 IP 地址(图 6-3-11)。

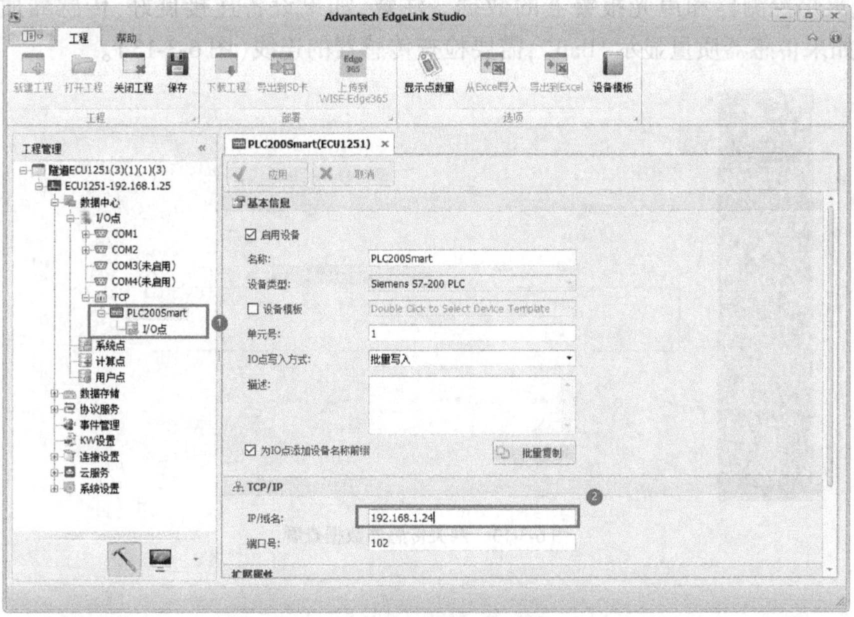

图 6-3-11　网关传感器数据配置-1

步骤 2:选中对应的工程,点击下载。下载完成后设备重启,这样就将修改后的设置写入到设备中了(图 6-3-12)。

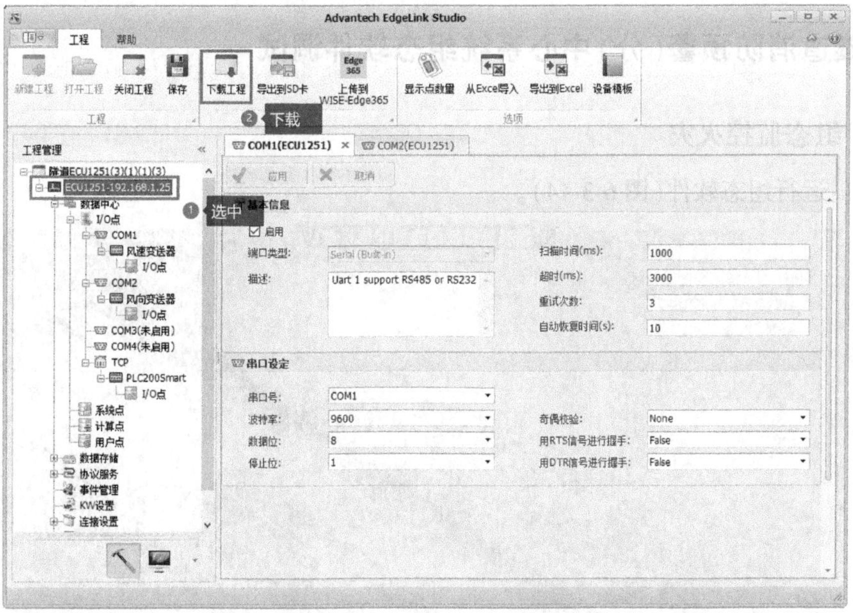

图 6-3-12　网关传感器数据配置-2

(二) 传感器数据查看

步骤 1:浏览器中输入网关 IP 地址,使用用户名(admin)和密码(00000000)登录网关。

步骤 2:菜单栏选择【点】-【IO 点】,右侧页面查看传感器数据。消防预警系统中需要找到紧急按钮、火焰探测器和声光报警器的数据。注意,如果设备连接良好,传感器质量会显示“Good”。如果传感器质量显示“Bad”,需要检查传感器的连线(图6-3-13)。

图6-3-13　网关传感器数据查看

立即行动:

根据网关软件的操作,调试传感器并成功查看传感器数据。

三、隧道消防预警(分)中心系统组态软件调试

(一) 组态监控火灾

步骤1:运行组态软件(图6-3-14)。

图6-3-14　组态监控火灾-1

步骤2:手动触发紧急按钮或者火灾探测器,组态软件中将显示报警的图标(图6-3-15)。

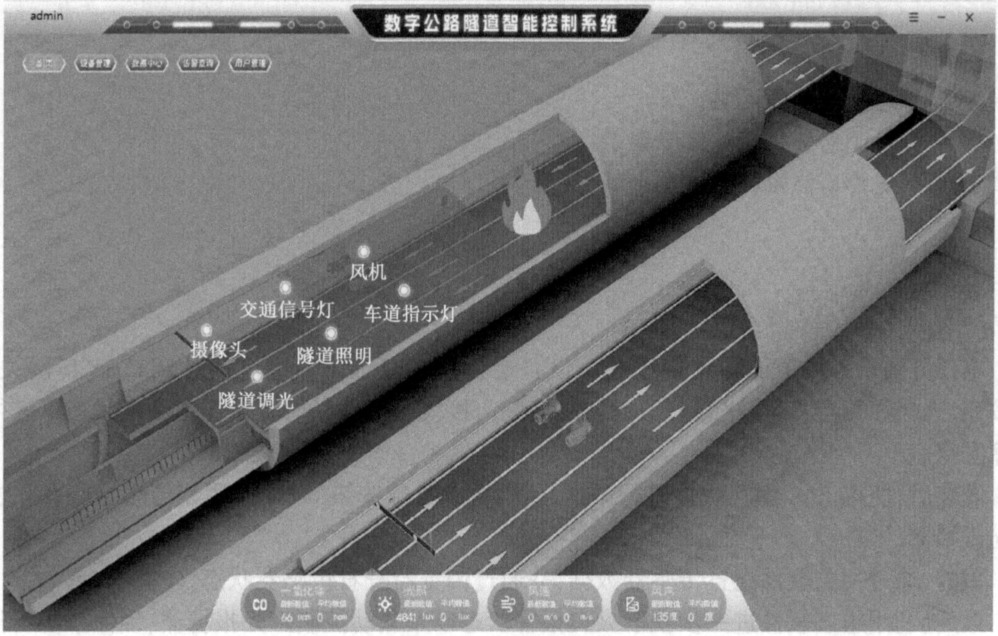

图6-3-15　组态监控火灾-2

(二)组态火灾与报警灯联动

步骤1:打开组态软件的【设备管理】页面。勾选【联动报警】,如图6-3-16所示。

图6-3-16　组态火灾与报警灯联动

步骤2:当触发紧急按钮或火灾探测器时,联动声光报警器工作。

立即行动:

根据组态软件操作说明:
成功触发紧急按钮火灾报警显示;
成功触发紧急按钮联动声光报警器。

任务小结

本任务要求对隧道消防预警子系统设备进行安装和调试。这包括对PLC、ECU网关、紧急按钮、火焰探测器、声光报警器等设备的安装与接线。应确保所有操作在断电状态下进行以保障安全。

安装后,使用PLC编程软件进行调试,包括获取紧急按钮、火焰探测器传感器状态和控制声光报警器。

接着,通过网关软件配置传感器数据,并通过浏览器查看传感器状态。

最后,利用组态软件进一步获取火灾报警状态以及联动控制声光报警器,确保系统正常运行。整个过程需要注意安全操作、正确安装设备和调试。

项目4 集成高速公路隧道消防预警云平台系统(应用实践)

【任务描述】

将消防预警子系统的本地数据上传至云平台,可做设备管理、项目管理、应用开发等用途。

【任务目标】

掌握将消防预警子系统数据上传至云平台的具体操作。

【任务实施】

一、隧道消防预警云平台添加网关并在线

参照项目3中云平台添加网关产品和设备的操作,完成网关的添加。

参照项目3中研华网关配置MQTT的方法,使网关设备在云平台上线。

二、隧道消防预警云平台调试

(一) 设备数据获取

步骤1:云平台进入【设备运维】-【设备调试】页面。选择对应的产品和设备。Tab页选择【属性】页面,功能选择【属性上报】,属性选择照明子系统相关属性。最后点击【获取最新数据】按钮(图6-4-1)。

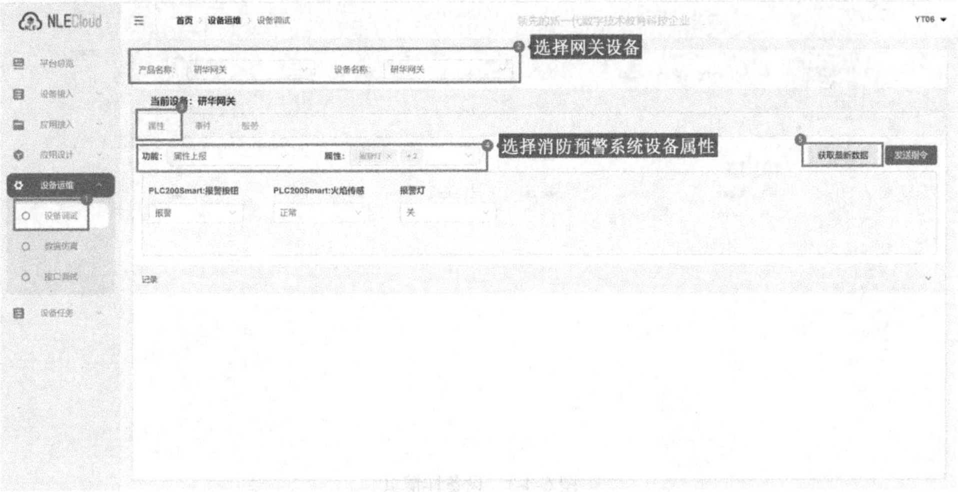

图 6-4-1　云平台设备数据获取

步骤 2:查看设备最新数据。同时可以触发设备,如手动改变报警按钮或火焰探测器的值,重新获取最新数据后查看设备数据的变化(图 6-4-2)。

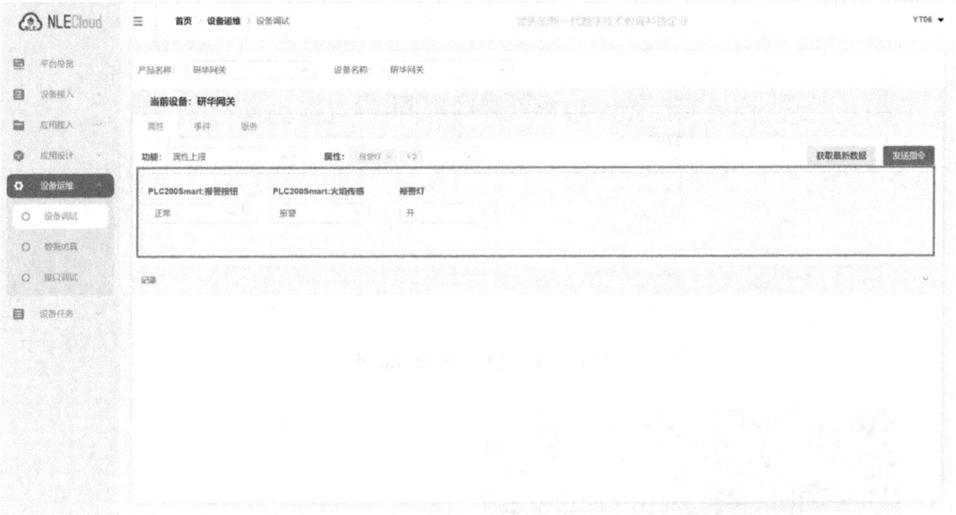

图 6-4-2　查看设备最新数据

(二) 数据查看

步骤 1:进入设备详情页。云平台菜单栏点击【设备管理】,找到对应的网关设备,点击【详情】按钮(图 6-4-3)。

步骤 2:切换到物模型数据 Tab 页,进行设备数据查看。同时可以勾选实时刷新按钮,当触发设备时,就会显示最新的传感器数据(图 6-4-4)。

步骤 3:历史数据查看。点击设备旁的【历史记录】按钮。可以查看该传感器的历史数据(图 6-4-5)。

图6-4-3　设备详情页

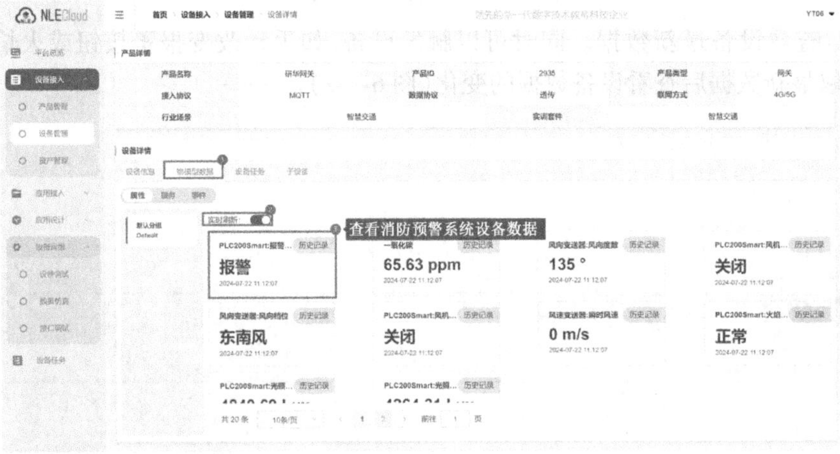

图6-4-4　物模型数据Tab页

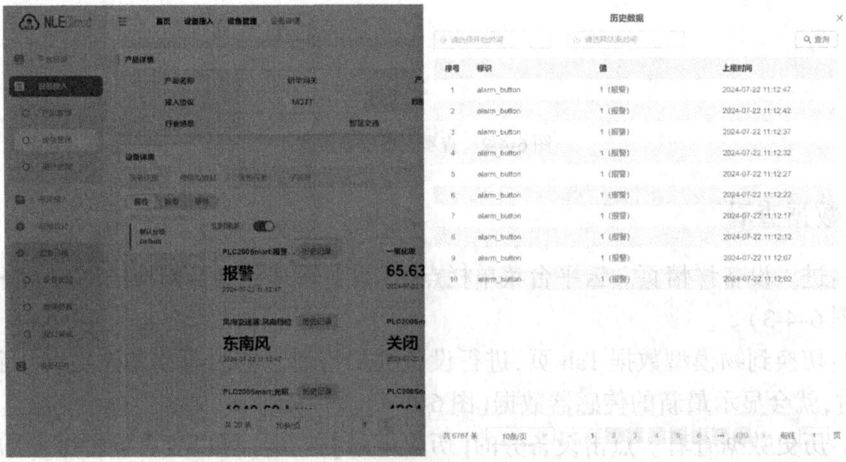

图6-4-5　历史数据查看

三、照明系统项目管理

（一）创建项目

步骤1：创建新项目。云平台菜单栏点击【项目管理】，然后点击【新增项目】，在新增项目弹出窗口中输入项目名称，项目类别选择智慧交通，最后点击确定（图6-4-6）。

图6-4-6　创建新项目

步骤2：项目创建完成。在项目列表中出现隧道交通消防预警系统这个项目（图6-4-7）。

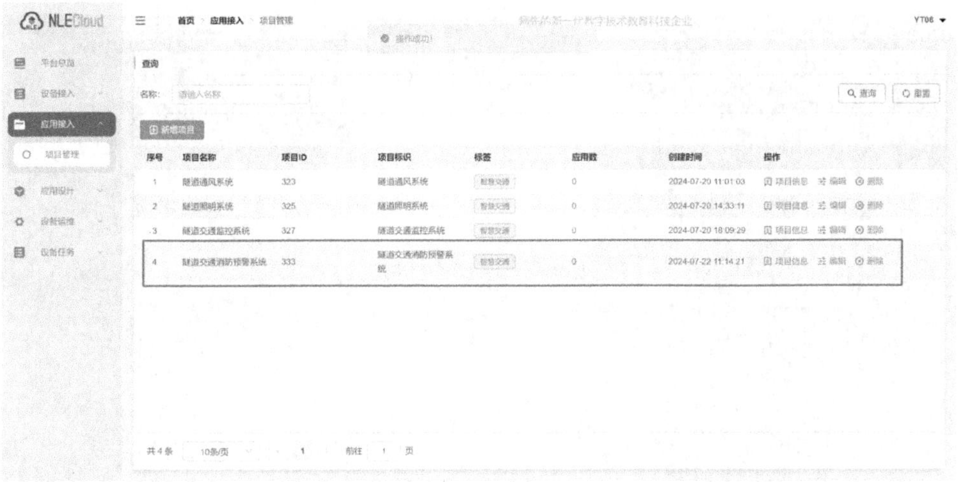

图6-4-7　项目创建完成

(二)添加设备

步骤1:进入项目信息。选择隧道交通消防预警系统的项目,在操作列选择【项目信息】,如图6-4-8所示。

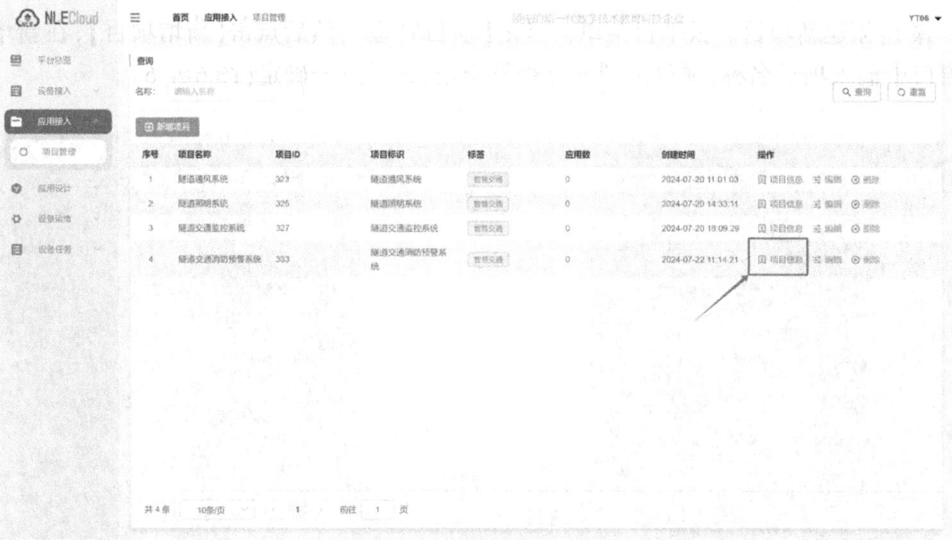

图6-4-8 进入项目信息

步骤2:添加设备。在菜单栏选择【设备管理】,然后选择【添加设备】,在添加设备弹出窗口中选择归属产品为【研华网关】。归属资产可以留空,选择设备【研发网关】,最后点击【确定】完成添加设备(图6-4-9)。(如果没有相关设备,检查是否在其他项目添加过设备,如有,删除其他项目的该设备就能正常添加)

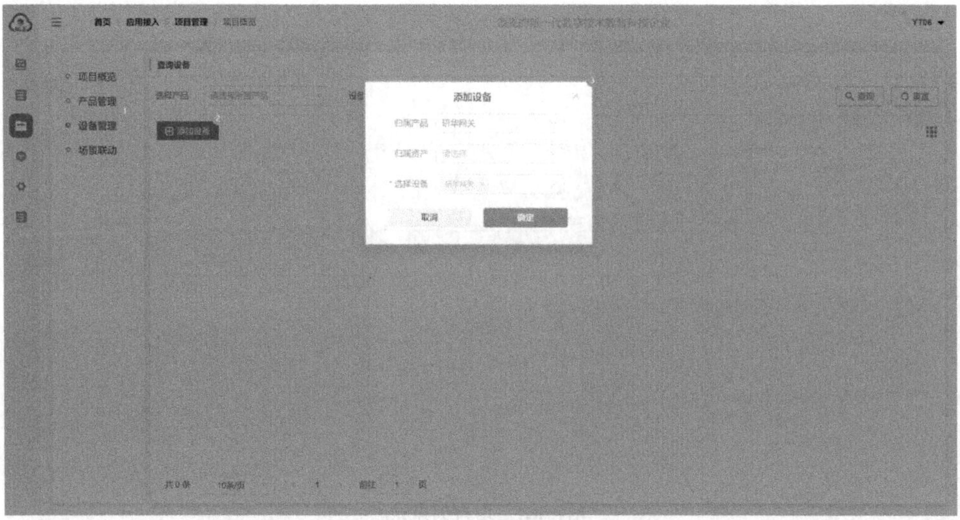

图6-4-9 添加设备

步骤3:添加设备完成。在设备列表中出现研华网关设备信息(图6-4-10)。

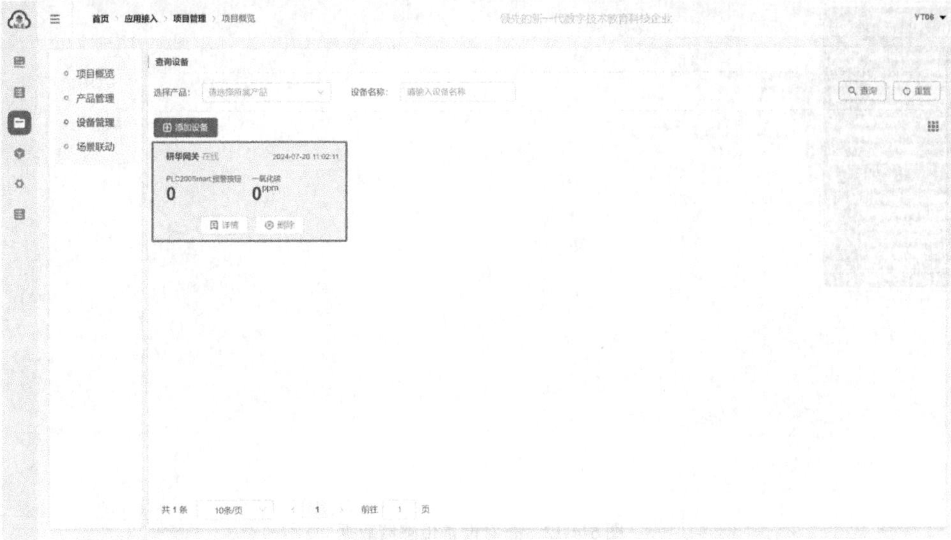

图6-4-10　添加设备完成

(三)设备数据查看

步骤1:查看设备状态。观察网关设备信息中是否出现在线标志(图6-4-11)。

图6-4-11　查看设备状态

步骤2:查看设备传感器数据。将鼠标移动至设备窗口上,在弹出窗口中会有相关传感器数据(图6-4-12)。

图 6-4-12　查看设备传感器数据

立即行动：

根据云平台的操作完成：

网关产品和设备的创建。

在软件中配置研华网关的 MQTT 必要字段，使云平台设备上线。

从云平台设备调试中获取到数据。

创建云平台项目获取到设备数据。

任务小结

本任务旨在将隧道交通消防预警系统的本地数据上传至云平台以及如何使用云平台进行设备管理和项目管理。用户需要创建网关产品和设备、配置研华网关使其上线、设备调试和数据查看以及项目管理。

模块七

高速公路机电系统故障维护

高速公路机电系统主要包括收费系统、监控系统、通信系统、供配电系统以及隧道通风、照明、监控等,这些是保证高速公路实现安全、高速、畅通、舒适功能的必要组成部分,也是高速公路运营管理的主要手段。随着2020年全国高速公路省界收费站的取消,全国高速公路收费网已成为全球最大的专用业务网络,SD-WAN、视觉识别、数字孪生等新技术也逐渐成为各省高速公路运营管养的基本配置。目前,高速公路机电系统设备种类多、数量大、专业性强、涉及领域广,这都给高速公路机电维护管理带来了一定的难度。如何用好、养好、修好、管好机电设备,充分发挥机电设备的作用,推动营运管理水平的不断提高,已成为高速公路管理者面临的一个新课题,其中高速公路隧道机电系统的管理与维护尤为突出。

为了进一步提升隧道交通控制系统的认知和操作,应对完整的隧道交通控制系统进行实训练习。

本模块旨在通过动手实践,对隧道交通控制系统的整体设备进行安装、调试,重点是进行故障排除的训练,从而巩固和提升参与者的实际操作能力。通过本项目的实施,参与者将能够掌握隧道交通控制系统设备的安装与调试技能以及故障排除和维护技能,为隧道的安全运营提供有力保障。

项目1 高速公路机电系统综合实训(应用实践)

一、隧道交通控制系统联动

【任务描述】

动手实践,对隧道交通控制系统设备进行安装和调试,巩固已经学习的知识。

【任务目标】

掌握隧道交通控制系统设备的安装与调试。

【任务实施】

(一) 设备清单

隧道交通控制系统实训设备清单见表7-1-1。

隧道交通控制系统实训设备清单　　表7-1-1

序号	产品归属	产品名称	数量	示意图
1	通用	PLC	1	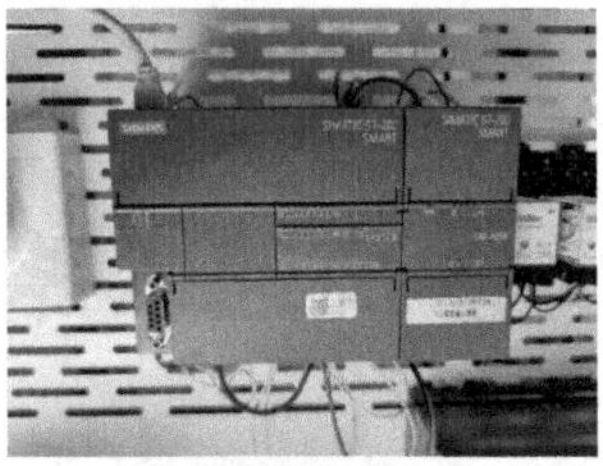
2		ECU-1251 网关	1	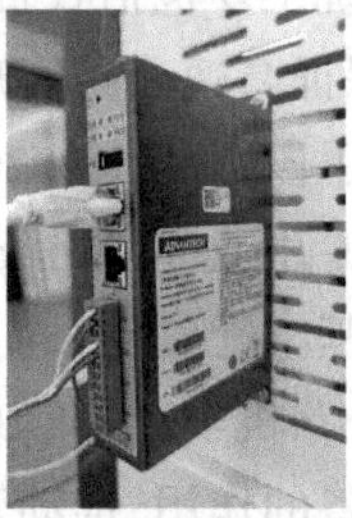
3	通风子系统	风机	1	
4		继电器	2	
5		一氧化碳变送器	1	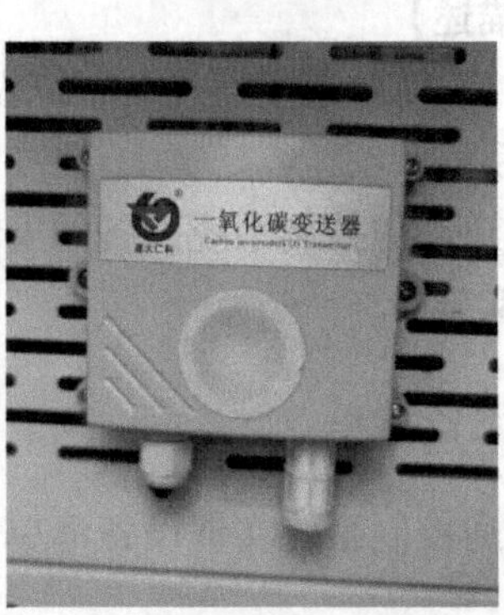

续上表

序号	产品归属	产品名称	数量	示意图
6	通风子系统	风速传感器	1	
7		风向传感器	1	
8	照明子系统	洞外光照度传感器	1	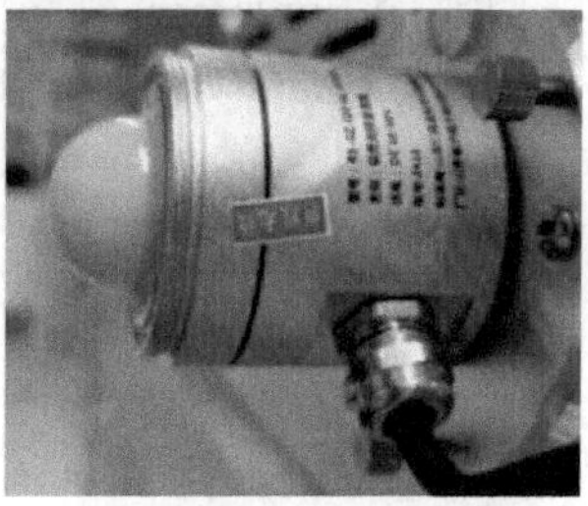
9		洞内光照度传感器	1	
10		照明 LED 灯 & 照明灯座	1	

续上表

序号	产品归属	产品名称	数量	示意图
11	照明子系统	继电器	1	
12		可调 LED 灯 & 调光控制器	1	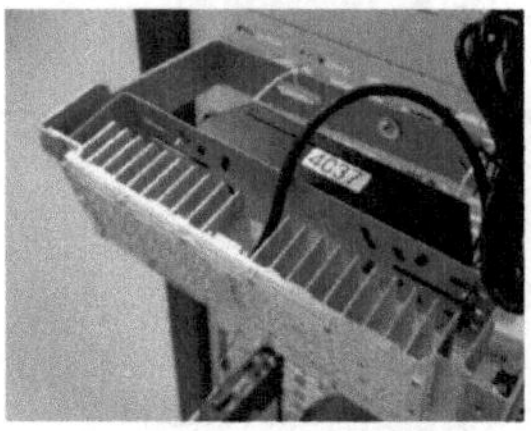
13	交通监控子系统	车道指示灯	1	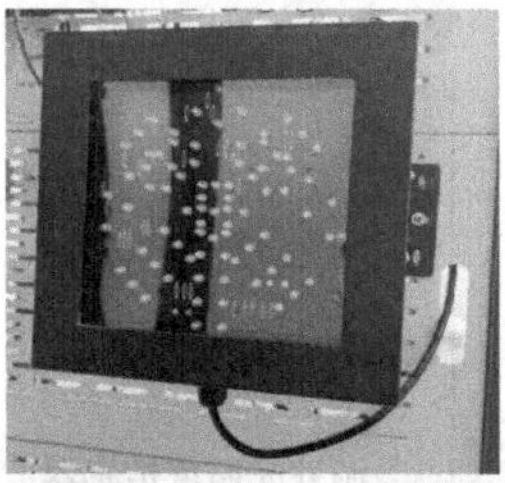
14		交通信号灯	1	
15		继电器	6	
16		NEWPorter	1	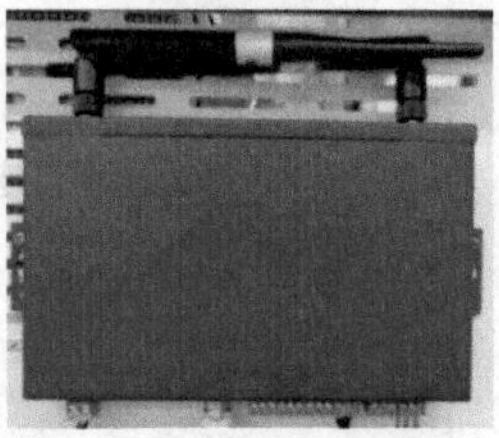

续上表

序号	产品归属	产品名称	数量	示意图
17	交通监控子系统	综合显示屏	1	
18		摄像头	1	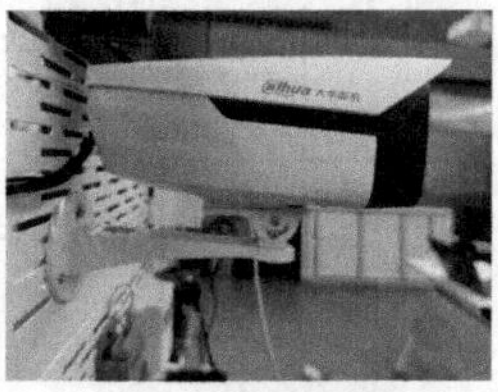
19	消防预警子系统	紧急按钮	1	
20		火焰探测器	1	
21		声光报警器	1	
22		继电器	1	

（二）设备安装、接线

以上设备都将搭建在实训工位上，接线图如图 7-1-1 所示。

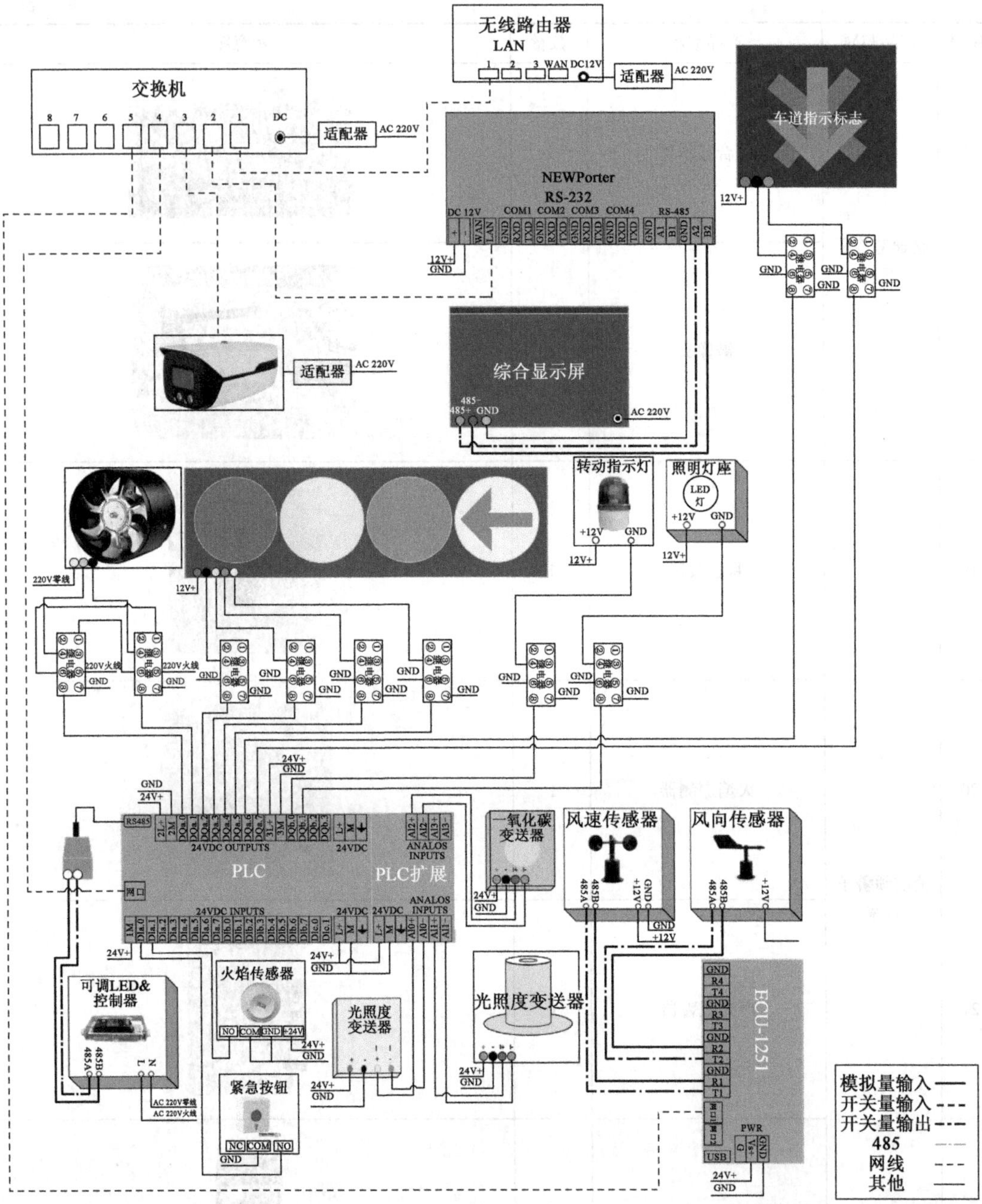

图 7-1-1　隧道交通控制系统接线图

安全提示:

每个设备在安装之前,都要反复确认实训平台处于断电状态:实训平台后面板下方的电源总开关处于“关闭”状态,或者先不要连接电源线。

立即行动：

根据项目1～项目5的知识，完成隧道综合实验设备的安装、接线与设备调试。

二、组态软件联动

（一）设备逻辑控制

步骤1：运行组态软件，使用用户名和密码登录。进入到【设备管理】页面（图7-1-2）。

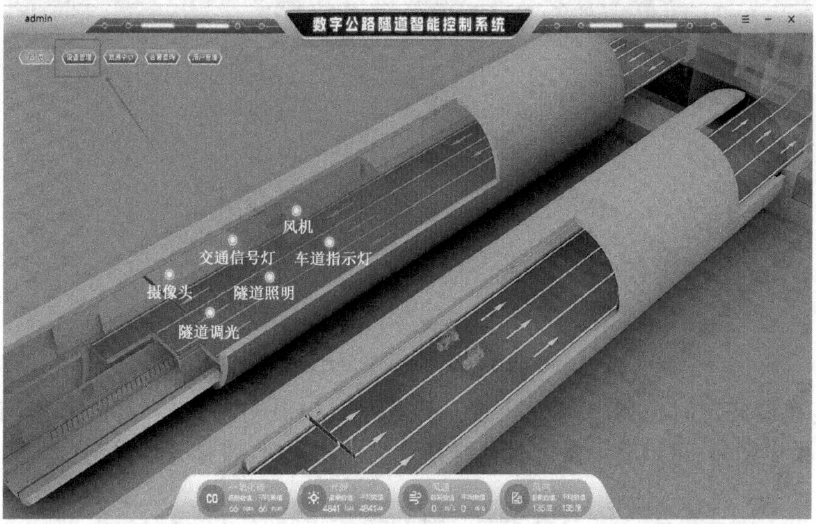

图7-1-2　组态中设备逻辑控制-1

步骤2：在设备逻辑控制中，设置光照传感器与LED灯的联动。为了快速获得实验效果，可将光照传感器的数值设大一点，然后点击【设置】按钮（图7-1-3）。

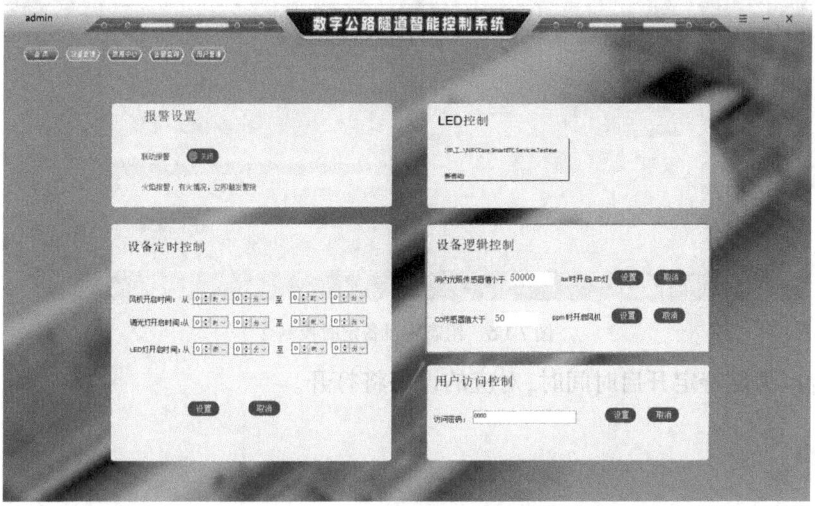

图7-1-3　组态中设备逻辑控制-2

步骤3:当光照传感器检测到数值小于某个值时,就会打开LED灯,否则关闭LED灯。

(二)设备定时控制

步骤1:运行组态软件,使用用户名和密码登录。进入到【设备管理】页面(图7-1-4)。

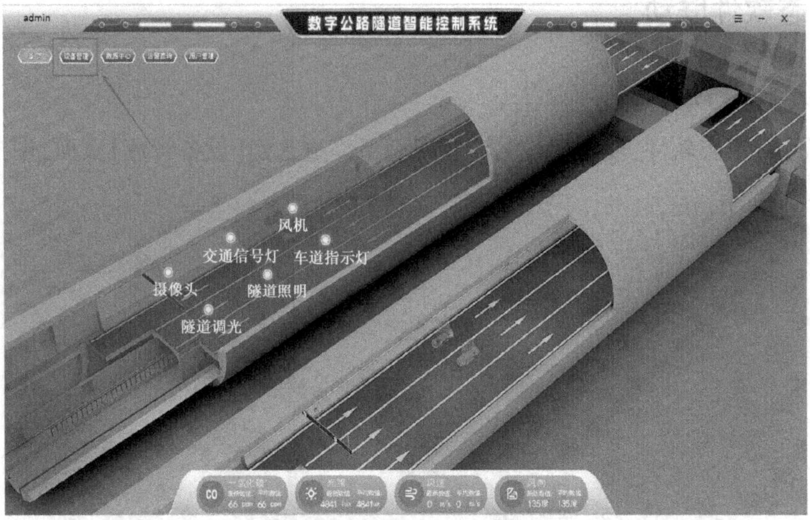

图7-1-4　组态中设备定时控制-1

步骤2:在设备定时控制中,设置风机、调光灯和LED灯的开启时间,点击【设置】按钮。为了实验效果更明显,可以将设备定时控制设置为0~24时,直接开启设备(图7-1-5)。

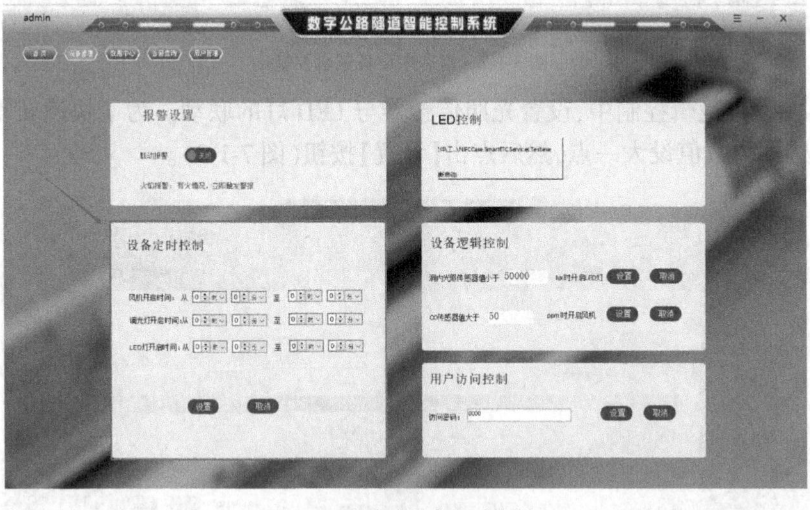

图7-1-5　组态中设备定时控制-2

步骤3:当满足特定开启时间时,对应的设备将打开。

任务小结

本任务是一个综合实验,要求对隧道控制整个系统设备进行安装和调试。安装过程中应确保所有操作在断电状态下进行以保障安全。

安装后，使用 PLC 编程软件进行调试，包括查看传感器数据和控制设备。

此外，通过网关软件配置传感器数据，并通过浏览器查看传感器状态。

最后，利用组态软件进一步调试传感器和控制设备，确保系统正常运行。整个过程需要注意安全操作、正确安装设备和调试。

项目 2　高速公路机电系统设备接线故障

一、电源线接线错误

一般现象：设备电源指示灯不亮。以 NewPorter 设备为例，电源未接通时，电源灯熄灭；电源接通时，电源灯点亮（图 7-2-1）。

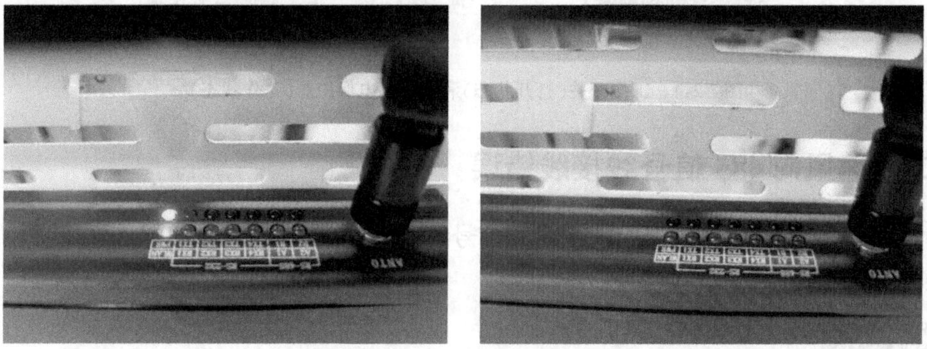

图 7-2-1　NewPorter 电源灯正常状态（左）与熄灭状态（右）

导致结果：设备不能访问；设备离线。

故障解决措施：

（1）检查电源到设备的接线是否松动或掉落（图 7-2-2）。

（2）检测工位对应接头是否有电，可使用万用表进行检测（图 7-2-3）。

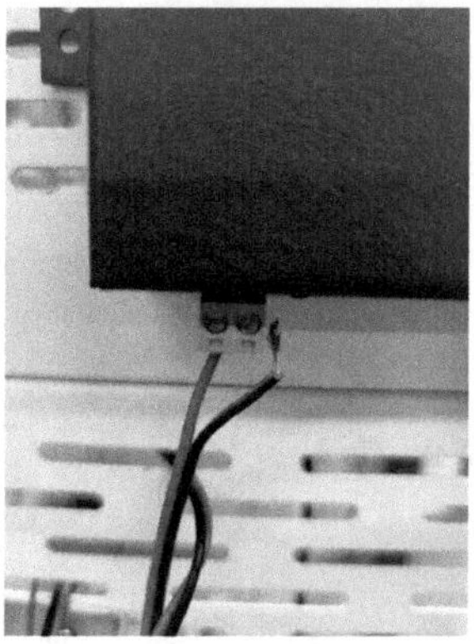

图 7-2-2　NewPorter 电源线掉落

图 7-2-3　工位对应接头

(3)检查工位是否正常通电。可观察其他设备是否有上电来判断工位上电情况。如果工位没有上电,查看工位开关是否打开;漏电保护器是否处于工作模式;工位电源线是否连接至房间电源(图7-2-4)。

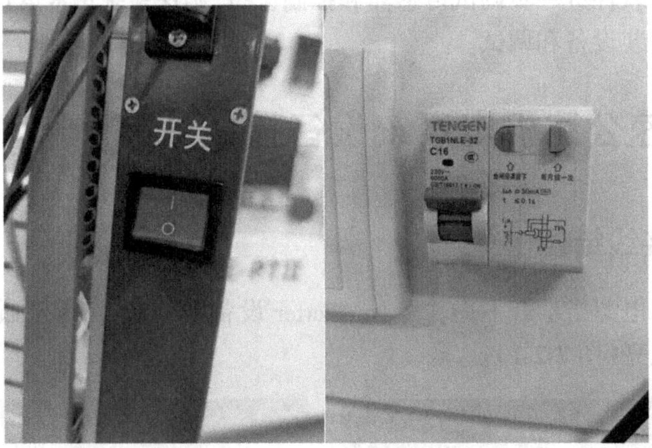

图7-2-4　工位开关(打开状态)和工位漏电保护器(工作状态)

二、风速风向485信号线接线错误

一般现象:已连接风速风向的电源线和信号线,但是获取不到设备数据。在网关中显示设备错误(图7-2-5)。

图7-2-5　网关中设备显示错误

导致结果:设备不能访问;设备离线。

故障解决措施:

(1)检查485线的AB是否与连接到网关的485AB口一致,有没有线交叉的情况(图7-2-6)。

(2)检查485线是否松动或掉落(图7-2-7)。

图 7-2-6　接入网关的 485AB 线交叉

图 7-2-7　接入网关的 485 线掉落

三、PLC 接口接线错误

一般现象:没有插入 PLC 标签对应的接口,设备不能正常读取或控制(图 7-2-8)。(因为 PLC 标签和下方接口有一定距离的错位,所以接线时偶有接错的可能性)

导致结果:设备不能获取数据;设备不能控制。

故障解决措施:

(1)检查 PLC 的标签与对应接线是否与接线图一致。

(2)通过 PLC 面板上的指示灯进行传感器和执行器的检查,只要触发设备或者控制设备,面板上的指示灯就会亮起(图 7-2-9)。

图 7-2-8　PLC 接线

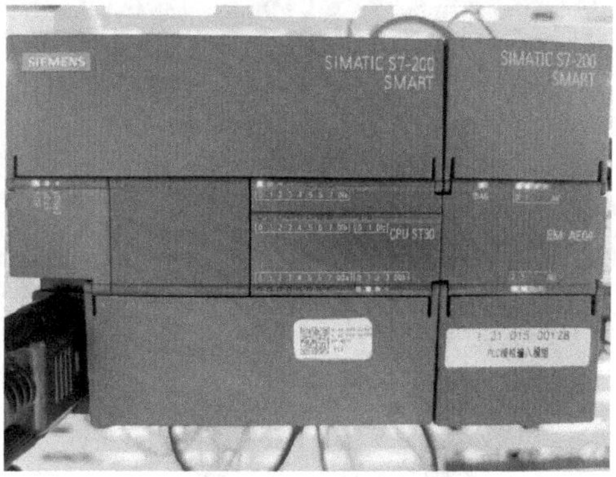

图 7-2-9　PLC 面板指示灯

项目 3　高速公路机电系统设备配置故障

一、风速风向传感器波特率配置错误

一般现象:已连接风速风向的电源线和信号线,且电源线和信号线都连接正确,但是获取不到设备数据。在网关中显示设备错误(图 7-3-1)。

图7-3-1　网关中设备显示错误

导致结果:设备不能访问;设备离线。

故障解决措施:

(1)查询研华网关工程中COM口的波特率,例如显示为2400(图7-3-2)。

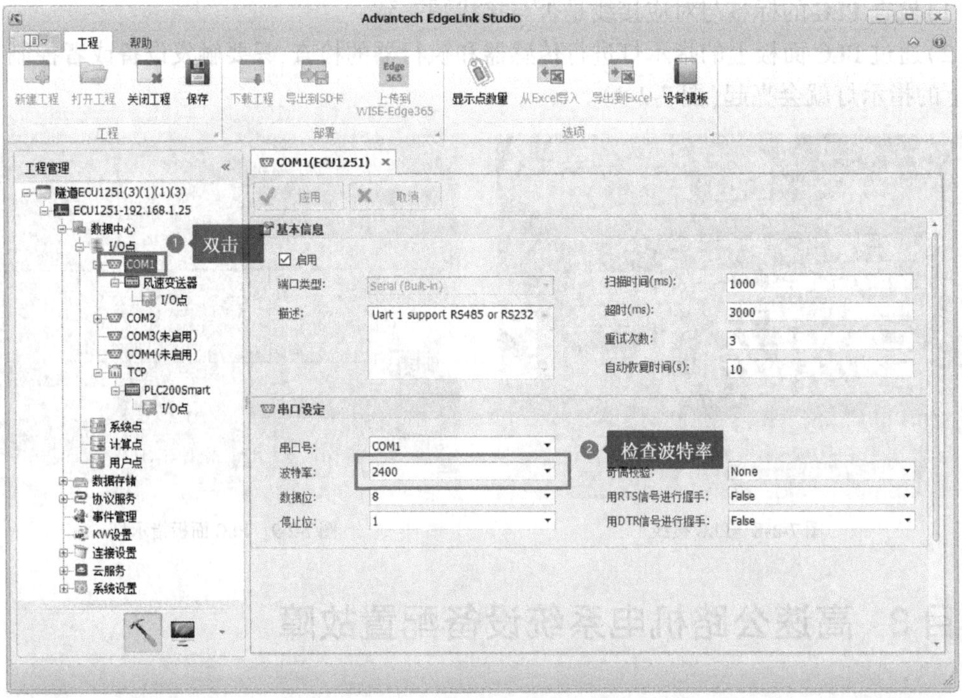

图7-3-2　查询COM口波特率

(2)通过RS485转USB设备,将风速风向传感器直连到电脑(图7-3-3)。

(3)使用“485参数配置工具”读取设备并修改设备的波特率(图7-3-4)。

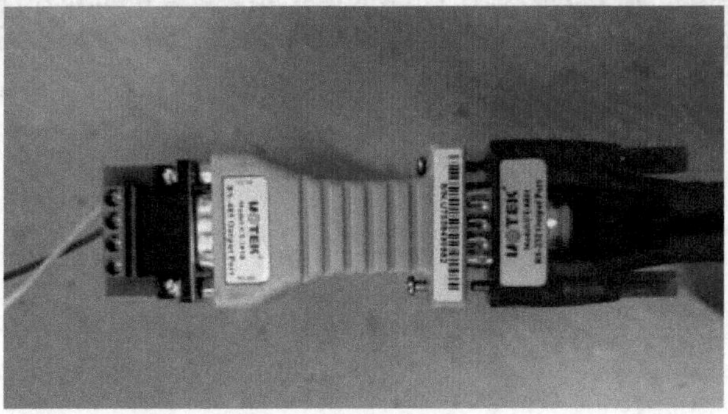

图 7-3-3　RS485 转 USB 设备

图 7-3-4　485 参数配置工具修改波特率

故障处理原则：网关工程中 COM 的波特率与设备波特率保持一致。

二、NewPorter 串口配置错误

一般现象：已连接综合显示屏的电源线和信号线，且电源线和信号线都连接正确，但是使用 LED 软件不能成功发送文字到显示屏（图 7-3-5）。

导致结果：设备不能访问；设备离线。

故障解决措施：

检查 NewPorter 串口配置。查看综合显示屏所在的串口波特率是否配置为 9600。NewPorter 串口默认配置波特率为 115200，所以需要进行修改（图 7-3-6）。

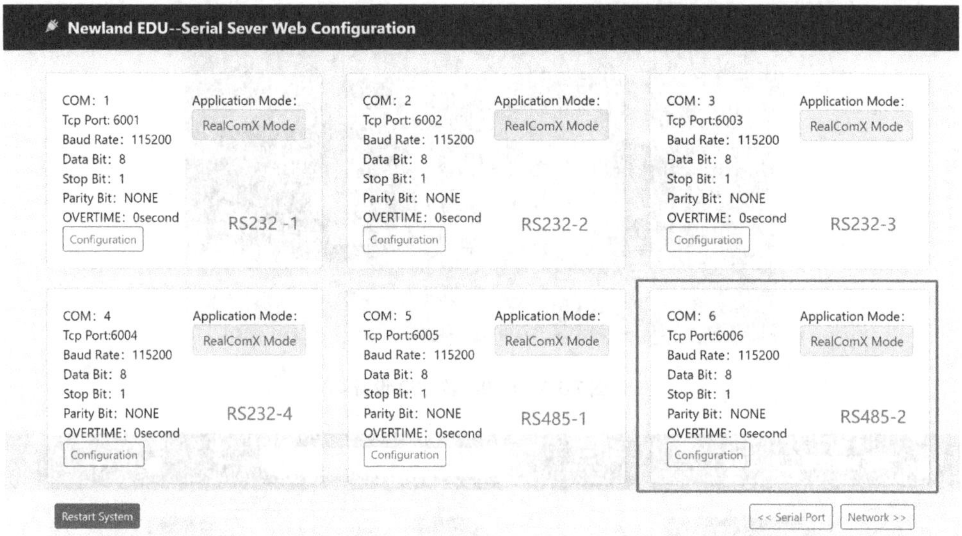

图 7-3-5　NewPorter 中设备波特率配置错误

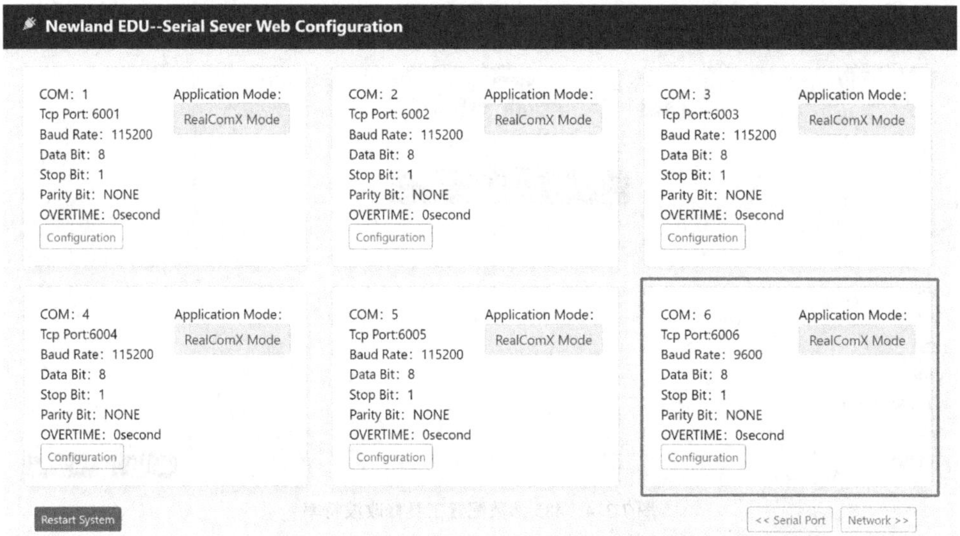

图 7-3-6　NewPorter 中正确配置设备波特率

项目 4　高速公路机电系统网络通信故障

一、路由器网段配置错误

一般现象：设备接线正常，但是网关设备、摄像头设备都连接不上。因为路由器和设备不在同一个网段。在将设备接入一个新路由器中常出现这样的问题(图 7-4-1)。

图 7-4-1　服务一直加载进不了页面

导致结果：设备不能访问。

故障解决措施：

(1)重新配置设备的网段。先将自己电脑接入路由器，使用自动获取网络的形式，查看当前路由器的地址。如图 7-4-2 所示，当前网络为 1 网段。那么接入该路由器的设备都需要配置成 1 网段。

图 7-4-2　路由器地址

(2)重新配置路由器网段。如果大部分设备的网段都是一致的，这时候可以考虑配置路由器的网段(图 7-4-3)。

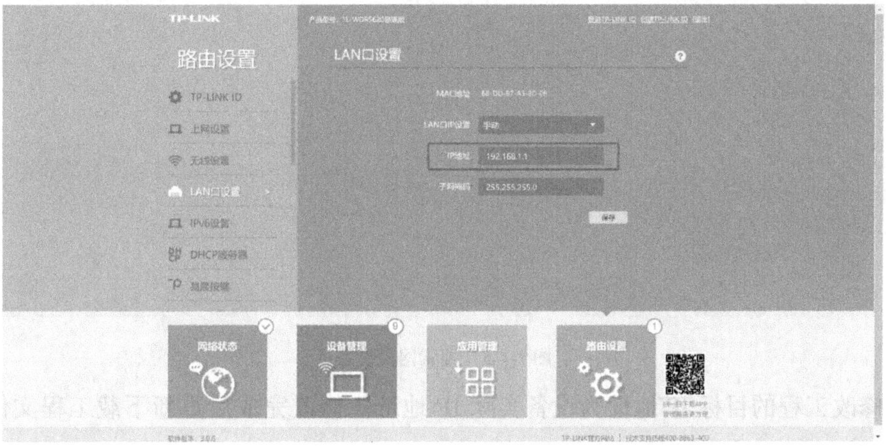

图 7-4-3　路由器配置 LAN 口

二、研华网关的 IP 地址配置错误

一般现象:连接不上研华网关,或者加载研华网关程序后,不能下载,提示通讯连接错误(图 7-4-4)。

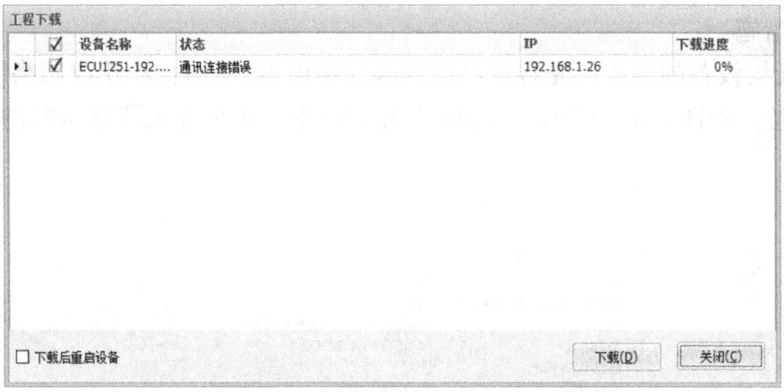

图 7-4-4　研华网关的 IP 地址配置错误

导致结果:设备不能访问;设备离线。

故障解决措施:

(1)搜索当前研华网关设备的实际 IP 地址。根据实际 IP 地址,修改工程中网关的 IP 地址(图 7-4-5)。

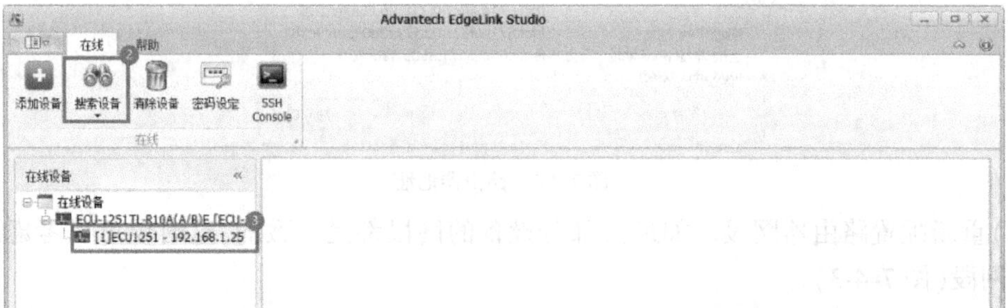

图 7-4-5　搜索网关设备

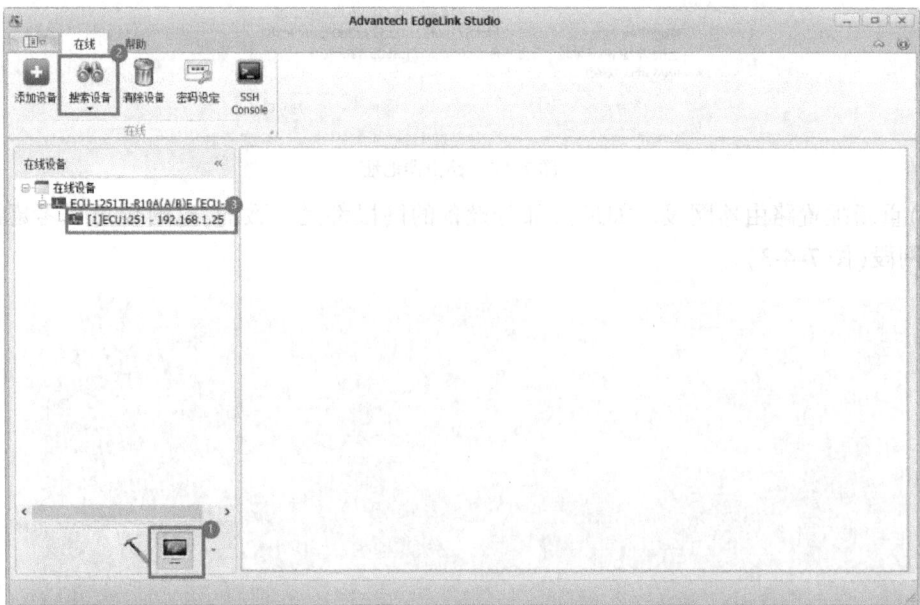

(2)修改工程的目标 IP 地址为设备实际 IP 地址。修改完成后重新下载工程文件到网关(图 7-4-6)。

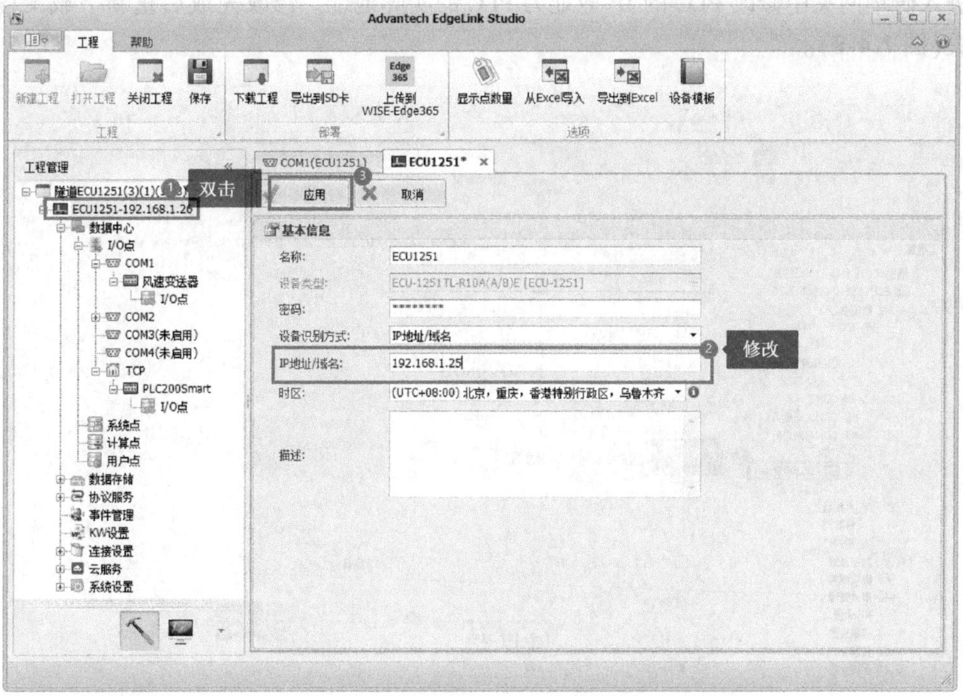

图 7-4-6　修改网关连接 IP 地址

三、研华网关中 PLC 的 IP 地址配置错误

一般现象：研华网关传感器数据中 PLC 连接的设备，全部显示设备错误(图 7-4-7)。

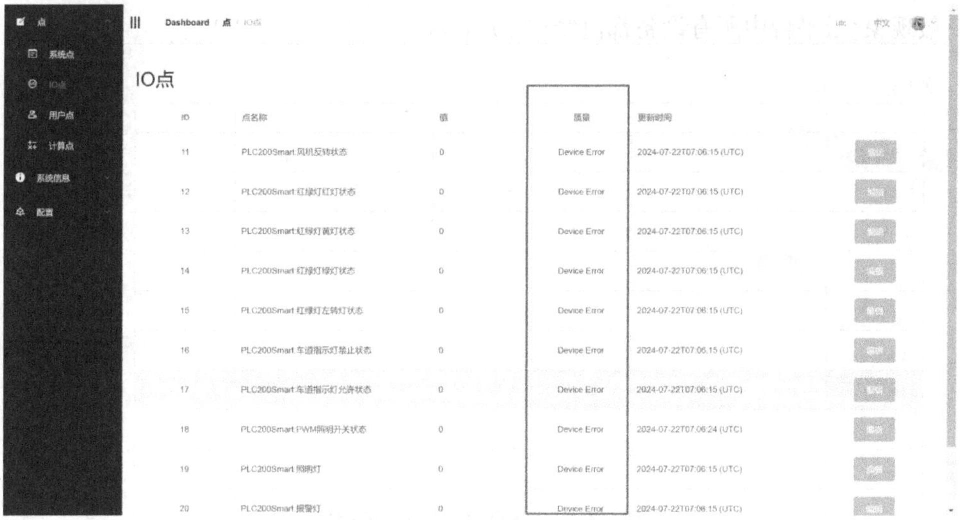

图 7-4-7　研华网关中 PLC 所有设备错误

导致结果：设备不能访问；设备离线。

故障解决措施：

进入研华网关中修改PLC的IP地址为PLC的实际地址。修改完成后重新下载工程文件到网关(图7-4-8)。

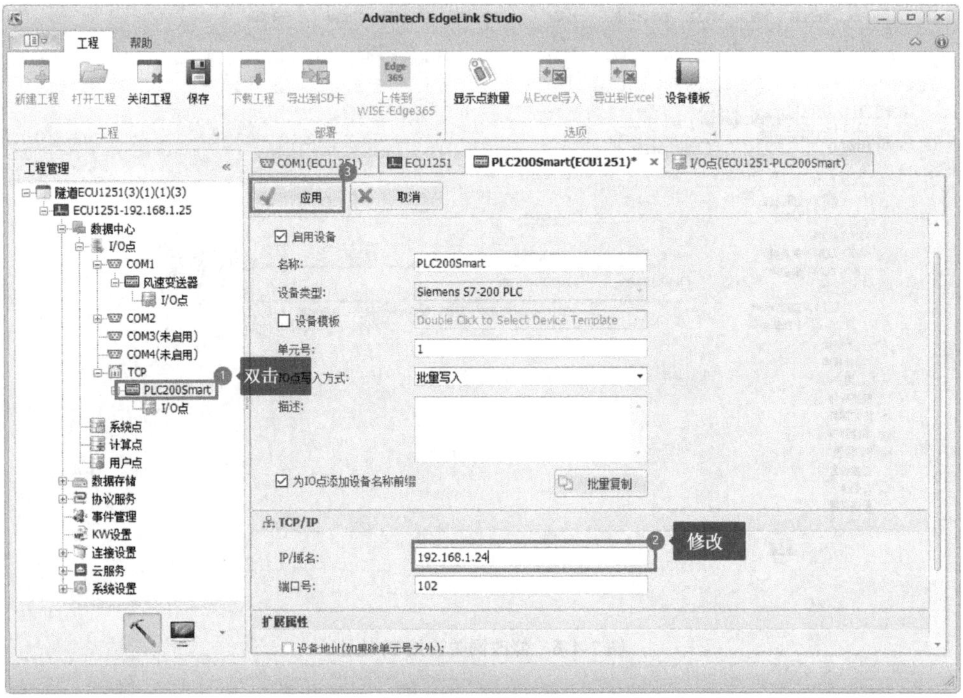

图7-4-8　研华网关中修改PLC的IP地址

四、研华网关中MQTT配置错误

一般现象:云平台中所有设备都离线(图7-4-9)。

图7-4-9　云平台中所有设备都离线

导致结果:设备不能访问;设备离线。

故障解决措施:

检查研华网关中MQTT的配置。包括MQTT是否启用、主机和端口号是否正确、客户端标识符是否为设备 key,用户名是否为产品 key,密码是否为设备密钥(图 7-4-10)。

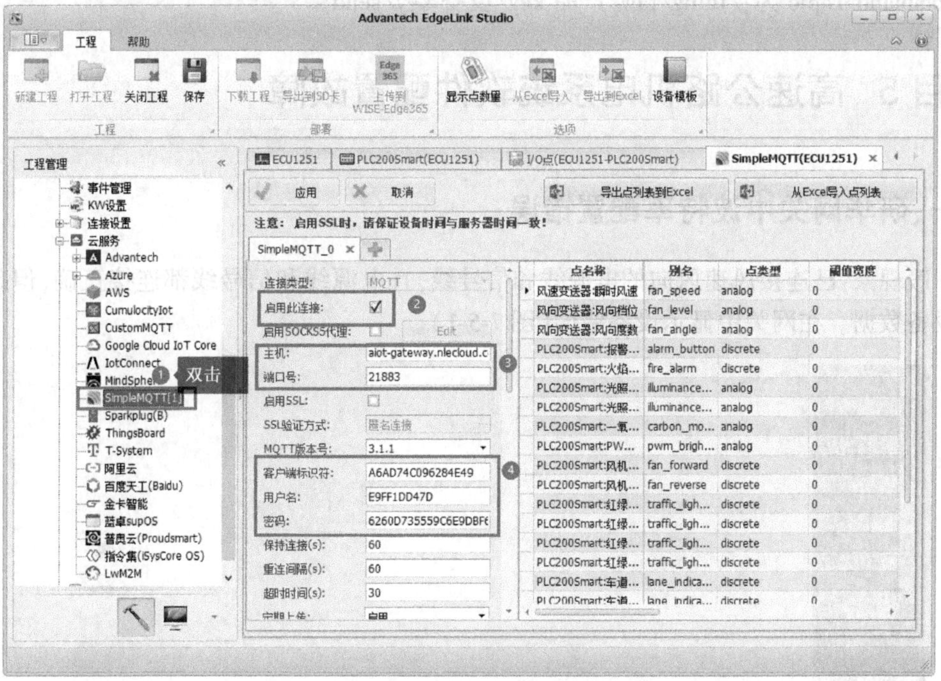

图 7-4-10　MQTT 配置检查-1

检查研华网关的订阅内容是否正确。修改完成后重新下载工程文件到网关(图 7-4-11)。

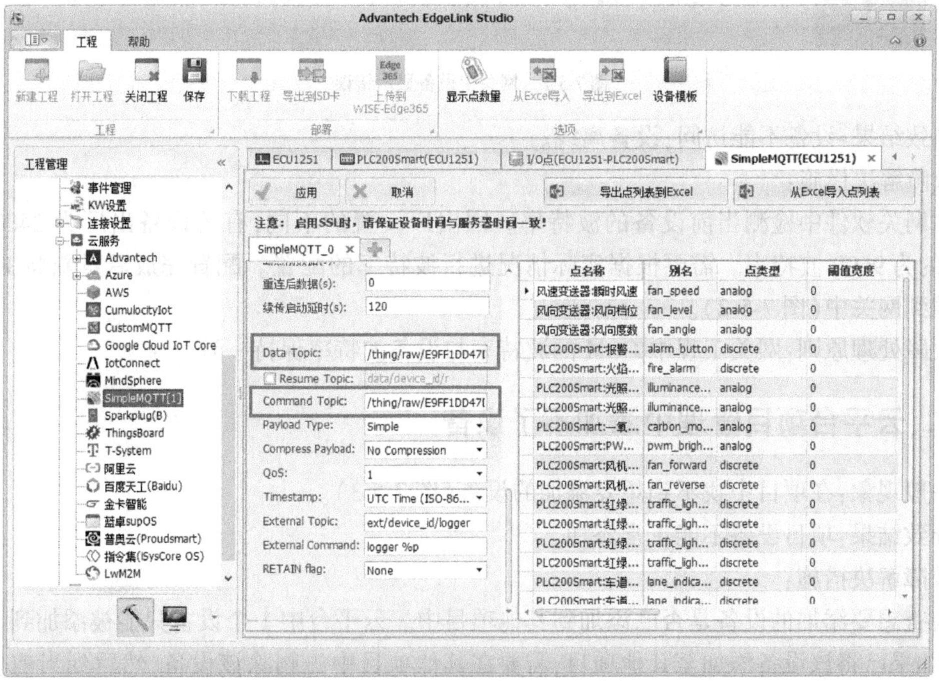

图 7-4-11　MQTT 配置检查-2

Data Topic 为:/thing/raw/产品 key/设备 key/reply

Command Topic 为:/thing/raw/产品 key/设备 key/send

项目5 高速公路机电系统软件配置故障

一、研华网关中波特率配置错误

一般现象:已连接风速风向的电源线和信号线,且电源线和信号线都连接正确,但是获取不到设备数据。在网关中显示设备错误(图7-5-1)。

图7-5-1 网关中设备显示错误

导致结果:设备不能访问;设备离线。

故障解决措施:

在网关软件中检测当前设备的波特率。因出厂设置的不同,有的设备出厂为2400波特率,有的为9600波特率。需要根据实际情况进行波特率的配置。配置完成后重新将ECU工程下载到网关中(图7-5-2)。

故障处理原则:网关工程中COM的波特率与设备波特率保持一致。

二、云平台项目管理中添加不了设备

一般现象:在项目中找不到想要添加的设备(图7-5-3)。

导致结果:项目设备不能正常添加。

故障解决措施:

检查想要添加的设备是否已添加到其他项目中。云平台中1个设备只能被添加到1个项目中,如果已将该设备添加至其他项目,需要在其他项目中先删除该设备,然后到当前项目中进行添加。

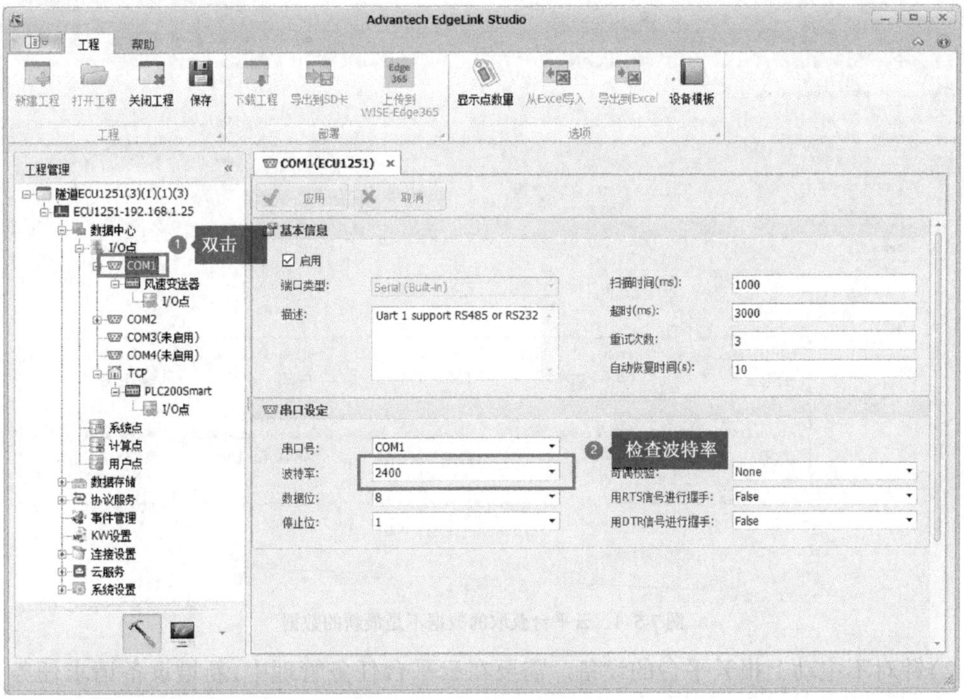

图 7-5-2　设备波特率配置错误

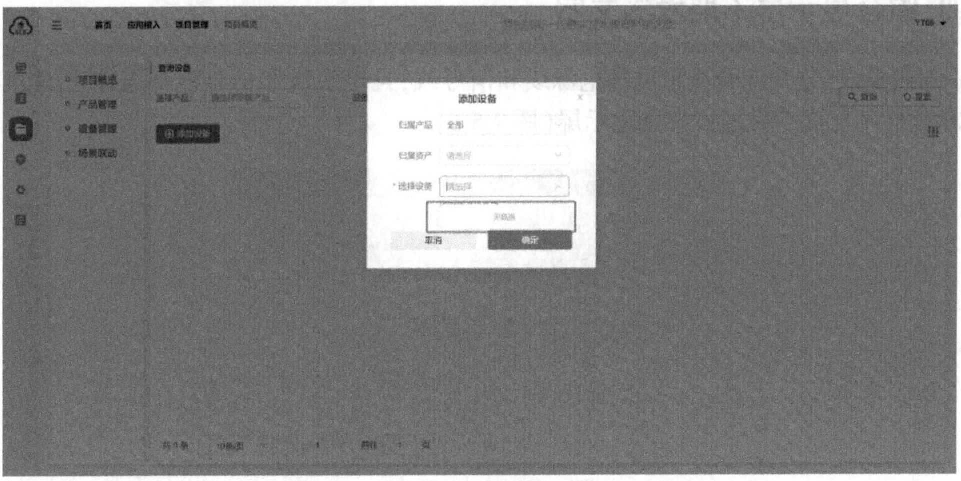

图 7-5-3　云平台项目管理中添加不了设备

三、云平台设备数据没更新

一般现象：云平台获取的数据不是最新的数据（图 7-5-4）。

导致结果：数据更新不及时或不更新数据。

故障解决措施：

（1）勾选物模型数据页的实时数据选项，当触发对应设备时，将显示最新值。

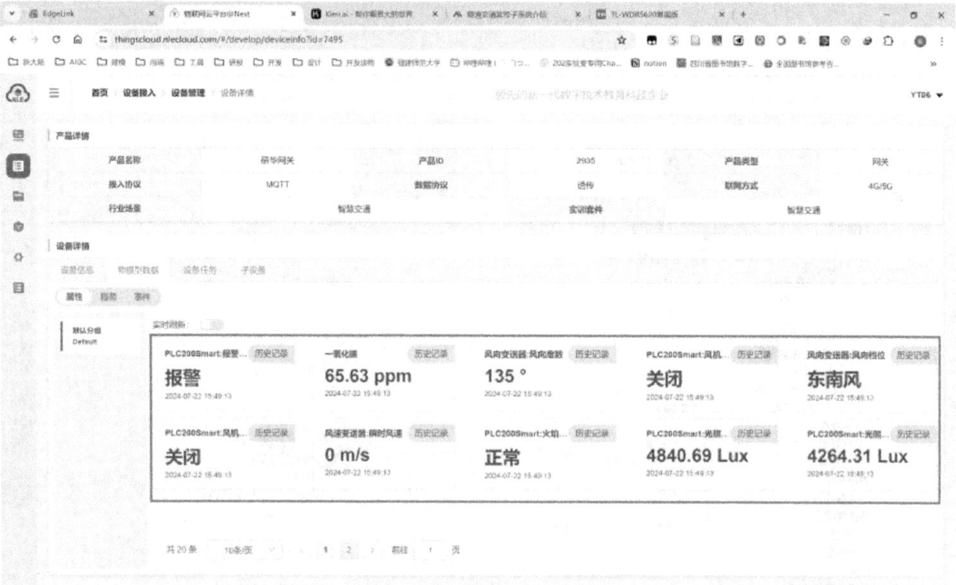

图 7-5-4　云平台获取的数据不是最新的数据

(2)针对不主动上报云平台的设备。需要在云平台任务管理中,新增设备请求任务,主动去获取设备的数据。

四、综合显示屏不能发送文字

一般现象:已连接综合显示屏的电源线和信号线,且电源线和信号线都连接正确,但是使用 LED 软件不能成功发送文字到显示屏(图 7-5-5)。

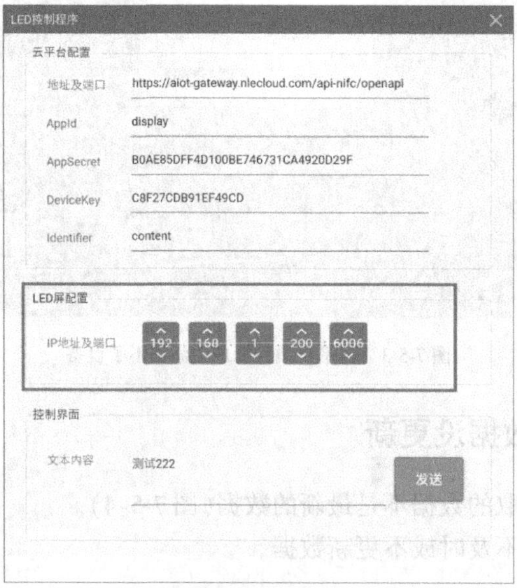

图 7-5-5　LED 控制软件界面

导致结果：综合显示屏不能接收到文字并显示。

故障解决措施：

修改 IP 地址为 NewPorter 的 IP 地址，端口修改为综合显示屏接入到 NewPorter 的端口。然后再发送内容到综合显示屏。

五、综合显示屏不能上传数据到云平台

一般现象：已连接综合显示屏的电源线和信号线，且电源线和信号线都连接正确，综合显示屏能发送文字显示，但是云平台不能接收到综合显示屏数据（图 7-5-6），LED 控制软件报错（图 7-5-7）。

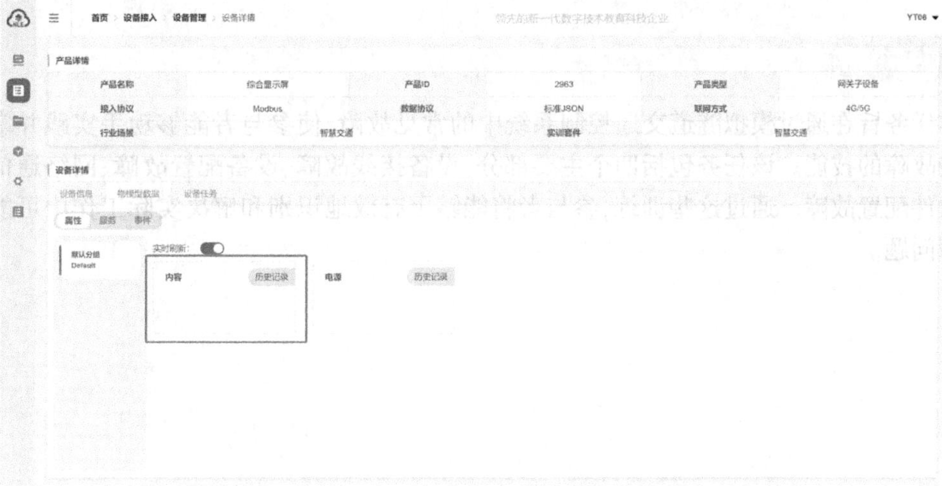

图 7-5-6　云平台不能接收到综合显示屏数据

图 7-5-7　LED 控制软件报错

导致结果:云平台不能接收到显示屏数据。

故障解决措施:

(1)勾选物模型数据【实时刷新】。

(2)检查 LED 控制软件云平台配置是否正确,所有参数都需要仔细检查。

行业云平台的地址 :https://aiot-gateway. nlecloud. com/api-nifc/openapi;

Appid:刚刚创建的安全密钥的 id;

AppSecret:刚刚创建的安全密钥;

DeviceKey:综合显示屏设备的设备 key;

Identifier:综合显示屏设备的属性,固定为 content。

(3)修改后再次发送数据到显示屏。软件错误消失,云平台接收到数据。

任务小结

本任务旨在通过模拟隧道交通控制系统中的常见故障,使参与者能够动手实践并掌握解决这些故障的技能。该任务包括四个主要部分:设备接线故障、设备配置故障、网络通信故障以及软件配置故障。通过这些训练,参与者将能够更有效地识别和解决实际工作中可能遇到的故障问题。

参 考 文 献

[1] 中华人民共和国交通运输部. 公路隧道设计规范:JTG D70/2—2014[S]. 北京:人民交通出版社,2014.

[2] 吴德馨. 高速公路机电系统集成技术[M]. 北京:人民交通出版社股份有限公司,2020.

[3] 王笑京. 智慧高速公路技术体系架构研究[J]. 中国公路学报,2022,35(3):1-12.

[4] 交通运输部路网监测与应急处置中心. 全国高速公路联网收费系统网络安全技术要求[R]. 北京,2023.

[5] 张雷,李志鹏. 基于数字孪生的隧道机电运维系统设计[J]. 交通运输工程学报,2023,23(2):45-56.

[6] 国际电工委员会(IEC). IEC 62591: 工业通信网络 现场总线规范[S]. Geneva: IEC Press,2021.

[7] 广东省交通集团有限公司. 粤港澳大湾区智慧高速公路建设指南[Z]. 广州:华南理工大学出版社,2022.

[8] 欧洲隧道协会(ETA). 长大隧道机电系统维护标准[S]. Brussels:ETA Press,2020.

[9] 国家市场监督管理总局. 收费公路联网电子不停车收费技术要求:GB/T 37377—2019[S]. 北京:中国标准出版社,2019.

[10] 中国智能交通协会. 2023 年中国高速公路信息化发展报告[R]. 北京,2023.